粮食产业创新发展
动力机制及路径选择

陈会玲　高全胜　祁华清　著

中国农业出版社
北　京

图书在版编目（CIP）数据

粮食产业创新发展动力机制及路径选择 / 陈会玲，高全胜，祁华清著. -- 北京：中国农业出版社，2025. 3. -- ISBN 978-7-109-33196-9

Ⅰ. F326.11

中国国家版本馆 CIP 数据核字第 2025VY5882 号

粮食产业创新发展动力机制及路径选择

LIANGSHI CHANYE CHUANGXIN FAZHAN DONGLI JIZHI JI LUJING XUANZE

中国农业出版社出版

地址：北京市朝阳区麦子店街 18 号楼

邮编：100125

责任编辑：张楚翘

版式设计：小荷博睿　　责任校对：吴丽婷

印刷：北京中兴印刷有限公司

版次：2025 年 3 月第 1 版

印次：2025 年 3 月北京第 1 次印刷

发行：新华书店北京发行所

开本：700mm×1000mm　1/16

印张：13

字数：206 千字

定价：88.00 元

本书获得 2020 年度湖北省高等学校哲学社会科学研究重大项目（省社科基金前期项目，编号 20ZD057）、湖北省人文社科重点研究基地武汉轻工大学粮食经济研究中心和湖北省人文社科重点研究基地武汉轻工大学县域经济研究中心的资助。

　　现阶段，由要素驱动、投资驱动向创新驱动的转变日益成为各国经济发展和产业转型的背紧。应对百年未有之大变局，这种转变尤为迫切。在粮食经济领域，推动粮食产业创新发展，是在当前经济下行压力加大的国内形势叠加国际地区冲突剧烈、极端气候频发，以及国际粮食产业链供应链风险增大背景下，保障国内粮食安全，实现粮食产业高质量发展的必然选择，是加快构建"创新引领、产业协同、链条完整、竞争力强"的现代粮食产业体系的关键，是确保农业稳产增产、农民稳步增收、农村稳定安宁的重要途径。2023 年中央 1 号文件提出依靠科技和改革双轮驱动加快建设农业强国，2024 年 6 月 1 日起《中华人民共和国粮食安全保障法》的正式实施对于落实藏粮于技战略，以及强化粮食产业创新具有重要的推动作用。

　　湖北素有"千湖之省、鱼米之乡"美誉，是中部地区的重要粮食主产区之一，是为国家粮食安全做出重要贡献的粮食大省。在推进粮食产业高质量发展的过程中，主要面临着粮食供给结构性矛盾突出、粮食产业经营效益不高、粮食产业链不完整、粮食产业价值链有待提升等挑战。因此，探索湖北省粮食产业振兴的动力机制和创新发展路径，对于打造更高水平的"荆楚粮仓"，促进湖北省粮食产业现代化，推动湖北粮食产业发展从粮食大省向粮食强省迈进，接续全面推进乡村振兴等意义深远。

　　本书围绕粮食产业创新主题搭建研究框架，展开系统性分析，具体涵盖以下四个层次：首先是创新动力机制解构。运用随机前沿知识函数方法，从自主研发、协同创新和技术引进等维度，剖析技术导向型与市场导向型两种模式下湖北省粮食产业创新的驱动要素。其次是产业融合创新路径探索。借助案例分析和层次分析法,深入探究湖北粮食产业融合的影响因素。再次是产业集群创新路径解析。采用案例分析法,评估湖北粮食产业集聚度,分析其产业集群的现状与困境,衡量该产业集群在全国所处的相对水平。最后是对比不同的粮食产业创新发展路径,针对性地提出促进湖北粮食产业创新发展的建议。

本书系作者对粮食产业创新发展问题的一个思考。与其他相似主题的研究成果相比,本书有以下几个显著特点:

第一,研究内容独特。本书以粮食产业创新为研究主题,是作者长期对粮食企业和农业综合体调研实践和思考的成果。作为粮食产业发展的两种新业态——粮食产业融合和产业集群,对粮食产业增效和农民增收的成效显著,契合未来城乡融合趋势,是乡村振兴的关键所在。从农业现代化视角看,两者都是粮食产业创新的具体实践形式,而且存在大量成功案例可供分析,这些实践案例可以为粮食产业创新发展的规律总结提供充分的素材。当前学界对粮食产业的研究尚不多见,对粮食产业创新发展的研究甚为稀有,对本研究内容的展开留下尚待开拓的空间。

第二,定性分析和定量分析相结合的研究方法。本书采用理论推理和实证检验相结合的方法对粮食产业创新发展进行综合研究,产业结构理论、产业集群理论、新结构经济学理论等为本书的研究提供了深厚的理论支撑。同时,本书十分重视对实证分析方法和原始数据的应用,主要的经济学模型有技术非效率函数、GJ 知识生产函数等。本书对微观企业的调研数据来自一手资料,数据来源真实可信。此外本书还使用了比较分析、问卷调查以及案例研究等方法,使得本书的研究结果更加严谨,更具科学性。

综上所述,本书是一部具有理论和实践意义的研究成果,希望对关注乡村产业振兴问题的人们有所裨益。

本书由陈会玲、高全胜和祁华清共同撰写。主要分工如下:第一章、第二章、第三章、第六章和第七章由陈会玲撰写,第四章由祁华清撰写,

第五章由高全胜撰写。在本书的编撰过程中，我们得到了众多人士的鼎力支持与帮助，在此致以最诚挚的谢意。特别感谢硕士研究生文伟、夏律、张健壮、刘嘉怡、刘炳成和荣乃葳。本书中资料的收集以及图表的绘制工作，皆由他们精心完成，他们的专业素养与辛勤付出为本书奠定了坚实基础。本书微观企业数据的搜集是在沙洋县农业农村局陈金、赤壁市赤马港街道办事处贺瑞华、武汉轻工大学赵喜洋的帮助下完成的。他们凭借丰富的经验和高度的责任感，为数据搜集工作提供了关键支持。此外，本书获得 2020 年度湖北省高等学校哲学社会科学研究重大项目（省社科基金前期项目，编号 20ZD057）、湖北省人文社科重点研究基地武汉轻工大学粮食经济研究中心以及湖北省人文社科重点研究基地武汉轻工大学县域经济研究中心的资助。这些资助为本书的顺利出版提供了有力的资金保障。

　　尽管本书的撰写历时两年，但由于我们学识有限，书中难免存在诸多不足之处。在此，我们诚恳地希望广大读者能够不吝赐教，提出宝贵的意见和建议，以帮助我们不断完善。

陈会玲　高全胜　祁华清

于武汉轻工大学金银湖畔

2024 年 8 月

目　录

第一章

导　言

当前，全球产业变革正经历从要素驱动向创新驱动的历史性跨越，这一转型在百年变局与世纪疫情交织叠加的复杂形势下更具战略紧迫性。聚焦粮食经济领域，推动产业创新已成为统筹发展与安全的必然选择：在国内经济承压、国际地缘冲突加剧、极端气候频发等多重挑战下，科技创新驱动既是保障粮食产业链供应链安全的"压舱石"，更是提升产业国际竞争力、构建现代粮食产业体系的核心引擎。2023年中央1号文件首次将"科技与改革双轮驱动"确立为建设农业强国的根本路径，特别是《中华人民共和国粮食安全保障法》（2024年施行）的落地，为"藏粮于技"战略提供了坚实的法治保障。在此背景下，湖北省作为粮食产能大省，亟需构建"三维驱动"发展新范式：①科技创新驱动，突破生物育种、智能农机等"卡脖子"技术；②业态创新驱动，发展粮食精深加工与数字经济融合新业态；③协同创新驱动，打造长江中游粮食产业创新集群共同体。通过激活创新要素、优化产业生态，不仅能够加速"荆楚粮仓"向智慧粮仓升级，更能为粮食大省向强省跨越提供可复制的"湖北方案"，最终实现粮食安全、农民增收与乡村振兴的协同发展。

第一节　乡村振兴背景下的粮食产业创新

一、粮食产业创新问题的提出

粮食是一种具有特殊性质的商品，兼具私人产品、公共产品双重属性，并兼有自然属性和社会属性（陈会玲等，2019）。粮食产业则是指与粮食相关的行业集合，包括粮食种业、种植业、加工业、流通业及消费等。它涵盖物质部门如粮食生产、粮食加工等，也涵盖非物质部门如粮油广告、稻田旅游及教育等。粮食产业直接关系国家经济安全和社会稳定，不能被作为普通产业来看待，必须从战略高度作为现代农业产业体系的重点内容来对待（李炳坤，2007）。

"创新"理论由熊彼特最先提出，创新就是建立一种新的生产函数，实现一种生产要素和生产条件的新组合并将其引入生产体系，是推动经济发展的主要因素（熊彼特，1991）。同样，对粮食产业而言，创新是推动粮食产业经济发展的主要因素。国内学者认为，"创新理念"是牵动粮食产业经济前行的"牛鼻子"（丁声俊，2017）。政府政策也强调粮食产业创新，2019年中央1号文件指出，要稳定粮食产量，巩固和提高粮食生产能力，调整优化农业结构，深入推进优质粮食工程，强化创新驱动发展。在乡村振兴背景下，推动粮食产业创新具有重要意义，不仅有助于发展壮大乡村产业，还能促进粮食精深加工与数字经济融合新业态的发展，拓宽农民增收渠道。然而，从历史实践看，粮食产业的内在特性禁锢了创新源泉的涌流。虽然粮食产业始终是农业产业的核心，但是除了以粮食为原料的食品加工外，粮食产业中多数行业的比较优势普遍较弱，很难获得平均利润。笔者在近几年的调研中发现，受资源约束和生产资料成本上升等因素影响，多数粮食初加工行业的利润率尚不及银行三年储期的利率，享受财政补贴的粮食种植业利润微薄。边际收益低的反向激励将会抑制粮食产业的发展，而且可能会导致种植源头"抛荒"现象。当前粮食产业创新发展面临三重核心命题：其一，如何探索符合中国国情的顶层设计与路径选择机制，实现产业转型升级的范式突破；其二，如何构建科技创新与政策供给的协同激励机制，破解要素配置效率与创新动能不足的瓶颈；其三，如何激活政府、企业、科研机构多元主体参与的内生动力机制，形成可持续的创新生态系统。这些战略性课题亟待粮食经济领域学者开展系统性研究与实践验证。

二、乡村振兴背景下粮食产业创新发展的思路

乡村振兴背景下，顺应农业供给侧结构性改革的时代要求，粮食产业传统发展路径已然滞后于时代发展需求，亟须推进粮食产业创新发展。无论是粮食产业发展主要矛盾的解决，还是大食物观理念下食物结构性失衡的当下困境及未来趋势，或是"三农"问题及其长远发展，都迫切需要粮

食产业创新。首先，从功能视角考虑，粮食产业的基本功能是保障国家粮食安全，实现中国人的饭碗任何时候都要牢牢端在自己手上，我们的饭碗应该要装中国粮。有"农业芯片"之称的种质资源创新发展是粮食安全的关键，而种业科技进步内涵于粮食产业创新发展。其次，粮食产业依附的农村广阔天地是满足城乡居民旅游观光、文化创意、休闲度假、康养体验等的载体，两者的重叠给予了粮食产业融合发展的机会，由此衍生出无数个星罗棋布于乡村大地上的现代粮食创新发展新形态——农业综合体。它在供给高质量有机粮食的同时，顺便能够满足人们旅游、认知、疗养等多重心理和生理需求。最后，生态功能居于粮食产业诸项功能之首，与粮食产业可持续发展紧密相关。农业生态平衡作为粮食产业发展的底座常被忽视，它关系着美丽乡村建设，其所蕴含的土壤有机质平衡、水资源平衡和生物系统平衡等是粮食生产高质高效的基础。粮食产业创新发展会重新评估生态功能的价值，更加关注生态平衡，让乡村成为"望得见山、看得见水、记得住乡愁"的美好家园。

学术界从国内各省实践来看，粮食产业创新发展主要依循两条路径，即粮食产业融合和粮食产业集群。产业融合概念始于 2015 年中央 1 号文件提出的"推进农村一二三产业融合发展"，自此，产业融合获得持续关注，学界普遍认为产业融合发展的核心是通过组织模式、经营方式和产权关系创新，让粮农共享产业链延伸、产业功能拓展的收益；提出推进产业融合发展的关键，是将新技术、新业态和新模式引入农业，用现代理念引领农业，用现代技术改造农业，加快农业现代化进程（国家发展改革委宏观经济研究院、国家发展改革委农村经济司课题组，2016）。涉农领域产业集群概念的提出始于 2017 年农业农村部响应国务院关于全国粮食生产功能区和重要农产品生产保护区建设的工作部署，要求加强县级特色农产品初加工和精深加工，发展优势特色产业集群。

随着我国经济发展进入新常态，对企业增效、粮农增收的影响逐步显现，迫切需要打造新动能，发掘新优势，推动粮食产业发展进入新阶段。特别是在百年未有之大变局下，应对外部市场的不确定性和地缘政治的复杂性，粮食产业创新发展需要新思路。依据产业经济相关理论和湖北粮食产业发展实践，具体思路为：立足当地资源禀赋优势，围绕特色化、专业化、规模化、数字化和社会化，发展粮食产业三产融合和产业集群。就产业集群而言，以粮食科技创新为关键，发挥粮食产业集群的集聚效应和外部经济效应，构建以数智化、集群化、现代化为特征的优势粮食主导产业，推动原粮精深精细加工，向产业链末端、价值链高端延伸，带动农民共同富裕。就产业融合而言，发挥粮食产业融合的溢出效应，推进一二三产业高度融合，进一步提升产业关联度和产品附加值，延伸产业生态空间，生产高质优效产品。具体而言，瞄准高度特色化布局粮食产业化集群体系，以本地资源禀赋（地域生态、历史和文化价值）为特色，构建本地优势特色主导产业集群，形成全省高度特色化的粮食产业化产业集群网络；借助高度规模化建成现代化专业市场体系；基于高度专业化重塑现代化粮食产业支持体系，专业化推进的紧密分工，使得农户参与现代产业大循环成为可能，并能够分享产业创新带来的高增值收益；立足高度数字化，发展电商农业、直播带货，以及利用通信的便捷实现产销的直接即时对接等；立足高度社会化，解决农户、合作社等农业经营主体与国内外市场衔接的矛盾，建立更为紧密的产供销经营主体间的协作关系，以及更为持久的利益联结关系。总而言之，强化粮食产业创新发展、积极探索建设中国特色现代粮食产业，是促进粮食产业结构实现战略性调整的关键，是推动粮食产业高质量发展的根本支撑。

第二节　粮食产业创新发展的内在机理

一、粮食产业融合的形成及其作用机制

（一）粮食产业融合的形成

1. 粮食产业融合是居民对粮食需求消费升级的必然体现

需求创造供给。粮食产业融合首先由居民对粮食需求层面升级及其延伸引起。2021 年末，中国人均 GDP 已超过 1 万美元，已跨入中等偏上收入国家行列，人民对美好生活的需求越来越成为社会主要矛盾，由"吃得饱""吃得好"转向"吃得健康"。在此经济背景下，粮食作为老百姓餐桌上人人日消的必需品，其安全程度、品质等级、营养、口感等愈来愈成为老百姓关注的焦点。但在老百姓需求维度上，营养、健康、安全的粮食，需要品种创新、质量检验、粮食加工、标准化等一系列相互关联行业的支撑，这些行业投资额巨大，且行业间的联系和协调成本较高。与此同时，

种粮农民因财力约束和知识障碍，很难生产出符合当前人民需求的高品质粮食，需要寻求新的投资方参与合作。因此，通过产业融合创新方式聚多方智力和经济要素来合作生产高品质粮食，发挥多方资源禀赋优势，并挖掘区域文化资源价值以促进农村产业振兴，已成为粮食消费需求升级的必然体现。

2. 粮食产业融合是降低交易成本并实现行业联合多方共赢的必然途径

首先，粮食产业融合可以将外部成本内部化，减少不必要的协调、签约和执行等交易成本。由于产业融合是基于多次博弈的合作和信任，而且无须种粮农民大量投资，通过聚合各方力量实现核心价值满足居民高层次粮食需求是一种可以实现的途径。其次，粮食产业融合在种粮农民和粮食企业之间搭起桥梁，实现粮食企业与原料生产者——种粮农民之间的直接联系，减少了中间途径和中间成本，有利于将节省的成本用于双方收益分成，实现了外部收益内部化。再次，粮食企业与消费者最接近，能够准确把脉消费者的粮食需求，并把粮食需求信息传递给种粮农民，不仅与种粮农民建立信息通道，而且可以将专业种粮知识传递给种粮农民，甚至可以在粮食生产过程中起指导性作用，帮助种粮农民提供适合人民需求的原粮产品。因此，从理论层面分析，粮食产业融合能够给种粮农民和粮食企业带来利益，可以实现多方受益均衡。

3. 粮食产业融合是资本在农业领域寻求新商业模式的必然选择

马克思曾在《资本论》里说过，如果有 20% 的利润，资本就会蠢蠢欲动；如果有 50% 的利润，资本就会冒险；如果有 100% 的利润，资本就敢于冒绞首的危险；如果有 300% 的利润，资本就敢于践踏人间一切的法律。这段话固然是讲市场存在的自发性弊端，但它也道出了资本本性的贪婪。反过来，如果在某一行业没有利润，资本就会决绝地退出。

当前，国际国内环境交织变化，外贸环境复杂多变，中国致力于依靠国内大循环推动经济持续发展，必然涉及产业结构升级和重新布局以及资源的重新配置。在传统产业深陷产能过剩泥潭、新兴领域受技术迭代与地缘风险双重挤压的背景下，粮食产业融合展现出独特优势。这一方向以"四维需求"为锚点——基础层的产量安全所带来的持续粮食需求增加、品质层的营养升级需求所导致的有机粮油溢价、情感层的农耕体验所带动的农旅收入提高、价值层的全链可信所促进的复购率提升，通过"三链协同"模式实现破局，即纵向延伸深加工提升附加值，横向拓展"稻田＋研学＋光伏"复合空间，数字赋能降本增效。叠加政策红利与土地规模经营降本 20％的轻资产策略，成为当前最具结构确定性的投资渠道。从投资风险角度看，粮食产业融合的多元化投资比单一产品投资风险低得多；从增值视角看，粮食产业好像未开垦的处女地，开发成本低但收益较高；从政策层面看，国家支持农业综合体等投资，会给予土地流转和划拨、水电等方面的优惠政策，甚至地方政府给予贷款优惠等。

4. 粮食产业融合是经得起实践检验的促进乡村振兴的可行路径

粮食产业融合成功的案例比较多，譬如湖北省内的袁夫稻田农业综合体、竹溪中锋镇贡米产业融合、湖南新泰和绿色农业集团等均已成为一二三产业融合的成功典范。粮食产业融合依托农民的命根子——粮食生产，催生生物农业、智慧农业、休闲旅游、创意农业等新业态，以及农村电子商务、直播带货、会员配送、个性化定制等新模式。借此引领消费结构升级，并创造新的社会需求，促进乡村发展由"生产导向"向"消费导向"转变。推进粮食三产融合发展，有利于推动形成生态农业发展模式，减少对水、土壤、大气等自然环境的污染，增加绿色投资，更好保存乡村传统文化和历史底蕴，维护村落功能和自然环境，推进乡村全面振兴（国家发展改革委宏观经济研究院等课题组，2016）。

以袁夫稻田农业发展有限公司为例。袁夫稻田是三产业融合的完美诠释。依托有限的土地和山水资源，通过高品质的种植和衍生品的研发、生产和销售，提高稻米附加值和资源附加值。借助产业教育、文化体验、美学体验等内容，赋能稻田初级农产品及衍生产品精神内核，打造集合场景、产品、文化于一体的新消费农旅领军品牌。与此同时，借助品牌及文化影响力，为乡村导入优质人才和青年俊才，并留住本土青年人才，导入客户，带动区域经济大发展①。

（二）粮食产业融合的本质

农村三产业融合是围绕"三农"问题提出的乡村振兴发展路径，其本质是以工业理念发展农业，落脚点是加强农业领域的制度创新、技术创新

---

① 袁夫稻田项目计划书 16，2022 年 8 月 21 日。

和商业模式创新，主旨在于提高农业竞争力，持续增加农民收入，激发农村活力。即，将工业竞争创新理念引入粮食行业领域，通过组织创新、技术创新等实现三产之间的紧密连接，在增强粮食行业活力的基础上实现农民收入跨上新台阶并逐步缩小城乡收入差距。

具体到粮食产业，它首要的问题是关乎国家粮食安全。其次，就是要让种粮农民有钱挣、得实惠，日子越过越好。据此，粮食产业融合的受益对象涉及广大种粮农民，目标是提高种粮农民收入，缩小城乡收入差距。谁来推动粮食产业融合呢？除了起协调作用的政府外，主要微观经济主体可能是乡村能人，也可能是返乡创业者等经济主体。粮食产业融合的必要性可从需求端与供给端的三重逻辑进行解构。第一，消费需求的结构性升级是产业融合的逻辑起点。当前我国粮食安全已跨越"数量安全"阶段，国民消费呈现"营养导向—品质敏感—服务增值"的三级跃迁。2022年城镇居民人均粮食消费量较2000年下降18.7%，但有机粮食、功能型粮食制品消费年均增速达24.5%，这折射出消费市场对粮食的价值期待已从基础饱腹需求转向健康溢价、体验增值需求。在传统分散化生产体系下，育种、种植、加工、营销等环节相互割裂，供给侧无法形成价值闭环，唯有推进产业融合，构建贯穿全产业链的协同响应机制，才能打破这一困局。第二，由于粮食载体的特殊属性，产业融合有利于民生必需品的价值重构。作为战略物资与民生刚需品，粮食具有需求弹性弱（需求价格弹性小于1）、质量敏感性强（食品安全边际敏感系数达0.83）、政策干预度高的三重特性。产业融合可通过以下路径突破发展桎梏。一是技术渗透。生物育种技术使水稻亩产突破1 200千克，智慧农业将种植损耗率从12%降至5%以内。二是业态创新。发展"订单农业＋中央厨房＋社区配送"模式，将粮食损耗价值转化为预制菜增值空间。三是利益联结。构建"龙头企业＋合作社＋农户"的契约化协作网络，使优质稻收购价提升35%～60%。第三，产业组织的演化必然要求价值链的重构与扩展。在农业全要素生产率仅为制造业32.7%的现状下（2021年数据），粮食产业融合本质上是对"微笑曲线"的再造。即，上游延伸：如种业研发投入强度从1.2%提升至3.5%（对标国际种业巨头）；中台优化：建设粮食产业数字化中台，使流通成本降低18～22个百分点；下游拓展：开发胚芽米、发芽糙米等精深加工产品，毛利率可达普通大米的3～5倍。

这种融合创新本质上是通过"技术嵌入（智慧农业）＋组织变革（产业化联合体）＋模式创新（农旅融合）"的三维驱动，构建从田间到餐桌的敏捷供应链体系。据农业农村部测算，全产业链融合可使粮食产业附加值提升210％～300％，同时降低系统性风险32个百分点，这既是应对国际粮价波动的缓冲机制，更是实现共同富裕的重要产业载体。

（三）粮食产业融合的作用机制

粮食产业融合的模式相异，但其作用机制是一致的。从政策背景看，在三产融合的过程中，可以实现打造美丽乡村、实现乡村振兴的战略目标。第一产业主要是粮食种植业，第二产业包括粮食加工、粮食衍生品的研发和生产，第三产业包含餐饮服务、民俗服务、娱乐服务、科学教育、工业旅游、文化体验、观光服务、销售等。三产融合的前提是：恢复自然生态、重塑田园生活、激发乡村活力并嵌入艺术文化要素，在此基础上，实现优质粮食供给、米奶等衍生品增值，以及乡村旅游、观光、住宿等服务的价值兑现。乡村市场的繁荣，必然吸引人才资本等产业投资要素从城市向乡村回流，以产生辐射效应，带动周边乡村区域经济的发展。因此，在以粮食为核心产品的三产融合的基础上，成功打造美丽乡村，最终实现乡村振兴。粮食产业融合的作用机制如图1-1所示。

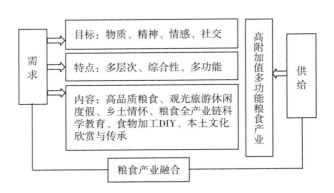

图1-1　粮食产业融合的作用机制

在产业关联层面，粮食产业融合的作用机制可以从如下三个层面展开分析：一是，交易成本节约机制。三产融合增强了产业关联度，其紧密关系等于或稍弱于（紧密程度依赖三产融合程度）企业内部的部门关系。因此，正如企业组织产生的逻辑一样，粮食产业通过纵向一体化减少市场间繁复的交易环节。此外，在融合体内部（或产业之间）交易契约更易达成，从而一并降低了制度更新、新知识学习与协调等综合成本。较低的综合成本是产业融合的基础动力。二是，高效决策执行机制。创新是企业生生不息的动力。粮食产业融合也需要各类创新，且随着环境的变化，需要产业模式或商业模式创新。快速创新决策与高效执行能力是关键，产业融合业态有利于对外界环境变化做出迅速反应，快速决策并高效执行。三是，风险分散机制。从企业投资视角分析，粮食产业融合涵盖了三类产业中的三次或两次产业，使得投资资本涉及范围拓宽，"把鸡蛋放在不同篮子里"而降低投资风险。如果宏观环境不利于第三产业发展，则专注于第一、二产业也可以维持资本增值和产业融合的运作；反之亦然。

二、粮食产业集群形成的微观机理

（一）粮食产业集群的形成及识别

粮食产业集群形成于粮食主产区，这由粮食产业集群的特殊性——根植于包含气候、地理环境、土壤和水资源等在内的自然资源禀赋所决定。粮食产业集群的形成得益于具有某一知名度较高的粮食品牌和较为广阔的市场规模，基于粮食品种的差异性和较为强大的稳定的市场需求，粮食驰名品牌得以形成。不同于工厂化生产的工业品，具有独特品质的粮食受其生长环境，如湿度、温度、土壤条件、光照等自然要素影响很大，同时也与包括历史传统、文化、习俗等在内的非物质要素影响有关。"好米不怕巷子深"，可以不广而告之，但必须是好米，具有营养价值高、口感香糯、绿色、有机等独特品质。因此，物质要素禀赋是粮食产业集群竞争力优势的根本，非自然禀赋要素的挖掘是产业集群成功的重要前提条件。譬如竹溪贡米、万年县贡米和庄品健米业的品牌形象，无一不与独特的地理环境有关，且背后都矗立着一个个具有深厚历史文化渊源的美好故事。

粮食产业集群识别就是确定是否存在集群发展形态，识别内部粮食产业、相关企业间的联系，判断粮食产业是否为主导产业，以及集群企业间是否存在投入产出关系。因此，对粮食产业集群的识别，需要界定好三个问题：首先，要界定清楚粮食产业集聚的地域范围；其次，要明确该粮食产业集群内主导产业名称；最后，要确定界定标准，定性标准或定量标准，或者定性标准和定量标准的结合。一般而言，国内对粮食产业集群的识别是根据产业集群的含义和特征，通过主观判断而成，可以称之为主观判断法。譬如，产业集群形成较早的意大利，比较完善的标准规定了产业集群的两个特征：①具有投入产出关系的企业高度集中；②是在本地经济活动中能发挥作用的诸多组织机构的总和（翁智刚，2015）。国内学者较多采用区位商指标、赫芬达尔指数识别地区产业集群，国外经济学家较多采用空间基尼系数和产业集聚指数作为判断准则。产业集群的定量识别方法主要是基于投入产出分析的多元聚类方法和判别分析法、图论法，以及主成分与因子分析法等方法。

（二）粮食产业集群形成的微观机理

国内学者认为外部性是产业集群形成的根本原因（刘长全，2010）。本书认同此观点，但基于粮食产业的独特性，从外部性、不可移动性（垄断性）两个视角探索粮食产业集群形成的微观机理。外部性包括不可分性、市场摩擦和知识溢出等基本概念。

1. 外部性、空间距离、规模报酬递增与产业集群形成机制

在产业集群这一普遍的经济组织形式中，由于外部性的存在规模报酬递增，而外部性会随空间距离的增加而减弱其经济效应（刘长全，2010）。由此，为了获得因外部性导致的递增规模报酬，企业将自主集聚在一定地理范围内，共享外部正收益。

假设分析的前提是主导产业已经存在于某一地理区域且具有广阔的市场潜力。如果该主导产业的市场规模扩张到一定程度，其周围可能会集聚为其提供中间产品或其他服务的小型企业，实现多方共赢。这些企业与主导产业间存在投入产出关系，从而形成中心—外围结构。但随着主导产业规模的进一步扩大，外围服务产业如金融、物流等相继入驻，投入产出结构关系图呈现复杂的网络结构。如果政府给予政策支持，将引致更多的企业集聚在一定地理区域内。因此，从产业集群形成演变过程分析，如果没有政府拉郎配式的创设，当主导产业在市场需求驱动下形成规模经济效应时，其市场规模已扩张至能够支撑专业化分工的临界点，此时，早期集聚的先锋企业在规模报酬递增和成本节约机制的驱动下，会引发前后向关联效应——上游供应商为降低运输成本而邻近布局，下游企业为获取中间品供给而追随迁入。这种基于市场选择的自组织过程，相较于政府主导的"拉郎配"式规划，更能形成具有路径依赖特征的稳定产业生态。据此，

基础设施和中间产品的共享收益，将进一步吸引更多的主导产业入驻，产品规模不断扩大，新企业不断进入，原来的中小企业不断成长。在企业集聚过程中，由于上下游产业间的紧密关联性，寻找交易伙伴，确立交易条件就相对容易得多，地理空间的邻近性降低了信息不对称性，交易伙伴之间的初期信任容易达成，由此大大降低了时间搜索成本和交易匹配成本等，普通市场上存在的市场摩擦在集群产业区被降到最低。随着产业集群的逐步成长，企业间的竞争合作关系形成，企业在内生的逐利动机驱动下，会自觉提升竞争实力，通过借鉴周边企业的先进管理经验和高端技术水平，进行潜移默化地学习和交流，形成一个多主体创新集群，实现加总规模报酬递增，并提高生产效率。

2. 不可移动性、垄断性、空间距离与粮食产业集群

相较于普通产业集群的外部性而言，粮食产业集群还具有的典型特征是不可移动性和垄断性。旅游资源、自然资源禀赋和地域文化资源都具有不可移动性的本质特征。对粮食产业而言，自然资源禀赋和文化资源是其产品差异性的基础，也是粮食生产赖以进行的根本，是地理标志粮食产品的源头。但自然资源和文化资源均不可以移动，因此，一般而言，粮食产业集群不仅集聚在主产区，而且集聚在具有丰厚自然资源优势和深厚历史渊源的特定地区。庄品健大米品牌、竹溪贡米品牌和万年贡米品牌之所以能产生驰名效应，除了独具特色的自然生长环境、天然的地理优势外，还以深厚的文化底蕴为基色。庄品健品牌背后是具有五千年历史的屈家岭文化，竹溪贡米具有一千多年的历史，万年贡米具有近两千年的历史。试想，如果将庄品健米业从湖北京山的屈家岭地区迁移到其他地区，庄品健品牌效应焉能存在；如果将江西万年县的万年贡米集团迁移到湖北京山，万年贡米品牌还能被认可吗？首先，地域性公共品牌将失去地域性，地理标志粮食产品离开其所处的地区其地理标志属性将不复存在。因此，具有不可以移动性的独特地理环境是塑造国家地理标志产品的物质基础。不可移动性可以延伸出一定垄断性，这种垄断性属于区位垄断性，非此区位莫属。

不可移动性和垄断性的经济价值在于它的溢价效应。不可移动性使得粮食产业集群的集聚地域具有确定性，垄断性赋予粮食产品极高的超额利润，特别是有机、绿色和国家地理标志大米，由于营养价值高，富含多种

微量元素，粮食拍卖价格高企。如表1-1所示，中国顶级大米的拍卖价格堪比房价，价格是稀缺的外在表现，大米价格的高企体现了其难以获得性以及稀缺程度。垄断获得超额利润，进而提升品牌溢价，品牌声誉的外部性进一步推动粮食产业集聚，形成良性循环和正反馈机制。

表1-1 中国顶级大米拍卖价格

单位：元/50千克

大米品种	景阳大米	万年贡米	御田胭脂米	北大荒"头米"	响水贡米	遮放贡米	房县冷水红米
拍卖价格	8 400	6 900	2 000	1 888	500	499	368

资料来源：魏源风，中国顶级大米排行榜。

第三节　国内外相关研究文献述评

一、国内外产业经济理论研究述评

（一）创新与产业升级

1."创造性毁灭"理论与开放式创新理论

创新理论的鼻祖是熊彼特，他最早提出"产业突变"和"创造性破坏"概念，产业突变不断地从内部使这个经济结构革命化，不断地破坏旧结构，不断地创造新结构。并据此提出了造成产业突变的五种创新力量，即"新的生产方法、新的商品、新的组织形式、新供应来源、新的贸易路线和销售市场"。他主张，在位企业间的激烈竞争并非有利，新产品、新技术等的动态竞争才是最重要的；让创新性企业拥有市场势力，才能确保研发的动力。并指出，在这个创造性破坏过程中，在迥然有别于教科书构图的资本主义现实中，有价值的不是这种竞争，而是关于新产品、新技术、新供给来源、新组织类型的竞争，也就是占有成本上或质量上决定性优势的竞争，这种竞争打击的不是现有企业的利润边际和产量，而是它们的基础和它们的生命，这种竞争比其他竞争更富效率，犹如炮轰和徒手攻击的比较（熊彼特，1942）。因此，创新是推动经济生生不息的内生动力。

克里斯坦森（1997）从管理学视角构建了保持行业领先地位的突破性创新——破坏性技术原则框架，解释为何在开发成熟技术上最为有效的管理方法反而阻碍对破坏性技术的开发。由于管理良好的企业都善于发展延续性技术，善于以消费者认可的方式来提高产品性能，但这类企业内部蕴含的强大力量阻碍他们开发破坏性技术，而破坏性技术不但能够在原有属性的基础上提供完善的性能，还能增加一些新性能，最初不被客户认可的破坏性技术终将占领原来的市场。此外，他指出了破坏性技术的四大原则，即企业的资源分布取决于消费者和投资者、小市场并不能解决大企业的增长需求、无法对并不存在的市场进行分析、有机技术供给可能并不等同于市场需求等。

亨利·切萨布鲁夫提出开放式创新理论，强调企业有目的地让知识流入和流出以加快企业内部创新，指出企业应把知识、技术委托等外部资源对于企业创新的重要性上升到封闭模式下内部创意、内部市场化渠道等同等重要的地位，最终实现以更快速度、更低成本，获得更多收益的更强竞争力目标（Henry Chesbrough，2003）。

2. 创新生态系统理论

创新生态系统理论认为，创新是一种系统化行为，本质上是由不同机构所构成的系统，这些机构由创造、储存、转移信息、技能或新产品的组织相互连接而成，其核心是技术创新。各国的经济发展状况都与创新系统密切相关，创新系统的僵化会导致经济体发展速度的减缓（Lansiti M. & Levien R.，2004）。

由于与技术进步有关的交互行为大多发生在区域层面，有学者认为区域层面的系统创新是研究的主要对象。区域创新系统主要包括主体要素、资源要素及辅助要素等。主体要素包含企业、高校、科研机构等，资源要素主要涉及创新资本、创新人才以及科技、信息等，辅助要素则包括市场、政府、中介机构等。各构成要素间彼此联系、相互作用，实现区域创新系统提高创新能力、促进产业升级、培育创新集群、转变经济发展方式等众多功能。区域创新系统具有区域性、根植性、整体性、自组织性、动态性、开放性等特征。

（二）技术创新与市场结构

学者们在技术创新与市场结构的关系问题上具有不同的观点。一种观点认为，较集中的市场结构更有助于创新。一是，大型厂商拥有为潜在研发活动筹集资金的能力，而在竞争激烈的行业中，筹集研究经费则显得尤为困难。二是，研发活动也存在规模经济，集中度高的企业具有研究规模优势。三是，较高集中度市场中的企业从事技术创新活动，具有三方面的优势：创新效应、效率效应和高创新效率。另一种观点认为，垄断势力没有促进技术创新。一是，垄断企业更容易躺平，导致无效率。二是，由于创新动力机制不足、巨大的新装备成本，以及压制新专利或新技术以保护垄断地位，垄断企业只有较少的激发创新的因素。沉没成本效应和替代效应是抑制垄断公司创新的两个主要因素（刘志彪，2015）。

技术创新与市场结构的经验分析研究表明，主要有三大因素对技术创新和研发投资产生影响。一是政府激励。利用信息的公共品特性，政府以专利体系和授权研究鼓励技术创新。二是私人厂商激励。较大的技术机会和更多的收益均可为厂商提供刺激。三是市场结构。市场结构与技术创新间的联系并不明朗。Arrow 认为竞争性厂商更多投资于技术创新，但熊彼特则持相反的观点，创新活动更多发生于高集中度产业的大厂商。同时，技术创新还会反作用于市场结构（刘志彪，2015）。

创新是产业经济高质量发展的内在驱动力。创新与效率和政府支持间的关系，学界也有不同的见解。在微观层面，有学者提出，为提升整体创新效率，企业应设计动态报酬结构。大数据通过"利润效应"促进创新，并通过"壁垒效应"抑制创新。产业振兴规划降低了企业研发效率，而政府补贴显著激励初创期和成长期的企业创新，但抑制衰退期的企业创新（叶建亮、朱希伟等，2019）。

总体上，国内外学者对创新理论的研究逐步深入，从理论逻辑领域推进了创新理论研究的广度和深度，从实证分析层面对创新与市场结构的关系进行了广泛地探讨，其创新理论及其研究成果，对各国科技及创新政策产生了重大影响。但当前对创新理论的研究，聚焦于创新的内涵和外延，以及创新与市场集中度及其影响因素的分析，从行业层面研究创新规律的文献尚不多见，尤其针对粮食这一战略性产业，鲜有文献从理论层面或经验层面来探讨产业创新及其发展规律。

二、国内外粮食产业融合相关研究述评

（一）国内粮食产业融合相关研究

农业产业融合概念是基于现代农业产业体系建设目标而提出的。2015年中央1号文件首次在"推进农村一二三产业融合发展"中正式提出产业

融合的概念。2016 年 2 月，国务院办公厅发布《关于推进农村一二三产业融合发展的指导意见》明确指出着力构建农业与二三产业交叉融合的现代产业体系。此后，学界逐渐使用"粮食产业融合发展"一词，来代替先前常用的"农业产业融合"。粮食产业融合发展虽然提出较晚，但与之相关的粮食产业发展、粮食产业融合则一直是学者关注的重点。

1. 粮食产业融合模式的相关研究

学者提出，粮食产业融合模式主要为"粮食＋电商"模式、"粮食＋旅游"模式、"粮食＋工业"模式、"粮食＋数字经济"模式，以及"粮食＋旅游＋工业"等模式。从产业链运作层面，粮食产业融合可分为龙头企业带动型、中介组织带动型、专业市场带动型和科技带动型（韩江波，2018）。郝爱民等（2022）实证研究发现，三产融合能够促进主产区粮食产业高质量发展水平的提升，且对粮食产业的投入、产出、科技生态三方面产生明显的溢出效应。易苏丹（2021）经过深入研究发现，粮食产业融合效应存在差异性。湖北荆州市一二三产业融合速度较慢，稻虾和鸭蛙稻两大种养模式下的粮食产品品质低，缺乏市场竞争力。与之相反，湖北黄梅县袁夫稻田的一二三产业融合很成功，具有良好的农民增收效应和粮食增值效应（刘嘉怡，2023）。夏红军、许宇尘（2018）对宜兴市杨巷镇地区水稻产业化发展的实践和探索进行了探讨，初步摸索出了一条以要素合理配置、资源充分利用、利益共享为基础的产业联盟，形成了可复制、可推广的产业化联合体。汤旭东和钱萍（2018）陈述了宜兴市水稻产业化发展的主要做法与成果，总结了水稻产业融合发展的经验，可为同类地区提供借鉴。

学者们研究发现，粮食产业与旅游业的融合效应显著。乡村旅游业是中国粮食产业经济发展的新增长点（吴红梅，2021）。其中，游客的流动性特征有利于把当地特色粮食及食品推广到全国，提出挖掘产粮基地旅游价值的粮旅融合模式，将产粮基地打造为有机化、生态化的旅游景点，借助流量开拓国内外市场（何静，2016）。实证研究也支持这一观点，邵佳瑞（2021）调查了旅游业发达地区的粮食生产情况，认为这些地区的粮食产业和旅游业实现了轻微融合，两者融合愈深，游客的旅游体验愈丰富，当地粮食产业经济的发展愈广阔。因此，旅游业和粮食产业融合发展的新型产业模式具有广阔的推广前景（黄晓丽，2020）。

2. 粮食产业融合发展对策的相关研究

学界对这一问题讨论很多，主要集中在政府政策和基础设施等软硬件环境支持、科技创新能力、打造知名品牌等三个方面。

有关政府政策和软硬件基础支持方面，陈殿才与李宏久（2017）强调，在水稻产业发展中，政府应注重政策的激励作用，加大财政、税费、土地等政策扶持，并加大对市场的整顿力度，为促进粮食产业融合创造良好的市场环境。王丹玉（2017）对潜江市的虾稻融合项目进行分析后发现，政府在产业融合中要引导帮助不同个体间互通有无，积极解决农户遇到的困难。吴军等（2020）从利益共同体视角强调产业融合要健全互通网络，实现多生态产业多主体的经济模式。曹鹏等（2019）从组织结构视角分析，指出要优化布局结构，延伸产业链条，从而形成从生产加工到门店的生产模式，提升流通能力和组织化水平。

有关提高科研水平方面，邵红宁等（2016）认为水稻研发需要加大资金与科技投入，致力于研发精致又具有特色的大米制品，例如推出迎合市场的低卡大米、高纤维大米等，以此加快稻米产业的融合速度。朱祥宇（2020）以上海"蛙稻米"品牌为例，强调加大科技投入并进行精深加工，这对提高稻米经济效益至关重要。张士杰和齐啸宇（2021）提出应加大种业研发以提高粮食种业数量和质量，实现粮食产业"三链协同"的高质量发展。陈可伟和蒋涛等（2019）通过对水稻产业发展和三产融合发展的调查研究，提出推动水稻三产融合需加快品种更新、建立生态工程项目以及提高稻米品种等。曹鹏等（2020）针对湖北省稻米高质量发展，建议"三链"同构，推进新品种的培育，加大产品研发投入，完善营销和冷链物流环节。

在打造知名品牌的研究领域，众多学者围绕粮食品牌建设提出了具有针对性的见解。黄哲儒等（2017）聚焦江苏射阳大米，强调品牌建设的系统性，建议强化品牌意识，保护品牌商誉，形成环环相扣的品牌链条。紧接着，黄彬红（2018）提出了不同的观点，建议树立"特色农业"品牌，发展"特色种植"与"地景"结合的模式，并推动地方政府职能的转变，构建多元化的工业整合模式。魏伟（2018）则着重关注粮食产业融合过程中的品牌记忆点与产品包装。其认为粮食产业融合必须让粮食品牌和品牌特色能被消费者牢牢记住，并且将产品特点融入包装。马太山与郭靖

（2019）关注河北粮食产业品牌建设，强调了品牌在产业融合中的引领作用，主张以品牌为核心挖掘整合优质资源，涵盖优秀品种的互通与生产种植技术的互通，支撑起整个产业网络的运作。

（二）国外粮食产业融合相关研究

Barbara Braun（2012）认为，产业融合是指以农业为基础，将其他二三产业结合起来，以实现经济和环境的可持续发展。发达国家根据国情不断完善粮食产业支持的政策，有效推进粮食产业现代化进程。但在具体路径方面，各个国家和地区产业融合的重点并不相同。Fleischer A、Pizam A（1997）认为，产业整合既可以促进乡村经济的发展，又可得到农民的支持。Carol Morris、Michael Winter（1999）将目光投向英国传统粮食产业融合的进程，最终挖掘出适合粮食产业发展的第三种模式并给出具体的且可操作的建议。同时以色列作为欧洲的粮仓，成立了专门的经济管理部，助推粮食产业融合。

国外学界对粮食产业融合的理论演进与政策实践为中国研究者们提供了重要参照。日本学者今村奈良（1994）提出的"六次产业化"[①] 理论体系，突破了传统农牧结合的二元框架，主张通过整合生产端的集约化经营、流通端的市场化运作、消费端的服务增值三大维度，构建涵盖"生产—加工—流通—销售—文旅—服务"的全产业链增值模式。韩国学者黄荣模（2011）提出，解决农村问题和粮食产业问题最有效的办法就是走"六次产业化"融合发展的道路。韩国学者金泰坤（2011，2013）从实践成效系列研究揭示了韩国"粮食产业融合 2.0"的进阶路径：初期（2004—2010 年）通过"产地加工园区＋农户合作社"模式实现初级产品加工增值，中期（2011—2015 年）依托地理标志认证打造区域特色品牌，现阶段（2016 年至今）则通过农旅综合体建设形成"田间观光＋文化体验＋电商直播"的复合业态。这些阶段性成果表明，产业融合需遵循"基础建设→品牌塑造→业态创新"的渐进式发展规律。

综上所述，发达国家的粮食产业融合已处于较为成熟的发展阶段，而中国的粮食产业融合则刚刚起步，可以借鉴日本、韩国以及荷兰等发达国

---

① 将第一、第二和第三产业加起来或相乘，都正好是"六"。"六次产业"的形态非常丰富，例如农产品的品牌化、向消费者直销、经营餐厅、提供住宿、发展农业观光等都可以称为六次产业。

家成熟的发展模式。这些国家在兼顾粮食产业化需求的同时，在发展的关键节点，有针对性地推出了一系列扶持政策，推动粮食生产与不同行业或不同产业间的相互渗透和融合发展。不过，由于经济差异、资源差异、政策差异等因素影响，中国很难完全复制国外的成功经验，可以结合国风民情及制度文化环境，走出独具中国特色的粮食与其他产业融合之路。

三、国内外产业集群文献研究述评

（一）国外产业集群相关研究

1. 国外产业集群的相关研究

产业集群一直是国际学术界的重要研究课题。国外学者的研究对象最初聚焦于所在国家和地区经济，如集群对区域经济的发展产生的相关影响。近些年，随着产业集群的发展壮大，研究视角开始转向粮食产业的集群式发展，并对粮食产业集群所带来的经济效益和作用进行了专题研究。

Trinh T H（2016）以越南中部地区的旅游集群作为研究对象，采用聚类分析方法的结果表明，旅游集群对区域经济发展具有一定的竞争力。Huang C（2018）以塑料产业集群为研究对象，分析探讨了集群创新网络形成的三个阶段。指出，政府政策对中心企业、组织学习机制和集群创新网络具有显著影响。Ketels C（2021）对集群存在经济绩效的影响进行经验分析，验证结果表明产业工资水平与产业及其周边产业集群的集聚水平间存在相似程度的关联，而集群的投资组合强度对于区域繁荣起着重要作用。Yang H（2022）模拟产业集群的演化路径，构建动态模型仿真产业集群理论，模拟结果表明，生态系统在不同阶段的特征存在差异，产业集群的演变实际上是市场发展的缩影。在此过程中，需要政府指导和市场调控，从而加快产业集群生态系统的形成和规模扩大。

2. 国外粮食产业集群的相关研究

该类研究主要围绕产业集群的典型作用、作用机制及产业集群的因果联系。关于粮食产业集群的作用，就行业层面而言，DejanDordević（2012）研究发现食品行业的中小企业可以通过集群的方式提高竞争力，使企业之间能够相互学习自身缺乏的知识与技术，而且集群的形成需要社会、政府、商业协会、科研机构等多方支持。从国家地区层面看，Yu M（2013）参照欧美发达国家集群经济的成功模式，对比分析中国农业集群，指出农业集群的发展可以提高农业综合生产能力，并带动农村经济和区域经济繁荣。Generalov I（2020）以诺夫哥罗德地区为研究对象，实证研究发现开发集群管理系统有助于形成可持续生产，从而提高粮食产业的效率，加强地区的粮食安全。从国际视域看，Hong-bing You（2019）指出全球主要的粮食出口国已经形成粮食生产专业化、区域化等粮食产业集群的发展模式，产业集群可以获得规模经济效益、降低成本、更有效地利用资源、交换信息和经验，从而提高竞争优势。

关于粮食产业集群的作用机制，Onishchenko S K（2019）介绍了以种植、储存和加工粮食产品为核心的粮食产业集群，区域粮食生产集群不仅是一种有助于农业工业企业经济稳定发展的创新模式，而且是利于国家粮食安全的农业经济发展机制，这种机制可使企业内部产生协同效应，共享基础设施，降低交易成本。有关以粮食产业集群为主题的因果推断研究，Mukhamad Najib（2015）验证了印度尼西亚农村地区食品加工产业集群，深入分析了该地区企业的合作、创新和经营绩效之间的关系，强调创新对食品加工业中的中小企业集群经营绩效具有关键意义。Liu Y（2022）从农业产业集群理论出发，探索促进农产品绿色品牌竞争力的研究，分析农产品集聚效应与品牌竞争力之间的内在联系。

（二）国内粮食产业集群的相关研究

1. 国内粮食产业集群的典型事实研究

国内在粮食产业集群的典型事实研究方面成果颇丰。众多研究以河南省粮食产业集群为案例，通过对现实的观察和逻辑推理，揭示了诸多粮食产业集群发展的关键要点。学者指出要素升级对粮食产业集群尤为重要，因此应着力提高科学技术创新能力（罗丽丽等，2013）。赵予新（2018）认为，粮食产业的转型升级是粮食产业集群发展的重要条件。胡红杰（2021）提出，粮食产业发展遵循的主要路径是以主食加工聚集发展为核心发挥产业优势，以粮食科技创新为重点发挥科研优势。苗瑞洲（2021）则认为，改善产业集聚形象与产品等级是产业集群发展的有效对策。杨苗苗、于邢香等（2015）聚焦山东粮食产业集群的形成和发展，认为加快粮食产业集群升级，可从农民专业合作社和农村土地流转出发，建立农户与企业间的利益共享机制。

2. 国内粮食产业集群发展对策研究

粮食产业集群具有显著的地域性，近年来，国内相关研究大多围绕地方特色优势展开。黄进（2020）在深入研究襄州区农业产业化后指出，发挥产业集聚优势，要从农产品精深加工和建设农业科技园区入手，引进行业龙头企业发挥示范带动作用。孙建军（2021）针对河南省农业产业集群的发展阶段和路径，提出四大发展战略，即打造优势特色产业集群、农业创新集群、外向型农业产业集群和高质量发展产业集群。陈惠芬（2021）认为在可持续发展框架下，产业集群为粮食产业的高质量发展提供了内在动力，需要借助科技创新和人力资源，优化产业结构。罗正业（2023）则提出农业产业集群的发展应以价值共创共享理念为指引，通过集聚农业产业要素，营造良好的产业发展环境，培育具有较强带动能力的龙头企业，完善农业产业发展链条。

3. 国内农业产业集群的实证研究

张有志等（2015）构建评价粮食产业集群的指标体系并考察山东省粮食产业集群的竞争力，揭示山东省粮食产业集群在青黄经济圈内的绝对竞争优势。该研究开创了农业集群量化评估的先河，为后续研究提供方法论参照。王媛（2021）以山东苹果产业集群为研究对象，系统性解构生产要素配置（如种质资源储备率达78%）、消费升级驱动的品质需求（优质果品溢价超30%）、冷链物流等支持性产业发展（相关企业密度提升42%）等竞争力要素，验证了波特理论在农业领域的适用边界。张月莉（2021）突破传统经济视角，提出"关系网络-价值认同"双螺旋模型。一方面，政府政策倾斜（如区域品牌认证覆盖率提升至65%）与产业链协同（合作社参与率达91%）构成制度性社会资本；另一方面，消费者认知调查显示品牌溢价感知度与复购意愿呈显著正相关（$\beta=0.73$），揭示非正式社会资本的价值转化路径。罗昆燕等（2022）运用空间基尼系数（0.62）与区位熵指数（2.31）量化黔西南州薏仁米集群发展轨迹，发现其遵循"生产要素集聚—产业链空间重组—集群生态网络涌现"的三阶段跃迁规律，为山地农业集群培育提供空间规划依据。阮建青、张雨薇（2024）实证研究表明，县域内农业产业集群的发展能增强农民工的居留意愿，且对低收入阶层的影响更为显著。这种包容性源于集群创造的多元化就业（电商、旅游等衍生产业占比升至34%）与技能适配岗位（培训转化率61%）。

综上所述，国外学者对粮食产业集群发展均进行了长期的探索与大量实践，热点内容大致分为案例研究、绩效评估、动态网络、综合企业、农业转型等五个方面，研究领域广泛且分散，呈现重视案例研究、定量研究的特点。国内学者对粮食产业集群的研究尚处于初始阶段，热点内容包括农业产业化、运作模式与发展对策、互联网＋、政府作用及政策环境等方面，研究视角、研究范围、研究层面、研究选题等都在逐步深化完善（郑洪涛、李二玲，2023）。

四、粮食产业发展研究综述

（一）有关粮食产业发展模式和路径的研究

粮食产业发展受到粮食比较效益和价格效应的双重约束（龙均云等，2013），因此利用市场机制推动粮食产业提质增效是粮食产业的主要发展模式（郭晓鸣等，2018）。其主要经营模式包括大户生产型、联户生产型、企业生产型、异地承包租赁型、产销挂钩型和产加结合型（冯久先，1995）。其他学者也贡献了富有价值的见解。李逸凡（2017）提出构建科技与粮食产业融合迭代的产业体系，强调促进产业链、资金链、政策链同频共振，以推动粮食产业的协同发展。寇光涛等（2016）构建粮食产业链增值状态反应模型，并据此判断未来中国粮食产业链的发展趋向，主要有"核心企业＋现代服务业"和"核心企业＋平台服务＋中小企业集群"两种模式。叶静（2016）基于价值链理论，针对江苏粮食产业发展实际，提出纵向一体化和纵向约束的发展路径，为区域粮食产业发展提供了针对性策略。陈定洋（2016）提出粮食产业化联合体概念，即建立以龙头企业为核心、专业合作社为纽带、家庭农场（专业大户）为基础的紧密型联合体。这种模式既能保障农产品质量安全，又能通过利益连接让农民分享产业链收益。随着信息技术的延伸和应用，粮食产业的业务拓展以及传统运营模式的创新需要数字技术赋能。虽然粮食统计信息工作持续变革，但无法与大数据时代同步，相关信息技术在粮食产业有待进一步开发和应用（王同香，2023）。

（二）产业创新机制

农业发展方式的转变，依赖于科技创新、业态创新、商业模式创新和组织制度创新的协同发展（姜长云，2015）。从专项创新与特定创新、填补科技与产业缺陷、政策引导与市场机制联合三方面补齐农业科技创新机制（龙云安等，2018）。传统产业的技术和研发水平相对较低，应走产学研发展路径。同时，传统产业的创新既依靠市场力量，也受政府政策推动（文玉春，2017）。产业创新发展路径有三种选择，分别为"互联网＋"的产业创新能力重构、培育以精益管理为核心的产业创新软实力、以产业融合为核心的产业转型升级（潘宏亮，2015）。通过产业转移、产业集群、产业融合等路径，促进粮食产业等传统产业转型升级（王娟，2016）。

（三）粮食产业发展政策

发达国家的粮食产业财政金融政策通过价格支持（直接补贴、粮食抵押贷款、干预性收购）、生产调控（土地休耕）与市场化工具（期货市场、银行补助）的组合应用，在 WTO 框架下实现了政策成本与效率的平衡（赵玮莹，2009）。我国未来政策需以动态适应性为核心：在生产端强化科技嵌入（如智能农机、生物育种）与结构升级（优质专用粮产业链），流通端深化市场化改革（目标价格保险与期货联动）（普冀喆等，2019）。同时，借鉴山东的产业化经营与三级储备体系（范成方等，2022）等区域实践，构建"质量—效率—韧性"三位一体的粮食安全新范式。

（四）国外相关研究的学术史梳理及研究动态

国外学者针对粮食产业创新发展的研究文献相对不多，主要实证研究粮食产业供应链的优化、替代定价政策、政府管制的取消、粮食科技的粮食产业发展效果等。澳大利亚谷物出口案例研究表明，整合智能化决策支持系统（如多周期库存运输模型与车辆路径优化算法）可以将农民收入提高 10％（Kingwell Ross，Loxton Ryan，Mardaneh Elham，2019）。替代定价模型揭示了政策干预对市场均衡的深远影响（Baldwin ED，Hill LD，1975）。Tangliang（2017）强调的产学研合作在抗虫稻种研发中表现显著。放松政府管制，取消对食品征税可以提高食品产业的发展速度（Swati Yanamadala，2012），有关食品税的问题需置于政策转型框架下理解。以伊朗小麦产业为例，取消政府名义支持后，实际价格与生产率的正相关性显著增强，表明市场化机制可激活生产主体活力。但是要注意的是，在绿色食品产业初期，政府认证体系与标准建设仍是规范市场的关键。因此，放松价格管制的同时，需配套供应链基础设施投资（如冷链物流补贴）以避免市场失灵。有学者深入研究了阻碍绿色食品产业发展的主要问题，如产品结构和企业结构不合理、市场体系不完善、认证体系落后等，并从产品结构、企业结构、宣传、市场、认证体系和政府政策方面提出对策建议（Ling Lin，2009），不过，这些结构性问题可以通过产业生命周期理论深化。

第四节　粮食产业创新发展的理论基础

一、产业结构理论

产业是随着生产力发展逐步演化出的社会分工现象，它属于历史范畴。产业分类方法较多，大致有五种：马克思把社会物质产品划分为生产资料和消费资料；费希尔和克拉克则按照产业发展的客观序列和内在联系，划分为第一产业、第二产业和第三产业；按照要素密集度，可分为劳动密集型产业、资本密集型产业和知识和技术密集型产业；按照产业功能，可划分为主导产业和辅助产业；联合国标准产业分类为 10 大项，在此不再赘述。

起源于社会分工的产业随社会分工的深化不断拓展细化，产业之间并不是孤立存在的，而是存在着复杂的直接或间接的经济联系，形成变量之间的函数关系，使全部产业成为一个有机的系统。一个产业的存在可能衍生出新的产业，产业内部的结构变化可能会引起其他产业的变化。产业结构演进具有规律性。配第一克拉克定律和库兹涅茨人均收入影响论都揭示了人均国民收入变动对产业结构变动的影响。即，随着全社会人均国民收入水平的提高，就业人口由第一产业向第二产业、第三产业转移，就业人口的转移方向与产业结构的变动总方向高度一致。

产业分类具有历史演变性。传统的三次产业分类法把产业分为以农业为主的第一产业、以自然产物为原料进行加工的第二产业和以服务业为特征的第三产业。随着信息技术以及围绕其形成的现代高技术群的发展壮大，环境产业、信息产业和自然资源产业等新兴产业形成后，产业活动涉及更多层次的、更为丰富的且更为复杂的系统关联，三次产业分类已不能涵盖新产业，体现产业结构的系统性和层次性特征的立体产业分类理论应运而生。立体产业分类理论的核心内容包括，引入了两类新的独立产业，即零次产业和高次产业，自然资源产业作为零次产业，环境产业、高技术产业（包括信息产业）组成高次产业；新增零次产业和高次产业的产业结构体系具有立体化和网络化特征。新兴产业与传统产业相互融合且产业界限模糊，同时，两者之间具有高依附性和高相关性。

新兴产业促进可持续发展的诸多作用机制，主要包括：一是，新兴产业在经济与自然生态系统之间形成的正反馈机制，增加了产业结构体系内的系统关联层次；二是，资源产业作为产业链环中社会与自然毗邻的产业，可通过前向、后向的双向产业关联效应实现产业间关系的协调；三是，零次产业衔接一次和三次产业，高次产业契入传统产业部门，多次产业活动融会贯穿，即新兴产业活动作为载体，将诸多产业活动或产业环节凝聚为一体，产业间的联络更为紧密。

二、产业集群理论

(一) 产业集群的概念

产业集群的概念丰富多样。最早关注产业集群现象的马歇尔，把产业集聚的特定区域称为"产业区"，产业区为一种由历史与自然共同限定的区域，其中，大量中小企业积极地相互作用，企业群与社会趋向融合（马歇尔，2004）。安德森对产业集群的定义为："一群公司或企业以地理接近性为必要条件，依赖彼此间积极、互动的关系来增进各自的生产效率或竞争力"（Anderson，1994）。而此种产业集群现象往往表现出地理位置上的集中和相近，这常带给集群厂商许多好处，如产业信息的交流、共享地理资源等（Porter，2001）。波特提出产业集群是国家经济竞争优势的重要来源。Gwynne（1993）认为产业集群对整体产业或个别公司的经营发展帮助很大，特别是中小型企业或初创的弱小公司。对集群企业而言，可获得的显著效应是，相关上下游产业或合作企业因地理距离缩短，减少运输时间并降低成本，及时供货与存货得以实现。此外，集群企业还可以共同分摊基础建设的成本，共享生存资源。此时，协同效益（synergy）越大，合作关系将越密切。

(二) 产业集群的特征和属性

从产业集群概念可以归纳出以下几个重要特征。一是创新特征。产业集群内的企业相互合作和竞争，互相分享知识和信息，这些为企业进行产品创新和市场创新积聚了宝贵的资源。二是产业关联性特征。集群内企业之间彼此紧密联系，产生较大的外溢效应和外部经济。产业集群与产业集聚的关键区别之一就是，经济活动间是否存在相关性。三是网络特征。产业集群是在合理分工前提下的生产商在地域上结成的复杂网络，网络节点是生产商、客户、供应商及本地政府、高校等。罗莱特从网络视角将产业集群定义为"一个由产品链、价值链和信息链将专业供应商、知识生产机构、中介机构和顾客相互联系而形成的网络，目的是分散创新风险、降低交易成本，实现快速市场反应与学习"（Roelandt，2003）。国内学者对产业集群特征有精辟的见解。强调其专业化分工、网络协同、创新、区域社会文化环境的根植以及柔性生产地域系统特征（王缉慈，2001）。在经济地理角度称之为"地方产业集群"，认为产业集群的元素包括相互关联的企业，以及大学、研究机构、咨询中介和政府服务部门等支撑性机构，强调地方网络和根植性是衡量集群的两个标准（王缉慈，2004）。

在对产业集群概念界定和特征描述分析的基础上，从四个方面对产业集群的属性进行归纳：从产业组织和制度经济学视角分析，产业集群是介于纯市场和企业科层之间的中间体网络组织；从组织生态学视角看，产业集群是高密度的互补共生产业种群生态系统；从分工和创新视角看，产业集群是一个柔性专精生产与创新系统；而从社会资本、根植（embedding）视角看，产业集群是一个社会根植系统（翁智刚，2015）。根植性意味着产业集群从本地传统文化和历史文化中汲取独特的发展资源。新兴古典经济学代表性人物杨小凯教授运用超边际分析方法，将斯密的劳动分工理论与交易费用理论浑然融为一体。他对分工、交易效率、经济结构多样化，以及生产集中化中间关系的分析很好地解释了产业集群内部的高度专业化与相互依赖（翁智刚，2015）。

（三）产业集群的分类

产业集群有诸多分类，本书针对粮食产业集群的特征和研究目的，采用荷兰经济学家彼得·克劳瑞格等（Knorringa，Stamer，1998）的方法，把产业集群分为集群卫星式产业集群、集群轮轴式和意大利式产业集群。集群卫星式产业集群存在于竞争性较强的行业，如领带、皮鞋等，主要依赖外部企业与中间商，本地形成大量批发市场与投入品供应市场，竞争优势来自掌握隐性技能的劳动力和较低的成本；集群轮轴式产业集群主要以内部的大型企业为轴心，围绕它提供产品、投入品与服务，产业集群对大型企业依赖性强，与其共兴衰；意大利式产业集群主要以中小企业为主，专业性强，具有基于信任关系的稳定的合作网络，柔性专精，产品质量高，创新潜力大。另外，产业集群按照形成动机，可以分为市场需求型、生产要素型和混合型；按照动力标准，可以将产业集群分为自然型、人工嵌入型和外资推动型；按照技术水平标准，可以分为传统产业集群、高技术创新型产业集群和资本与高技术相结合的产业集群。

三、新结构经济学理论

新结构经济学旨在构建一个分析框架，将发展中国家的"软件""硬件"，如要素禀赋、基础设施、发展水平和产业、经济结构考虑进去，分析政府和市场在不同发展水平上的作用，及其在不同水平间的转换机理，阐析政府在校正经济扭曲中应该采取的政策措施（林毅夫，2012）。该理论主要强调产业增长对经济增长的决定性作用，以及连续的产业升级或沿增加值链条向上转移的核心意义（Anne Krueger，2011）。

（一）新结构经济学的核心思想

经济体的经济结构内生于它的要素禀赋结构，要素禀赋的变化和持续的技术创新推动持续的经济发展。既定时期的要素禀赋结构是给定的，但随着时空推移是可变的。一国比较优势由其要素禀赋结构决定，也决定了该国的最优产业结构。经济体产业结构的升级要求要素禀赋结构的升级，遵循比较优势而发展产业可以实现要素禀赋结构升级（林毅夫，2012）。最优产业结构内生于经济体的要素禀赋结构，要素禀赋结构表现为该国的劳动、资本以及自然资源的相对稀缺度（林毅夫，2009）。给予微观经济主体进入比较优势产业的最佳激励必然是要素相对价格必须能够充分体现要素的稀缺性。这要求要素价格通过竞争而形成，因此，市场必然成为经济体系有效运转的基础性制度。持续的、包容性的经济增长由产业升级和技术进步持续推动，然而，对于发展中国家而言，产业升级的自然过程将是漫长的，需要"因势利导型政府"有效政策的推动。因此，政府应发挥主导性作用，主动设法缓和投资结构使其更加协调，譬如提供基础设施，补偿领先投资的正外部性等，进而促进产业结构升级。

（二）新结构经济学的新见解

不同于早期结构变迁把世界各国发展水平分为五类的观点，新结构经济学认为，经济发展是一个不可数的连续水平谱，并非若干个不同水平的机械序列。经济体产业结构的变迁反映了其禀赋结构的变化，但禀赋结构相同的国家，产业发展方式可以是不同的和非线性的。

关于政府作用及其手段。旧结构经济学认为，由结构刚性外生决定的市场失灵，使发展中国家难以依赖资本密集型产业，但发展中国家的政府可以利用行政手段和价格扭曲优先发展资本密集型产业。新结构经济学强调，要素禀赋结构的差异使得资源向资本密集型产业的重新配置无利可图，因此，发挥市场在资源配置中的核心作用，政府应该解决外部性问题和协调问题，帮助企业进行产业升级。

关于产业结构与经济增长。旧结构经济学依据两分法即"高收入的中心国家"和"低收入的外围国家"来区分发展中国家和发达国家间的产业结构。新结构经济学则认为产业结构的差异反映了产业处于连续谱线上的不同发展水平，通过产业多样化并建立符合比较优势的产业结构，在全球化市场上利用后方优势来实现经济收敛，发展中国家可以提高经济增长速度并实现逆转。

关于政府在经济管理中的政策工具。旧结构经济学看重的政策工具有泛保护主义，如强制附加进口关税保护幼稚产业、刚性汇率政策、设立国有企业和金融抑制等。新结构经济学认为进口替代是发展中国家发展过程中爬升产业阶梯的自然手段，前提是进口替代符合与禀赋结构一致的比较优势。并强调，为确保新产业中的企业具备自生能力，发展中国家的产业升级必须与该国比较优势的变化一致。政府的作用被限制在提供新产业的信息、协调关联投资、为领先企业补偿信息外部性，以及鼓励外商直接投资，并在改善硬件和软件基础设施方面起到有效的引导作用。

（三）政府与产业升级及技术创新

新结构经济学理论认为，产业和技术的连续升级是持续经济增长的重要特点。理论上而言，贫穷国家都可以通过引进发达国家的先进技术和制度并发挥后发优势进而成功实现产业升级。实践上而言，许多发展中国家的产业升级并不成功，其中的重要因素在于政府政策的无效性。因势利导型政府是产业升级的最好推动者，它为私人部门利用当前的比较优势提供诸多便利条件（林毅夫，2012）。

1. 政府为何干预：破除阻碍创新的市场失灵

虽然 W. Arthur Lewis（1955）提出"政府对经济生活的干预可能出现失误"，但他仍然指出："离开高明政府的正面激励，没有一个国家能够获得经济进步。"政府对经济体的干预缘于市场失灵，市场失灵是发展中经济体所受的主要困扰，主要有两种类型：信息外部性和协调问题。

一方面，由于微观经济主体的需求、供给存在分散性和独立性，无数微观经济体的需求集合所形成的市场需求等信息不能被供给者有效获取，存在供求信息的不对称。供给市场上的创新信息不仅由创新者获得，也可能落入竞争对手或潜在模仿者手里，这部分行为人无须承担任何边际成本，导致市场供给不足。由此，政府补贴可能是鼓励信息流动、创新以及抵消先发劣势的机制。另一方面，市场失灵由"协调问题"产生。发展中国家的基础制度、营商环境等方面落后于发达国家，在实现产业升级的过程中，除了技术和产业结构外，还需要其他前提要素，如大量资金、有效的生产规模、一定容量的市场，以及频繁的远距离市场交换。因此，一个灵活、有序的产业升级和技术升级过程需要相应跟进教育、金融和法律制度，以及基础设施等系统性条件（林毅夫，2012）。这些条件不是私人企业所关心的，众多企业间的协调也不是单个企业力所能及的，因此，需要政府介入，政府拥有协调企业行为并提供基础制度所需要的权力和财力。

2. 政府如何干预：引导私人部门利用比较优势

竞争优势的四大来源均根植于比较优势。波特（Michael Porter，1990）指出，这些来源包括：①充分利用国内丰裕要素的部门或企业；②支撑企业实现规模经济的庞大市场；③完善的产业集群；④充满活力的国内竞争，推动效率和生产率提升。林毅夫（2012）强调，上述四个方面本质上皆以比较优势为基础。如果经济体违背比较优势原则，它则无法参与国际竞争，国内竞争也是不充分的，产业集群也难以维持。反之，如果遵循比较优势，国内市场的规模不足可以依赖国际市场来补充，就不需要巨大的国内市场。因此，经济体优先选择比较优势。

新结构经济学认为，最优产业结构内生于经济体的要素禀赋结构，要素禀赋结构为该经济体各生产要素的相对丰裕程度。因此，要素禀赋结构升级推动产业结构升级，或者说产业结构升级以要素禀赋结构升级为前提，否则硬性升级的产业结构会拖累经济发展。政府的职能是确保经济体以内生的产业升级为基础。故而，政府应提供有效的信息和协调服务，消除企业或产业利用比较优势时出现的障碍，帮助企业克服外部性，引导企业和产业部门有效利用经济体的比较优势有机增长。

3. 政府干预的角色：助产士而非保姆

在经济体发展过程中存在一个基本共识，市场在资源配置中起决定性作用。对于发展中国家而言，政府要发挥更多更好的作用。一是，不同发展水平的国家，产业升级的内涵差异悬殊。发达国家处于全球前沿，新产业通常被授予专利，并获得创新所带来的垄断租金。发展中国家往往处于模仿跟进的状态，其产业升级中的产业对发达国家而言不仅不是新产业并且可能是成熟产业，因此不可能据此而获得专利或租金。发展中国家为了鼓励与比较优势一致的产业升级，对进入新产业的先驱企业进行直接扶持是必要的。二是，发展中国家具有后发优势，可以借鉴现有发达技术和产业理念进行产业创新和升级，而且政府积极主动地在产业升级过程中提供信息、协调和外部性补偿，该国的增长速度就会比发达国家要快，从而更快趋近发展目标。三是，政府应利用增长诊断框架甄别并消除增长障碍。即使在具有比较优势的产业内找出并消除紧约束，同时改善商业环境，若先驱企业或产业的外部性、协调等关键问题未能解决，产业升级问题也难以成功。因此，政府应集中精力解决影响增长的最大障碍，譬如，融资成本高或私人投资回报率低等，这将是获得成功的有效方式。

综上所述，新结构经济学认为，发展中国家的发展实践中，产业政策失败更有可能缘于增长甄别过程中决策者的失误。决策者试图扶持的新产业必须与本国的潜在比较优势一致，而且政府要主动帮助企业利用市场机遇，解决信息协调问题和负外部性等问题，向私人部门提供充足的软硬基础设施，进而有效促进本国的产业升级和技术进步。

第二章

湖北省粮食产业创新发展现状

　　加快实施创新驱动日益成为顺应新时代、谋求新动力的发展要求。粮食产业高质量发展同样依靠科技创新。本章主要分析与湖北省粮食产业发展相关的主要经济指标，采用永续盘存法计算粮食产业自主研发投入，并在全国层面对比分析湖北省自主研发投入、协同创新投入和技术引进资金等所处的相对位置，以全面、清晰认识湖北省粮食产业科技创新投入的基本情况。

第一节　粮食产业创新发展的意蕴

一、粮食在国民经济中的战略地位和重要作用

（一）粮食概念的界定

　　粮食指作为主食的各种植物种子总称。追溯中国粮食经济的发展历程，可以发现粮食作物的种类范围在不断演变。先秦时期，主要粮食作物就是通常所称的"五谷"，即"麦、菽、稷、黍、稻"，其种子分别称作麦粒、菽豆、粟米、黄米和稻谷。新中国成立初期，由于农业生产遭受严重破坏，新中国的粮食生产百废待兴，粮食作物经济统计冠以"粮豆作物"名称，基本上按照农作物品种划分为稻谷、小麦、杂粮（主要指玉米）、薯类和大豆等（戴谟安，1982）。进入 20 世纪 80 年代，中国粮食作物主要分为稻谷、小麦、薯类、玉米、高粱、谷子、其他杂粮和大豆等（《中国农业年鉴》编辑委员会，1980）。但从 1994 年开始，随着居民消费需求的升级，粮食作物分类愈加细化，主要划分为三大类七小类，即谷物（包括稻谷、小麦、玉米、谷子、高粱、其他谷物）、豆类（大豆、杂豆）和薯类（《中国农业年鉴》编辑委员会，1994）。近年来，粮食的大类划分没

有变化，但小类划分更为细密，将稻谷进一步细分为早稻、中稻和一季晚稻、双季晚稻等，并分类统计经济数据（《中国农业年鉴》编辑委员会，2014）。国际上粮食的分类一般援引联合国粮农组织的做法，其粮食概念主要涵盖谷物，包括麦类、粗粮类和稻谷类等，种类范围较中国狭窄。

（二）粮食安全的区域非平衡性

粮食同能源、人口、环境保护等问题，日益成为举世瞩目的几个重大经济问题（卢受采、梁伟，1984）。美国前战略家、前国务卿基辛格曾说过"谁控制了粮食，谁就控制了人类"。各种国际组织、许多国际会议、遍布全球的科学研究机构，难以计数的论文、研究报告、专著等科研成果，都在探讨改善粮食问题的解决途径。尽管如此，粮食安全问题并没有获得持续性解决，饥荒长期威胁着许多发展中国家，目前近八亿人口在饥饿和营养不良中挣扎。根据最新出版的《2023年世界粮食安全和营养状况》数据表明，2017年营养不良人口数量为5.71亿，这是自1970年以来全球营养不良人口数量经过40多年稳步下降的低谷，2018年却缓慢增加到5.87亿人，此后受疫情暴发、极端气候频发及地缘冲突等因素叠加影响，至2021年世界营养不良人口已快速达到7.39亿，大致相当于2006年营养不良人口的绝对数，从粮食安全层面衡量的人类可持续发展指标倒退了20年。当前，威胁粮食生产及供应链的因素依然存在，粮食供给形势依然严峻，2000—2022年世界营养不良人口数量及比例见图2-1。同时，粮食安全存在区域结构的非均衡性，一方面呈现出粮食供大于求的美好景象，发达国家不仅存在长期持续的粮食过剩，而且将过剩粮食拿来生产生物燃料[①]；另一方面地区性粮食危机令人担忧。2022年数据显示，亚洲（占营养不良人口总量的55%）和非洲（占营养不良人口总量的38%）地区营养不良人口占据了全球93%，特别是撒哈拉以南的非洲地区和南亚地区。粮食安全的区域不平衡问题再次引起社会各界的普遍关注，它从一个侧面体现了当代世界的南北差距状况、非稳定性因素，进一步反映了粮食资源在世界政治经济中的重要地位。

[①]　据美国农业部统计，2022年美国生产燃料乙醇的玉米用量为1.32亿吨，比2020年增加近1 200万吨。美国环保署规定，2023年生物燃料强制掺混量定为209.4亿加仑，2024年为215.4亿加仑，2025年增至223.3亿加仑；同时规定，从2023年4月1日起生物柴油强制掺混比例从10%提高到12%，并在此后三年内每年提高1个百分点，到2026年达到15%。

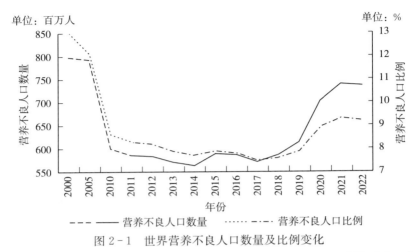

图 2-1　世界营养不良人口数量及比例变化

资料来源：FAO，IFAD，UNICEF，WFP and WHO. 2023. the State of Food Security and Nutrition in the World 2023. Urbanization，agrifood systems transformation and healthy diets across the rural-urban continuum. Rome，Fao. https：//doi. org/10. 4060/cc3017en.

（三）粮食的重要作用

1. 粮食是国家长治久安和宏观经济稳定的基础生活资料

粮食是人类生存的第一需要，按照马斯洛的需求层次理论，生存需求处于最基础层面，人类其他的需求都建立在人身安全的基础上，维持人自身的生存是人类从事物质和精神生产的必要前提。马克思说过食物的生产是直接生产者的生存和一切生产的首要条件。从一定意义上而言，人类发展的历史就是生活资料（首要的是粮食）生产与人类自身发展不断对立统一的历史（卢受采、梁伟，1984）。翻开中国的历史，可以发现，朝代的覆灭更迭与农民起义有关，而农民揭竿而起的主要原因是因粮食短缺导致的吃不饱肚子。

1789 年，英国的人口学家马尔萨斯曾经提出一个人口理论，即人口以几何级数增长，粮食以算术级数增长，世界粮食增长速度远远慢于人口增长速度，从长远来看，人口数量与粮食供给能力间必然出现巨大缺口，因此会造成饥荒和争夺资源的战争。近 100 多年来特别是二战后，世界人口急剧增长、经济发展带来粮食需求的大幅度增加，粮食供不应求状态持续了很长一段历史时期。粮食短缺曾是萦绕在无数人心头的噩梦，对于人口大国来说更甚。1994 年布朗写了《谁来养活中国人》一书，书中断言中国会成为粮食缺口大国，大量进口外国粮食必然会导致粮食的短缺与粮食价格暴涨，继而引起国际上的连锁反应，导致全球粮食大恐慌。仅隔两年之后，中国"杂交水稻之父"袁隆平研制培育出超级水稻，是普通水稻产量的2倍多，改变了中国"吃不饱饭"的被动局面，中国靠粮食科技有力回击了布朗的危言耸听。

尽管随着新耕地的开垦和粮食产量提高带来粮食供给总量增加，但自然灾害、生物燃料作物的竞争需求、投入价格上涨、土地资源和水资源紧缺等会使粮食库存量下降到较低水平。同时，在市场机制作用下，粮食短缺导致价格上涨，恶化粮食短缺局面。另外，由于粮食是大宗交易商品，对于发展中国家而言，粮食短缺的后果将是毁灭性的，不仅会引发社会的不稳定，还会推升通货膨胀，危害宏观经济的长期稳定增长，进一步加剧粮食不安全的严峻局势。在现代国家，如果粮食短缺严重，同样会引致社会冲突。譬如，1984—1985年因严重干旱引起的苏丹达尔富尔地区自耕农和牧民之间的冲突，导致大量人员伤亡和流离失所（De Waal，2006）。

2. 粮食是至关重要的物质资料和基本食物，具有很强的外部性

粮食用途甚广，不仅是维持人类生存的直接必需品，是提供每日营养的基本食物，也是传统的牲畜饲料，还是应用很广的工业原材料。譬如，在工业用途上，它可以用于酿酒、制造淀粉和药品、提炼调味品和植物油、提炼保健品，还可以作为生物能源制造乙醇和生物柴油等，利用现代高分子合成技术粮食还可以制造塑料、人造树脂、人造橡胶等的填充料。据资料称，美国汽车大王亨利·福特曾花费不菲代价研发大豆服装，由大豆制成的衣服布料柔软且富有垂性。大豆还有许多新的不一般的用途，比如制作汽车底盘和印刷用的油墨（拉吉·帕特尔，2008）。

由于粮食用途广泛，且粮食是人类生存必需品，粮食需求总量一直持续增加。从粮食的需求结构看，随着膳食结构升级，口粮消费呈缓慢增加趋势，而动物性食品消费则迅速增加。由于动物性食品主要由饲料粮转化，人均直接消费的口粮减少量远远低于间接消费的饲料粮增加量，加之世界人口总量的持续增加，以及粮食不安全地区粮食获取状况的改善，粮食总消费量呈净增加趋势。

粮食的外部公益性主要表现在以下两个方面：一是粮食问题具有社会

扩散效应（周慧秋、李忠旭，2010），可能给社会带来负外部性。粮食是日常消费众多的商品，在供给充足情况下往往遭到忽视，但如果粮食的供给、流通、品质等出了问题，会迅速扩散并传导到社会各个角落，成为社会关注的焦点，扩大人们对粮食消费的悲观预期，如果不能妥当处理，可能会演变为粮食抢购等社会问题。二是粮食消费给粮食加工企业和产粮者带来正外部性。随着人们收入水平和生活质量的提高，人们对粮食品质要求提升，日益注重消费无毒害、绿色、高品质、营养全面的有机粮食。居民偏好的变化对高品质粮食供给提出了更高要求，种植者为满足消费者的需求偏好，在优粮优价的利益诱导下主动积极优化粮食品种结构，促进粮食产业高质量发展。

3. 粮食日益成为国际政治斗争中的一种谈判工具和"战略武器"

洪范八政，食为政首。新中国成立以来党和国家领导人都高度重视粮食安全问题。粮食是关系国计民生、政治稳定、社会安定的战略性特殊商品。

西方国家意欲把粮食作为统御全球的一大战略工具。由于粮食的供给缺乏价格弹性，粮食价格的推升变得相对容易，但粮食本身没有合适的足够替代品，这是它容易成为"粮食武器"的根本原因。从20世纪60年代开始，粮食与石油一起成为美国维持新经济霸权的关键支柱，主导全球粮食市场成为华盛顿政策的核心（威廉·恩道尔，2016），美国的"粮食武器"成为影响深远的政策信条。在1973年世界粮食危机中，美国的嘉吉谷物公司、大陆谷物公司、库克谷物公司、达孚公司、邦吉公司和ADM公司六家跨国农业综合企业控制了世界95%以上的粮食库存。华盛顿和粮食巨头间的紧密联系成为美国粮食武器的核心。

一些发达国家，会利用粮食贸易和粮食"援助""救济"之名，占据贸易谈判优势地位，对粮食短缺的国家进行控制。特别是粮食金融化后，粮食资本、粮食外汇、粮食期货期权等金融工具的推出，增加了粮食金融化的深度，一国粮食价格将愈益国际化，本国粮食定价权就有可能因粮食金融化而让渡于人。基于对粮食的政治经济工具和战略武器功能的忌惮，许多发展中国家在粮食生产方面立足自给自足，引进国外先进的粮食生产技术和品种，增强本国粮食生产能力，确保粮食安全。特别是，随着全球人口总量的增加、科技发展和部分国家生活水平的提高，出现了粮食的直接消费和间接消费均增加的倾向，导致粮食需求总量持续增加。在这种情况下，粮食愈来愈成为国际经济政治斗争的战略物资和外交"武器"（陈会玲、祁华清，2024）。

二、粮食产业创新的内涵和特征

（一）粮食产业的界定

学界对产业的界定具有多种表述方式。有学者认为，产业是指在国民经济中，以社会分工为基础，在产品和劳务的生产与经营上具有相同特征的企业或单位及其活动的集合。百度百科对产业的定义为：产业是指由利益相互联系的、具有不同分工的、由各个相关行业所组成的业态总称，尽管它们的经营方式、经营形态、企业模式和流通环节有所不同，但是它们的经营对象和经营范围是围绕着共同产品而展开的，并且可以在构成业态的各个行业内部完成各自的循环。从各类物质生产部门到提供各种服务的各行各业，都可以称之为产业（简新华、杨艳琳，2001）。

当前国内学者对粮食产业尚无正式界定。根据前述产业的定义以及本书的研究对象，对粮食产业作如下界定：围绕最终粮食（食用油）消费品而进行的原粮（油籽）生产及粮食加工、储藏、收购、销售等行业。从全产业链视角看，它包括后向延伸产业链至食品加工行业，前向延伸产业链至种植行业。

（二）粮食产业创新的内涵

创新行为具有系统性（Lansiti M. & Levien R. ，2004），创新的本质是生产要素和生产条件的重新组合，进而改变生产函数实现更高效率的过程。由于粮食产业具有最强的区域性，本书专注于从区域层面研究粮食产业创新系统，其核心是技术创新和组织创新，主要包括主体要素、资源要素和社会要素。主体要素包括粮农、粮食加工企业、高校和科研机构的科研人员，资源要素主要涉及根植性的区域文化与制度、禀赋要素、创新资本及企业家、专业技术人才（数字技术人才）等，社会要素则包含组织协调主体要素和资源要素的市场、政府、服务性机构及行业协会等。粮食产业创新的主要内容是，结合区域资源禀赋，深度挖掘粮食产业的内在价值，紧密连接粮食的种植、加工、销售，支撑整个系统网络的良好运作，将粮食产业优势转变为经济优势。在粮食产业系统内，整合粮食种质、生产和加工行业，在组织内部实现纵向一体化并将交易成本降为最低。在产业链各环节，通过组织创新、管理创新和技术创新，提高生产效率，研制并生产最贴合居民消费需求的高质量粮食产品。

粮食产业创新会引起结构优化升级并推动粮食产业经济的发展。主要体现在以下几个方面：一是，产业创新引起的效应除扩散效应、辐射效应和带动效应外，还存在结构关联效应。即粮食产业创新引起就业结构、消费结构、分配结构、资源结构、城乡结构的变动和优化，进而影响粮食产业经济发展的作用和效果。二是，粮食产业创新提升了供给结构的弹性。创新的目标是针对有消费需求的人的需要，为适应消费需求结构升级而实施创新，因此，粮食产业供给结构具有可变性、灵活性和适应性，促进了粮食产业经济增长效率的提高。三是，粮食产业创新可以促进粮食产业结构的优化升级。在粮食产业创新过程中，产业结构的变动能够重新配置资源，使资源流向高生产率部门，提高有效产出。四是，粮食产业创新有利于粮食产业结构开放。粮食产业创新引起的结构优化促使区域粮食经济在更大范围参与分工和贸易，并可能扩大到国际层面。五是，粮食产业创新提高了供给能力和供给质量，减少甚至消除无效供给，具有资源节约和环境友好的生产特征。

（三）粮食产业创新的特征

1. 农户依赖性

种植是粮食产业的首要环节。当前从事粮食种植的主要有家庭农场、农业合作社和龙头企业，尽管经营主体不同，最终的生产主体则主要由农户构成。农户的知识水平、种植管理理念、粮食生产技能对粮食产业创新至关重要。粮食生产对农户的高依赖性决定了建立农村地区人才池的重要性，需要进一步思考的问题是如何充分挖掘农户主体的生产潜力。除了提供种植和生产方面的技能培训，用科学武装他们的头脑外，还要供给先进的管理及生产生活理念，使他们自觉接受优秀传统文化和现代生产方式，并自觉成为由生产知识和技能武装的现代化农民。

2. 耕地依赖性

在当前技术水平条件下，粮食生产主要依靠的生产资料是耕地资源。土壤的肥沃程度和安全性对粮食质量、品质影响很大。譬如，东北地区的黑土耕地是极其珍贵的土壤资源，获得耕地中"大熊猫"美誉，在保障国家粮食安全中地位极其重要[①]。不同区域的耕地禀赋相异，产出的粮食品质和口感亦为悬殊。无论区域土壤是否具有比较优势，耕地的生态保护和土壤质量改良（如提高土壤有机质）是提升生产资料质量的基础。因此，东北地区实施"梨树模式"加强对黑土耕地的保护性耕作和保护性利用[②]。

3. 气候依赖性

农业自古有"靠天吃饭"之说，农业产业是最易遭受气候变化影响的产业，粮食种植高度依赖降水等气候条件。如果风调雨顺，年收成会五谷丰登。如果气候变化剧烈，粮食生产将受到干扰，极端干旱天气甚至导致颗粒无收。比如，难以预测的高温、降雨模式，以及更强烈、更频繁的极端天气事件，如热浪、暴风雨或山洪。这些极端天气变化都会影响粮食产量，进一步传导到粮食价格，情况严重时甚至会导致粮食危机[③]。近年来，随着污染日渐严重，全球干旱、洪涝等重大自然灾害事件发生频率不断增加、危害范围持续扩大、灾害程度进一步加重，严重危害粮食生产。据路孚特测算，在过去几年间造成粮食减产的极端气候现象中，有53％显现出持续或恶化迹象。2021 年，联合国政府间气候变化专门委员会（IPCC）与联合国粮食及农业组织（FAO）等机构发布报告称，自 2009 年以来，干旱、高温等极端气候现象发生概率远高于 20 世纪八九十年代，严重影响了全球粮食供给[④]。最新研究指出，厄尔尼诺等极端气候可导致全球各主产区同时出现大规模农作物歉收，并解释了我国北部平原地区大豆产量波动 7％和玉米产量波动 26％。

---

① 2022 年 8 月 1 日，《中华人民共和国黑土地保护法》正式实施。这是中国首次对黑土地保护进行立法。

② 《中华人民共和国黑土地保护法》解读，中央广播电视总台，2022 年 8 月 5 日。

③ 新农鸣．饥饿的世界？冲突和气候变化是如何扰乱全球粮食供应的？https：//baijiahao. baidu. com/s？id＝1738059620060827340&wfr＝spider&for＝pc，2022 年 8 月 17 日。

④ 新浪财经．极端气候越来越频繁如何影响粮食安全？https：//baijiahao. baidu. com/s？id＝1697471177956337802&wfr＝spider&for＝pc，2022 年 8 月 17 日。

湖北省是国家重要的粮食主产区，大部分地区气候条件适宜种植粮食作物，气候特征如表2-1所示。

表2-1 湖北粮食主产区气候特征

地区	降水、日照	粮食生产适应性
襄阳	全年降水日为107～135天，太阳辐射较强，年均总日照时数为1 800～2 100小时	全市气候资源上的优势有利于粮食生产潜力的发挥，是全国重要的夏粮生产基地
荆州	全年降雨量为1 100～1 300毫米，太阳辐射量占全年75%	土壤由近代河流冲积物和新生代第四纪黏土沉积物形成，土层深厚肥沃，水热同步与农业生产季一致的气候条件，适宜多种农作物生长发育
荆门	雨量充沛，阳光充足。年平均气温15.6～16.3℃，年平均降水量804～1 067毫米	无霜期长，具有春季温湿、夏季炎热、秋季干凉、冬季寒冷的特征。适宜粮食作物生长发育
武汉	年降水量1 150～1 450毫米，年日照总时数1 810～2 100小时	常年雨量丰沛、热量充足、雨热同季、光热同季、冬冷夏热，适宜粮食作物生长发育

资料来源：根据襄阳、荆州、荆门、武汉地区气候情况介绍整理而得。

4. 种质资源的高度依赖性

春种一粒粟，秋收万颗子。农户说"好儿要好娘，好种多打粮""种地不选种，累死落个空"。种子是现代粮食产业的基石，犹如"农业芯片"，如果过度依赖进口种子，一旦"断种"发生，引致的危机甚于科技"卡脖子"。Dr. Vandana Shiva认为，"种子是食物链的第一环，种子主权是粮食主权的基础。若农民无法保有、改良和交换开放授粉品种，那么他们就没有种子主权，当然也就没有粮食主权"。在某一农业发展模式下，如果不能自留种子，那么这种模式的存在价值绝对会受到质疑。健康的、可以发芽的粮食种子长期稳定存在，粮食产业才可以保持稳定可持续发展。故此，应增加对粮食种子的科技研发投入，培育出高质量且性能优良稳定的种子。武汉拥有"中国种都"之称，具有丰厚的种质资源储备、资金、人才、科研和教育等比较优势，有利于做好种质资源收集、育种繁种及示范推广。

第二节　湖北粮食产业发展状况

湖北素有"千湖之省"美誉，是中国最重要的粮棉油水产地区，是重要的中国粮仓。湖北林耕空间主要分为三种类型：鄂西北鄂西南高山峡谷区、中南部和东部（中南部的江汉平原和东部的沿江平原）的粮油基地、鄂东南鄂西南丘陵山岗区的特色林业经济和林下经济。湖北拥有 18.59 万平方千米的土地面积，其中耕地面积 5.3 万平方千米，占比 28.51%。湖北以全国 3.7% 的耕地生产了全国 4.1% 的粮食，每年净调出粮食 100 亿斤[*]。[①] 2023 年，全省农林牧渔业增加值 5 447.91 亿元，比上年增长 4.3%。粮食产能保持稳定，粮食总产量 2 777.04 万吨，增长 1.3%，连续 11 年稳定在 500 亿斤以上[②]；全年粮食种植面积 4 706.97 千公顷，比 2022 年增加 18.01 千公顷[③]。

一、湖北省农业生产基本情况

（一）农业生产力快速发展

一是主要农产品资源丰富。湖北省主要农产品包括粮食、棉花、油料、油菜籽、茶叶、园林水果、蔬菜及食用菌等，不仅农产品品种丰富，产量在全国也占据较大比重。如表 2－2 所示，2021 年，湖北省粮食产量为 2 764.33 万吨，同比增长 1.4%，在全国排名第 11；棉花产量为 10.89 万吨，同比增长 0.9%，在全国排名第 3；油料产量为 354.14 万吨，同比增长 2.8%，在全国排名第 3；油菜籽产量为 251.78 万吨，同比增长 4.4%，在全国排名第 3；茶叶产量为 40.44 万吨，同比增长 12.1%，在全国排名第 4。因此，湖北省棉花、油料、油菜籽和茶叶产量在全国排名前列，农业发展底蕴深厚。

---

[*]　斤为非法定计量单位，1 斤＝0.5 千克。

[①]　湖北全面推进乡村振兴由谋篇布局进入具体实施阶段-中华网湖北（china.com）。

[②]　湖北省统计局．2023 年湖北经济运行情况，网址，https：//tjj.hubei.gov.cn，2024－01－26。

[③]　湖北省统计局．湖北省 2023 年国民经济和社会发展统计公告，网址，https：//tjj.hubei.gov.cn，2024－03－27。

表 2 - 2   2021 年湖北省主要农产品产量

单位：万吨、%

农产品种	粮食	棉花	油料	油菜籽	茶叶	园林水果	蔬菜及食用菌
产量	2 764.33	10.89	354.14	251.78	40.44	757.97	4 299.8
同比增长	1.4	0.9	2.8	4.4	12.1	5.8	4.4
全国排名	11	3	3	3	4	11	7

数据来源：湖北省统计局、国家统计局湖北调查总队编. 湖北省统计年鉴 2022 [M]. 北京：中国统计出版社，2022.

二是畜禽养殖与水产品养殖增长迅速。畜禽养殖品种主要包括生猪、羊、牛以及家禽等。2021 年数据显示，生猪出栏 4 115.08 万头，同比增长 56.4%，在全国排名第 5；水产品总产量为 483.21 万吨，同比增长 3.3%，在全国排名第 6，增长趋势平稳；羊和牛的出栏数量在全国排名居中位；家禽出笼 61 233.01 万只，同比增长 3.2%；家禽产蛋量为 196.72 万吨，同比增长 1.9%。生猪产量比 2020 年增长了一半多，长势强劲，羊、牛、家禽及禽蛋增速较为平缓。湖北省生猪出栏量与水产品产量在全国排名靠前，特别是小龙虾产量曾在全国排名第一，出口海外 30 多个国家和地区。

（二）种植结构丰富多样

湖北省粮食品种丰富，主要包括水稻、小麦、玉米、大豆和马铃薯，由于水资源异常丰富，水稻自然成为最主要的粮食品种。近十年湖北省粮食作物中水稻产量稳定在 60%～80%，种植面积稳定在 3 500 万亩*左右，占全国水稻种植面积的 7.6%。2021 年，湖北省水稻总产量达 1 883.6 万吨，同比增产 19.3 万吨，在全国排名第 5。在水稻产业经营规模方面，湖北拥有大米加工企业约 1 138 家，总加工产值 574.24 亿元，销售收入 568.01 亿元，实现利润 42.39 亿元，同比增长 23.3%。图 2 - 2 为 2021 年湖北省主要粮食作物结构。

小麦是湖北省第二大口粮，近十年在粮食产量中的占比稳定在 12%～17%。2021 年小麦播种面积达 1 578.15 万亩，占全国小麦播种面积的 4.5%，在全国排名第 7；小麦产量为 399.3 万吨，占全国产量的

---

* 亩为非法定计量单位，1 亩≈667 平方米。

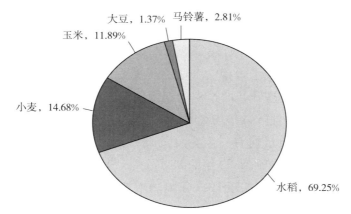

图 2-2　2021 年湖北省主要粮食作物结构

数据来源：中国国家统计局。

2.9%，在全国排名第 8。玉米是湖北第三大主粮，近十年其产量占比一直稳定在 10% 左右。2021 年，湖北省玉米播种面积为 1 143 万亩，占全国玉米播种面积的 3.23%；产量为 323.5 万吨，占全国玉米产量的 1.2%，在全国排名第 15。相对于水稻和小麦，湖北省玉米产量和质量都略显劣势，玉米质量不是很好，一般亩产在 500~800 千克。大豆与马铃薯在湖北省粮食作物产量中占比相对较小，大豆占比维持在 1%~4%，马铃薯占比为 3%~5%。2021 年，湖北省大豆播种面积为 335.7 万亩，产量为 37.2 万吨，低于全国大豆平均产量 52.89 万吨，每亩单产为 110.9 千克；湖北省马铃薯的播种面积为 364.05 万亩、产量为 76.4 万吨，低于全国马铃薯的平均产量 98.18 万吨，每亩单产量 209.86 千克。

二、粮食产业企业数量增加显著

按照国家粮食和物资储备局资料的统计口径，粮食产业企业主要包括成品粮油加工企业、饲料企业、养殖企业、食品及副食酿造企业、粮食深加工企业等，其中，产品粮油加工企业分为小麦粉加工企业、大米加工企业和食用植物油加工企业，粮食深加工企业主要包括制酒企业、酒精企业、淀粉企业和其他粮油深加工企业。粮食企业数量作为衡量产业创新能力的指标，不仅会影响粮食产业的创新能力，还会影响其未来的竞争能力。2005—2022 年以来，我国粮食企业数量呈逐渐递增趋势，企业数量的增速先变快后放缓。在2005—2019年，全国粮食产业企业数量有一定波动，但总体呈上升趋势。根据企业数量的变动特征可以将全国粮食企业数量变化分为两阶段，第一阶段是2005—2016年，全国粮食产业企业数量基本都在20 000家以下，粮食企业的规模逐年增加。特别是2015年粮食产业企业数量显著提升，增长率达到峰值28.94%。第二阶段为2017—2022年，粮食产业企业数量平均在20 000家。2017年以来，粮食产业企业数量（图2-3）和质量均有一定幅度的提升。全国粮食产业企业总数由2016年的17 855家增加到2022年的23 771家，其中，2017年相较2016年有较大幅度提升，2022年相较2021年显著增加。在此期间，湖北省粮食产业企业数量呈现相同的变化趋势，由2016年的1 772家增加到2022年的1 947家，但总量变化幅度不太显著。图2-4呈现了同时期粮食深加工企业数量，从全国层面看，粮食深加工企业数量逐年增加，且增量显著，从2016年的697家增加到2022年的1 218家。在省份层面，均呈增加趋势，而在省份之间差异悬殊，其中，湖北省变化不太显著，从2016年的46家增加到2022年的66家；河南省的增幅最为突出，从2016年的33家增加到2022年的158家，安徽、湖南两省的粮食深加工企业数量增加量也比较显著。近些年，我国粮食产业科技创新水平不断提高，粮食生产由原来的单纯生产能力竞争转向生产能力、流通能力和创新能力的三步走策略。

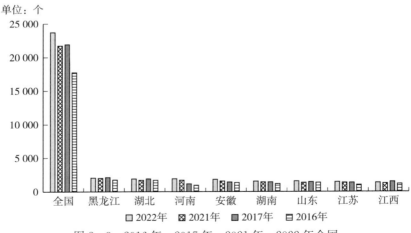

图2-3　2016年、2017年、2021年、2022年全国
及主要粮食产区粮食产业企业总数

数据来源：国家粮食和物资储备局主编．中国粮食和物资储备发展报告（2017年、2018年、2022年、2023年）．北京：人民出版社。

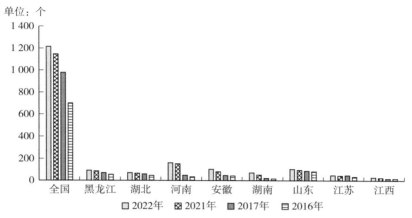

图 2 - 4 2016 年、2017 年、2021 年、2022 年全国及
主要粮食产区粮食深加工企业总数

数据来源：国家粮食和物资储备局主编．中国粮食和物资储备发展报告（2017 年、2018 年、2022 年、2023 年）．北京：人民出版社。

按照经营类型划分，湖北省 2016—2022 年粮食产业企业数量如图 2 - 5 所示，其中，大米加工企业数量遥遥领先，2022 年将近 1 200 家，食用

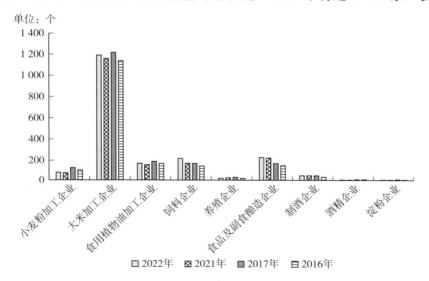

图 2 - 5 2016 年、2017 年、2021 年、2022 年湖北省分经营类型粮食产业企业数量

数据来源：国家粮食和物资储备局主编．中国粮食和物资储备发展报告（2017 年、2018 年、2022 年、2023 年）．北京：人民出版社。

植物油加工企业、饲料企业、食品及副食酿造企业数量在 200 家左右波动，而制酒企业、酒精企业、淀粉企业等深加工粮食企业数量严重不足，尤其是酒精企业和淀粉企业数量尚未突破个位数。因此，在粮食深加工企业数量方面，它与湖北省粮食大省的地位不相符合，显而易见，湖北粮食深加工业滞后于粮食生产。这折射出湖北粮食大省背后隐藏的危机，即粮食工业发展尚处于低水平阶段，对乡村振兴和农民收入带动作用乏力，实现向粮食强省的华丽转身需要关注粮食工业发展，将资源优势转化为粮食产业优势和竞争优势。

三、粮食产业经营规模初显优势

（一）全国粮食产业主要经济指标

据国家粮食和物资储备局统计数据显示，我国粮食产业销售收入在 2005—2022 年持续增长，其中，2022 年的粮食产业销售收入 42 072.3 亿元相比 2005 年粮食产业销售收入 2 995.29 亿元，增加 13 倍。总体而言，粮食产业销售收入增长趋势在 2015 年（24 093.6 亿元）有所放缓，随后又逐渐增加，在 2005—2011 年，全国粮食产业销售收入的增长率快速提升，特别是 2008 年相比 2007 年增加了一倍，直到 2011 年以后增长率才开始放缓。工业总产值反映了一定时期内粮食产业的总规模，就工业总产值而言，2005—2022 年呈持续增加趋势，由 2005 年的 3 011.25 亿元快速增长至 2022 年的 40 191.2 亿元，规模是原来的 13 倍。从利润情况看，2005—2015 年利润增速较慢，但 2016—2022 年，利润平均增长率达到 20%，2022 年，全国粮食产业利润总额已达到 3 277 亿元。近几年粮食产业利润的增加与我国粮食产业自主创新能力的提高及向高质量发展方向的努力有关，近几年不仅增加了研发投入，还大力引进了先进的技术和设备，相比于 2015 年之前，企业的研发能力有所提高，产业转型升级效果显著。图 2 - 6 为 2005—2022 年全国粮食产业主要经济指标。

（二）湖北粮食产业经营规模

湖北省粮食产业的经营规模总体上呈先增加后回落的趋势，其发展变化大致可分为两个时期。第一阶段是 2005—2015 年，这一阶段总体而言，湖北粮食产业销售收入始终高于全国均值，从 124.57 亿元急剧增加到

单位：亿元

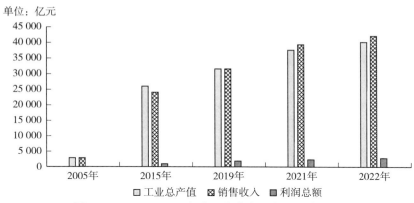

图 2-6　2005—2022 年全国粮食产业主要经济指标

数据来源：国家粮食和物资储备局主编．中国粮食和物资储备发展报告．北京：人民出版社。

2015 年的 2 761.2 亿元。第二阶段是 2016—2022 年，产业销售收入呈下滑趋势，2019 年为 1 817.4 亿元，比 2015 年减少了 943.8 亿元，2022 年减少至 1 776.1 亿元。湖北省粮食产业工业总产值呈先增后降再增趋势，由 2005 年 129.71 亿元增加到 2019 年的 1 015.81 亿元，体量增加了 8 倍多，与全国平均水平相比具有一定优势。利润总量呈先增加后减少的倒 U 形趋势，如图 2-7 所示，相比 2015 年、2021 年和 2022 年，2019 年的利润总额处于最高峰。

单位：亿元

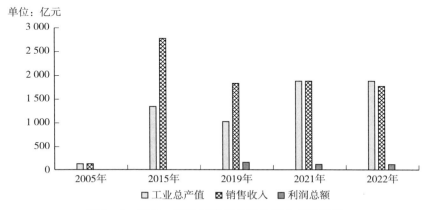

图 2-7　2005—2022 年湖北省粮食产业经营规模

数据来源：国家粮食和物资储备局主编．中国粮食和物资储备发展报告．北京：人民出版社。

　　一个可能的解释是，我国从 2017 年开始实施粮食产业高质量发展理念，地方推行多项粮食产业发展政策，促进粮食产业利润普遍增加。但是，2019 年受疫情影响及国际政治经济局势变化，湖北粮食产业利润总额呈逐年下降趋势，2022 年下降到 99.4 亿元，粮食产业发展空间增大（图 2-7）。

从最新统计数据分析，2022 年湖北粮食产业工业总产值、销售收入及利润指标均排在江苏、安徽、山东、河南、四川之后，也低于粮食主销区广东。湖北工业总产值略高于黑龙江，但销售收入不及黑龙江。2022 年山东粮食产业工业总产值最高，为 5 530.5 亿元，是湖北的 2.9 倍；销售收入也最高，为 5 870.7 亿元，是湖北的 3.3 倍；利润均值最高的是贵州，为 952.3 亿元，如图 2-8 所示。相对而言，作为历年粮食大省，且粮食企业数量在全国排名第三的前提下，湖北粮食产业主要经济指标在全国不占优势，特别需要注意的是利润总额相对偏低，这是湖北粮食产业经济发展面临的突出问题。未来湖北可能需要在粮食品种结构调整优化、粮食品质提升改进、优质粮食品牌培育强化等关键举措上发力，同时迫切需要走粮食产业创新发展的道路。

单位：亿元

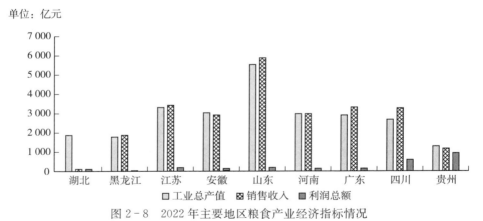

图 2-8　2022 年主要地区粮食产业经济指标情况

数据来源：国家粮食和物资储备局. 中国粮食和物资储备发展报告［M］. 北京：人民出版社。

第三节　湖北粮食产业创新发展的基本事实

一、政府支持粮食产业创新发展政策

湖北是农业大省，是国家划定的 13 个粮食主产区之一，为全国粮食

安全贡献了湖北力量。国家和省级政府出台了一系列粮食产业政策，推进湖北粮食产业经济高质量发展。2006 年 12 月出台《湖北省人民政府关于大力推进粮食产业化的意见》，以加快湖北省粮食工业发展步伐，提高粮食精深加工水平，做大做强粮食加工企业；2017 年，国家粮食局和财政部将湖北省纳入实施"优质粮食工程"首批重点支持省份；2018 年 3 月，湖北省人民政府办公厅出台《关于大力发展粮食产业经济的实施意见》（以下简称《实施意见》），实施意见的出台主要是为进一步贯彻落实国务院办公厅 2017 年印发的关于加快推进农业供给侧结构性改革大力发展粮食产业经济的意见，并科学谋划湖北省未来几年的粮食产业经济发展。2022 年 3 月，湖北省委 1 号文件《中共湖北省委 湖北省人民政府关于做好 2022 年全面推进乡村振兴重点工作的意见》公布，提出聚焦农业产业化发展，强化种业创新和农业科技支撑，做大做强水稻、油菜等优势种业。

在国家和省各项粮食产业政策引导下，湖北省粮油产业经济发展迅速，粮油产业成为湖北省优势农产品主导产业，种植面积、产量等经济指标的规模化水平居全国前列。湖北全省粮油加工业实现工业总产值居全国前列，培养了一批粮油加工龙头企业和粮油品牌。截至 2021 年末，湖北省粮食龙头企业达到了 704 家，有 74 家入选"中国好粮油"示范企业，86 个粮油产品被评为"荆楚好粮油"，拥有优质稻米中国驰名商标 36 个。武汉"中国种都"核心区种业全产业链产值已达 450 亿元，是全国种业规模与聚集度最高区域之一。湖北省优质稻米产业化正快速发展。优质稻米种植区域集中度超过 65%，主要分布在江汉平原、襄阳、随州等粮油基地。

省市政府针对产业发展急需突破的重点问题提出了诸多新举措。针对产业发展模式单一落后的问题，提出发展"产购储加销"一体化模式，延长产业链、提升价值链、完善利益链；针对优质粮油供给不足的问题，提出发展优质稻、富硒粮食、"双低"油菜、稻米油、杂粮等优势特色粮油，创建"中国好粮油"和"荆楚好粮油"示范企业；2024 年 3 月，为促进优质稻米产业链建设，全面推进乡村振兴和农业强省，湖北省委、省政府推出"江汉大米"省域公用品牌；针对产业集聚度较低的问题，提出对接国家"长江经济带"发展战略，分区域、分品种打造粮食产业集群；针对粮食质量安全保障水平有待提升的问题，提出建立四级联动的粮食质检体系；针对创新动力不足的问题，提出加快培育一批创新型粮食领军企业，培养一批粮食产业技术专家。

二、湖北粮食产业专利发明数

专利发明数是企业创新能力和市场竞争力的重要体现。粮食产业经济年报数据显示，湖北省粮食产业专利发明总数呈不断增加的趋势。可以分为两个阶段，第一阶段是 2005—2009 年，平均每年的专利发明数低于 50 个，2005 年湖北省粮食产业的专利发明数只有 4 个，除了 2009 年（13 个），其他年份均为个位数。第二阶段是 2010 年至今，平均年专利发明数达 50 个，2017 年达到了最大值 198 个。近年来，尤其是"十四五"开局之年的 2021 年，湖北省高度重视粮食产业知识产权的保护，鼓励粮食企业转向创新驱动发展。湖北有效专利发明企业增加至 2 145 家，但是因转化率不高，部分中小微企业很难获取所需要的专利技术，高校和企业之间的协作机制还有待完善。

图 2-9 展示了 2015—2019 年各地区专利发明均值，两条虚线把图形分为三个区域，中间的区域是粮食主销区，左侧是粮食主产区，右侧是粮食产销平衡区。可以发现，主销区的专利发明数明显高于主产区和产销平衡区。专利发明数平均值最多的是处于粮食主销区的广东，为 2 013 个，排名第二的是主产区中的江苏，为 1 193 个。湖北粮食产业专利发明数均

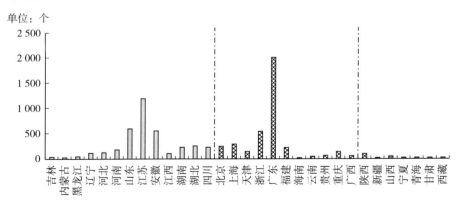

图 2-9　2015—2019 年各地区专利发明平均数

数据来源：粮食产业经济年报（2016—2020）。

值为 260 个，在全国排名第 7，略高于全国平均水平。虽然湖北粮食产业企业数量在全国领先，但其拥有的专利发明数却相对较少，与广东和江苏存在较大差距，这表明湖北粮食产业发展不仅要注重粮食企业数量的增加，更要重视对专利创新方面的研究。

三、粮食产业的科研投入现状

目前统计部门尚未针对粮食产业的研发投入进行专门的测算，因此只能根据已有文献，来估算我国粮食产业和各地区的科研投入存量。

（一）科研投入的换算

根据学者们过去的研究，目前最常见的是采用永续盘存法，将过去的研发存量换算为科研投入存量，公式换算如下：

$$R_t = \sum_{i=1}^{n} \mu_i E_{t-i} + (1-\delta)R_{t-1} \qquad (2-1)$$

式中，R_t 表示在 t 期的科研投入存量，n 代表滞后期数，E_{t-i} 代表第 $t-i$ 期的研发支出，μ_i 代表第 i 期研发支出的滞后系数，δ 为研发投入的折旧率。要想确定粮食产业科研投入存量，需要确定以下五个指标：

第一，研发支出 E 的数值。E 值的计算方法为：

$$E_{xt} = 0.5 \times \frac{R_t^A}{R_t^T} + 0.5 \times \frac{Y_{xt}}{GDP_{xt}} \qquad (2-2)$$

式中，R_t^A 代表第 t 期的粮食产业研发支出，R_t^T 代表研发支出总量在 t 期的数值，Y_{xt} 代表某 x 地区第 t 期粮食产业总产值，GDP_{xt} 代表某 x 地区第 t 时期国内生产总值。

第二，研发支出的平减指数。研发支出的平减指数的计算公式为：

$$PR_t = 0.5 \times CPI_t + 0.5 \times IFPI_t \qquad (2-3)$$

式中，CPI_t 代表第 t 时期的消费者价格指数，$IFPI_t$ 代表第 t 时期的固定资产投资价格指数，系数取 0.5 是因为模型假定在研发投入中，固定资本与人力资本的地位一样重要，因此系数取相同值。

第三，粮食产业科研投入滞后期。由于粮食产业农作物的更换一般是以年为单位，通常为一年以上，为本文的计算方便，选择的滞后期为 1 年，则式（2-1）可以简化为

$$R_t = E_{t-1} + (1-\delta)R_{t-1} \qquad (2-4)$$

第四，研发投入的折旧率一般可取 5％、10％、15％，本文根据已有农业数据对科研方面的实证研究，选取折旧率为 15％。

第五，在基期科研投入存量的数值，即 R_0 的值。计算公式为：

$$R_0 = E_0/(g+\delta) \qquad (2-5)$$

式中，g 表示观察期研发支出和研发投入存量的平均增长率，可直接采用计算期内研发支出的平均增长率。

（二）粮食产业自主研发投入

1. 全国粮食产业自主研发投入

自主研发投入是衡量一个国家科技创新投入的程度，用以反映一个国家的科技强度和核心竞争力。$R\&D$ 经费内部支出能在一定程度上反映企业的自主研发投入状况。"十三五"时期国家不断加大粮食产业研发费用的投入，优化粮食企业创新发展环境，并进一步落实创新驱动发展战略，使得自主研发投入保持稳步上升的趋势。由粮食产业经济年报数据可知，2015—2019 年，全国各地区粮食产业自主研发投入平均数差距悬殊。广东、江苏是全国均值的 5 倍左右，山东、浙江的自主研发投入水平也处于高位，而绝大多数粮食主产区粮食产业的自主研发投入水平基本处于全国平均水平（图 2-10）。就 $R\&D$ 经费内部支出而言，广东、江苏、浙江和山东表现优异，河南、安徽、江西、湖南和湖北等粮食主产区表现并不突

单位：亿元

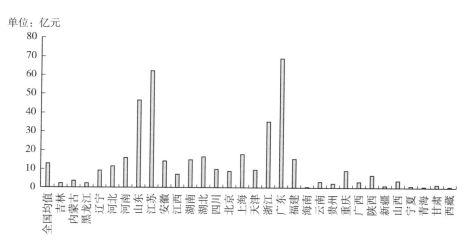

图 2-10　2015—2019 年各地区自主研发投入平均数

数据来源：粮食产业经济年报（2016—2020）。

出（图2-11）。总体而言，粮食主产区对于自主研发的投入程度大于粮食主销区，而粮食产销平衡区投入最小。

单位：亿元

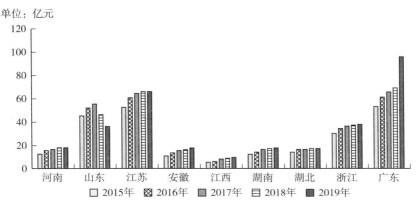

图2-11　2015—2019年部分地区粮食产业 $R\&D$ 经费内部支出

数据来源：根据《中国科技统计年鉴（2016—2020）》计算得出。

2. 湖北省粮食产业自主研发投入

2015—2019年，湖北省粮食产业自主研发费用总体上保持平稳增长，2017—2019年其占全国的比重进一步扩大，平均保持在4%。但与其他省份相比，自主研发投入金额仍然有较大的提升空间。具体从图2-10可以看到，2015—2019年，湖北省粮食产业自主研发投入平均数接近20亿元，全国排名第6，但2019年的排名大概在全国第8位，已后滑两位。在此期间，相比于排名第1的广东69.07亿元和排名第2的江苏62.04亿元，仍存在较大差距，这些数据清晰表明湖北省需要进一步加大自主研发投入，缩小同发达省份的差距。

（三）粮食产业协同创新投入

1. 全国粮食产业协同创新投入

协同创新投入的利用有助于整合优势资源，促进企业与高校和科研机构在技术层面达到深层合作，能促进产业共享技术创新成果，促进新开发的技术实现产业化，对产业创新意义重大。 $R\&D$ 经费外部支出能反映出企业的协同创新投入程度，它是指企业委托外部单位或与其合作而支付给对方的经费支出，主要包括对政府机构、科研机构、高等学校、企业和国外机构的支出。粮食产业的高质量发展，不仅需要提高企业的自主研发投入能力，还需要加强与高校和科研机构等的合作。由于《中国科技统计年鉴》对 $R\&D$ 经费外部支出的统计开始于 2009 年，因此选取 2009—2019 年的数据来进行讨论。全国粮食产业的 $R\&D$ 经费外部支出，由 2009 年的 3.96 亿元增长到 2017 年的最大值 19.16 亿元，随后 2018—2019 年有所回落。

2. 湖北省粮食产业协同创新投入

2015—2019 年，粮食产业协同创新投入的区域分布规律为，粮食主产区的 $R\&D$ 经费外部支出总体较高，粮食主销区次之，粮食产销平衡区支出最少。在此期间湖北省粮食产业 $R\&D$ 经费外部支出的平均值为 5 293.8 万元，略高于全国平均水平 5 018.05 万元，在中部地区位于前列，但在全国排名第 7 位，与广东省 38 908.6 万元和江苏省 14 718.35 万元的差距较大，特别是与广东相差了将近 7 倍（图 2-12）。这表明粮食企业的协同合作程度与地区经济发达程度保持高度一致性，故此，湖北地处内陆和中部地区，需要进一步发展生产力，在此基础上提高其协同创新支出。

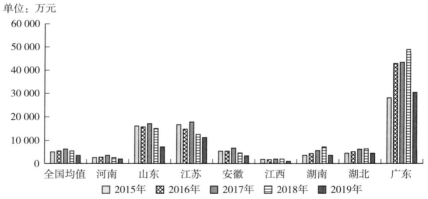

图 2-12 2015—2019 年全国部分地区粮食产业 $R\&D$ 经费外部支出

数据来源：根据《中国科技统计年鉴（2016—2020）》计算得出。

（四）粮食产业技术引进投入

1. 全国粮食产业技术引进经费支出

技术引进可以降低企业自主创新的投入成本，缩短创新周期，提高生产要素的利用率，降低生产成本，同时能够在行业竞争中占据优势，从而能够帮助企业快速占领市场。中国科技统计年鉴数据显示，2005—2019

年，全国粮食产业技术引进经费支出呈先增加后减少的态势。2005 年，全国粮食产业技术引进经费支出为 13 357 万元，随后在 2009 年达到最大值 59 180 万元，从 2010 年开始下降。可能的解释是，2005—2009 年，我国产业创新还不够成熟，需要大量引进国外的设备和技术，经过多年追赶型发展，我国产业创新奠定了较好的基础，因此 2010 年后技术引进的经费显著减少，说明我国产业技术创新已经有了一定的突破。

2. 湖北粮食产业技术引进经费支出

2005—2019 年，湖北省粮食产业技术引进经费支出呈先增加后减少的趋势。其中，2005—2010 年，技术引进经费支出不断增加，2005 年技术引进经费支出为 34.59 万元，2010 年迅速飙升至 970.06 万元，达到历史高峰。紧接着 2011 年技术引进费用开始下降，此后缓慢上升，2015 年已接近 2 000 万元，2016 年稍有下降，2017 年继续上升并超过 2 000 万元，但 2019 年迅速下降到 372.34 万元。特别在 2018—2019 年，湖北粮食产业技术引进经费支出大幅度减少，因此与全国平均值差距呈加大趋势。在此期间，湖北省粮食产业技术引进经费支出的平均值为 1 374.02 万元，低于全国均值 1 511.38 万元，在全国排名第 9，排名第 1 的广东为 12 673.45 万元，是湖北省的 9.2 倍。图 2-13 显示了 2015—2019 年全国部分地区粮食产业技术引进经费情况，湖北在中部地区处于前列，但是与广东和江苏相比，差距悬殊，技术引进结构有待进一步优化。

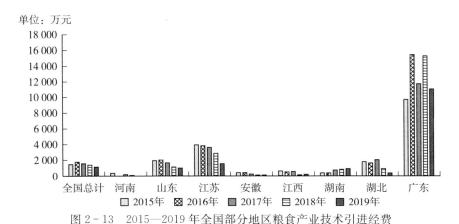

图 2-13　2015—2019 年全国部分地区粮食产业技术引进经费

数据来源：根据《中国科技统计年鉴（2015—2019）》计算得出。

第三章

粮食产业创新发展的动力机制

创新是经济发展的不竭动力，粮食产业创新是粮食产业高质量发展的不竭动力，是湖北省从粮食大省转向粮食强省的关键。本章对粮食产业创新动力提出理论假设，并引入市场导向型和技术导向型两种动力机制。在从理论层面分析自主研发、协同创新和技术引进对粮食产业创新影响的基础上，实证检验这两种模式下自主研发、协同创新和技术引进与粮食产业创新的关系，进而给出促进粮食产业创新的政策建议。

第一节　粮食产业创新发展动力的理论分析

一、市场导向型和技术导向型

从微观企业供给层面分析，市场导向和技术导向是企业创新发展过程中的两种动力，但两者的重点不同，从而对产业创新的效果可能存在差异。

（一）市场导向型理论

关于市场导向概念的界定，学界存在不同的观点，Naver 和 Slater（1990）认为，市场导向是一种组织文化，在这种文化氛围下，组织承诺持续为客户创造优异的价值，以此来保证经营活动的良好绩效。Kohli 和 Jaworski（1990）等学者则提出，市场导向是一种组织行为，是对企业营销观念的执行，它包括市场信息的产生、传播、对市场信息的反应三种行为。Naumann（1995）从客户视角出发，认为市场导向包括客户服务、客户满意和客户聚焦三个方面，企业应充分发挥比较优势，在满足市场需求方面优于竞争对手。概而言之，市场导向是指在以消费者需求为中心的前提下，企业通过对市场信息的获取和反应，各部门相互协调，最终为企业主体带来收益的组织行为。它意味着企业对客户、品牌等外部无形资产的重视，营销活动是市场导向的行为反映。

Lawton 和 Parasuraman（1980）首次给出了市场导向的四个特征：关注顾客、协同市场营销、市场营销部门对于整个公司战略的影响，以及市场营销职能的专业性。归纳起来，市场导向具有以下几个特点：一是以消费者意愿为主。企业对市场信息的准确认识，基于对市场上消费者行为的充分调研和深度认知，接着制定与之匹配的发展目标；二是了解竞争对手的情况。了解竞争对手的比较优势、比较劣势及其可能的反应，进而为本企业制定应对方案，还可以向竞争者学习以补齐本企业短板，这样才能在激烈的市场竞争环境中获得优势地位；三是企业各部门间的有效合作。各部门在明确的分工下，合理分配与整合要素资源，实现"1＋1＞2"的效果，实现企业利益最大化的目标；四是企业更看重长期收益。一般来讲，长期收益高于短期收益，因此，企业会把长期盈利目标放在首位，会忍受短期的利益亏损换取长期发展的优厚回报；五是企业以追求利润为目标。企业采取的各种手段最终为获取丰厚利润服务。

（二）技术导向型理论

技术导向型理论的前提假定是客户偏好技术含量高的产品或服务，因此，一个以技术为导向的公司倡导新技术的获取和先进技术的应用（Gatignon and Xuereb，1997）。Berthon、Hulbert 和 Pitt（1999）则认为技术导向型公司专注于获取先进技术以推出新产品。Dobni（2010）认为以技术为导向的公司更倾向于新产品的开发，这对于提升企业绩效和企业价值具有重要作用。谢洪明（2006）选择珠三角企业作为调查对象，进行实证研究，结果发现技术导向通过影响企业创新而对绩效产生正向影响。虽然有关技术导向的文献研究观点颇多，学者们仍然达成共识并认为，技术导向重视技术创新在企业发展中的作用，技术创新促进企业绩效，技术导向的目的符合客户的目标。在此过程中，人的创造性是技术创新的关键。伦克（Hans Lenk）把人类独有的创造力从低到高划分为三个层次，即重组创造力、复合创造力和建构创造力（伦克，2000）。技术进化的可能性来自社会与市场新需求之下的人类创造动力驱动。

在技术导向下，企业通过研发获取先进适用性技术，为市场提供优良的、多样化的符合人类需求的新产品和服务。与市场导向关注消费者需求不同，技术导向则研究技术对企业新产品的推动作用。技术导向体现的是企业对技术的灵活运用与通过技术对资源的整合程度，企业把技术作为竞争的重要因素。其目标是通过市场调研来获取消费者需求，然后将获取的技术运用到针对消费者需求的计划中，制定出符合消费者意愿的新产品方案，最终为企业带来高价值。技术导向型企业往往会追求最先进的技术，通过迅速掌握新技术并运用到新产品中，利用产品在市场中的差异化来推广新产品的市场份额，从而建立竞争优势。从消费者的角度看，随着生活水平的提高，他们对产品的关注点已经从价格转向独特的个性设计。如何衡量一个行业的技术导向水平？主要从以下三个方面考虑：一是对投入市场中的新产品所运用到的新技术的测量。主要是通过技术的复杂程度和消费者对新产品的满意程度来反映。二是新技术的研发时间。对新技术投入时间的长短会直接决定企业对新技术的选择还是对原有技术的依赖，从而决定技术导向对企业的价值高低。当对新技术研发的时间过长时，时间成本会迫使企业倾向于原有的技术，此时技术导向对企业而言是失败的。三是新技术研发投入所使用的经费。一般而言，新技术的研发投入费用是衡量这项新技术难易程度的标准之一，当对该项技术投入的经费越多，说明这项技术越难被获得；一旦成功被研发，将能在市场上占据技术垄断优势，对企业助益。

二、市场导向型与技术导向型对产业创新的影响

(一) 市场导向对产业创新的作用

市场导向能够使企业与客户保持良好的沟通，建立持久的客户关系；还能帮助企业提升知名度，形成良好的品牌资产。客户一旦接受了某品牌产品，就会形成品牌忠诚，此后客户很难转向其他品牌产品，因为客户替换品牌消费时需要付出更多勇气和代价，需要支付一笔更高的交换成本（卢馨，汪柳希等，2014）。从企业竞争策略的角度看，市场导向在改善企业与客户关系和提高品牌价值后，进一步配合企业的差异化竞争战略，使新产品能够与市场中的同类产品区分开来，这种独特的优势能够降低顾客购买时的交易成本，增加顾客满意度，进而对企业绩效产生贡献（Deshpandé R，Grinstein A and Ofek E，2012）。在市场导向模式下，企业面临的外部竞争环境不仅可以迫使企业为了生存改良技术，从而提高企

业的创新能力，而且能为消费者提供新产品，从而使消费者与企业保持良性发展的利益互动关系。因此，企业通过与能够保持长期发展的客户建立长期合作关系，建立匹配企业的稳定客户资源。本文结合粮食产业的创新发展，认为市场导向能促使企业提高绩效，提升企业创新能力。

（二）技术导向对产业创新的作用

目前大部分研究表明，技术导向能帮助企业提高产品质量，提高企业的创新能力。企业技术创新活动在提高产品质量的同时，还能赋予产品新的特征，配合企业的差异化竞争战略，满足消费者更高层次的需求，因此可创造更多的附加价值（卢馨，汪柳希等，2014）。在技术导向型模式下，企业能集中要素资源生产出更高质量的产品，对高质量产品进一步改进，还能够利用企业的技术优势，扩大产品的市场份额，提高企业的潜在竞争能力。但是少部分研究认为，过度追求技术会使企业忽略新兴消费者的需求，当这类新兴消费者发展壮大时，原有的技术领先就会丧失市场地位，被新兴市场打败。本书结合粮食产业目前的发展程度，认为当前粮食产业的技术正在成长期，因此，继续提高对技术的投入会提高粮食产业的创新能力。

三、自主研发、协同创新和技术引进对粮食产业创新影响的理论假设

（一）自主研发对粮食产业创新的影响

对于粮食企业而言，自主研发的投入主要有对原材料的设计、新产品的开发、新设备的购买等方面。自主研发并不像技术引进那样会带来直接的影响效果，相反，它是一个长期持续投入的过程。自主研发的表现形式分为两个方面，一方面为无形资产，比如专利；另一方面为新产品的开发。因此，粮食企业自主研发能力提高的直接反映是无形资产的增加和新产品在市场上的较高占有率。一般而言，普通企业与先进制造业存在一定的技术壁垒，特别是粮食产业，在技术层面和高技术产业存在较大差距，因此通过企业自主研发去打破技术壁垒，并寻求技术突破是粮食企业的必要选择。

自主研发能够有效利用企业内部资源，而这些资源是每个企业所独有的，同时对资源的充分利用不仅能提高企业的核心竞争力，还能减少资源

的不合理分配与浪费，从而降低企业总成本。自主研发一方面通过利用粮食企业内部资源促进无形资产的积累，进而提高粮食企业的创新能力；另一方面，创新能力的提高可以加强粮食企业对资源进一步的吸收和利用，形成粮食企业的二次创新。粮食企业通过自主研发来提高新产品的市场占有率，可以使企业获得快速成长，得到消费者的认可。

以上只是自主研发对粮食企业创新最直接的影响，还表现为增大粮食企业的规模经济、提高周边辐射能力等间接影响。一方面，粮食企业通过资源的积累来改进相关生产设备，从而提高对原材料的利用率和新产品的生产质量；另一方面，当一个企业实现了技术突破，会将相关技术等生产要素转移到其他生产车间甚至其他企业，这样不仅会减少其他企业的研发投入成本，提高生产效率，还能促进整个行业的技术与产业升级。当行业的整体创新能力提高后，其新产品在市场上的占有率会进一步提高，同时会带动周边地区模仿，形成头雁效应，吸引更多高水平人才，并促进整个粮食产业自觉增加自主研发费用，追求更高的生产效率，实现范围经济和规模经济。

根据以上自主研发对粮食产业创新的影响分析，提出以下研究假设：

H1：自主研发能提高粮食产业创新能力。

（二）协同创新对粮食产业创新的影响

协同创新是粮食企业目前创新的一种重要形式，是一个动态化的发展过程，旨在帮助企业主体向多元协作化的道路发展。在本文中，协同创新的主体特指粮食企业、高校和科研机构以及政府机构，其中，核心是粮食企业。粮食企业通过与高校、科研机构和政府机构协同合作，利用资源整合，共享创新成果，最终实现"1＋1＋1＋1＞4"的经济效益。一般而言，当普通企业与行业内部高技术企业存在技术差距，无法高效利用粮食企业内部和合作伙伴之间的资源时，特别地，随着社会竞争加剧，消费者对产品质量要求变高，单个企业很难再满足市场的变化时，协同创新可以将粮食企业与整个行业的资源进行整合，将粮食企业与高校、科研机构和政府机构联合起来，不仅打破了协同创新主体之间的沟通壁垒，还能进一步拓宽资源的获取渠道。

合理利用协同创新可以减少粮食企业的研发成本，降低创新所带来的风险。众所周知，企业自主研发是一项长期且持续投入的工程，其成果转化风险高、不确定性大。协同创新的风险分担属性有利于企业降低风险，通过企业与企业之间共同联合研发来平摊风险，或利用与高校和科研机构深度合作，吸引高技术人才，提高企业内部员工的研发能力，降低研发成本和研发风险。

粮食企业进行协同创新主要有两个方面的因素，即内部因素和外部因素。内部因素包括创新能力和利益最大化的需求。其中，创新能力的需求是指粮食企业创新主体为寻求更好发展，会积极主动寻找技术突破和核心技术共享。利益最大化是指粮食企业为实现资源的最优配置，避免资源因闲置或未得到恰当的利用而造成浪费而加速研发进程。外部因素包括市场竞争力和消费者不断提高的需求。市场竞争力的加剧会在一定程度上促进创新主体寻求研发合作，形成资源共享，从而提高粮食企业创新活力。为了更好地满足消费者需求，粮食企业会追求与市场上生产高端产品的企业进行研发协作，促进企业转型升级。

根据以上协同创新对粮食产业创新的影响分析，提出以下研究假设：

H2：协同创新能提高粮食产业创新能力。

（三）技术引进对粮食产业创新的影响

当粮食企业的外部环境竞争性加剧，粮食企业与整个行业劳动生产率水平差距加大，出现技术质量或企业规模落后时，会迫切寻求技术引进来改变这种现状。通过技术引进可以快速弥补技术短缺的问题，从而替代原有落后的技术设备和升级技术人员，提高粮食企业整体技术创新能力。从理论上来看，技术引进对粮食企业创新的影响具有互补与替代的双面作用。粮食企业引进技术时，短期内会在一定程度上促进企业的发展，带动企业创新；但若过多引进技术，会造成企业对外来技术的依赖，或者技术吸收不充分，或企业内部技术与外部引进技术不相适应，进而可能会抑制企业内部的自主研发创新活动。

技术引进的互补作用是指，适量技术引进会直接增加粮食企业内部的知识存量，提高技术含量，通过利用自身的吸收和消化能力，将外来技术转化为自己的成果，形成粮食企业内部的创新成果。如果粮食企业仅模仿先进技术，而没有根据企业的特点进行灵活调整，那么会降低对外来技术的吸收能力，这类企业会降格为弱吸收企业；如果粮食企业在引进技术的基础上，结合本企业自主研发的特点，对技术进行适应性改造，将会大幅度提高对引进技术的吸收率，甚至会获得超出引进技术的创新成果。那么，这类强吸收粮食企业将技术引进和自主研发巧妙结合，以技术引进促进自主研发，自主研发能力的增强反过来激励企业寻求更复杂的高端技术，进而形成自主研发和技术引进的良性循环发展。

技术引进的替代影响是指若粮食企业过多引进新技术，必然导致企业内部自主研发资金的减少，同时可能导致对引进技术的高度依赖性而降低企业内部创新的积极主动性。从广义上看，太过依赖技术引进会大大增加企业外购技术的成本，降低本企业资金的优化配置能力。同时，过度依赖技术引进会损害粮食企业的自主研发能力，当企业未能较好吸收引进技术时，不仅会导致购买技术资金的成本沉淀，还会削弱企业创新的动力。由于粮食企业与高技术产业的技术差距较大，盲目吸收引进技术很难获得理想效果。此外，专利垄断和技术秘密的存在阻碍企业对成套和完整技术的可购买性，再加上粮食企业与高技术企业间的信息不对称性，若粮食企业需要更好地转化技术，将会花费大量的时间和资本，造成结果的不确定性。此时，技术引进对粮食企业自主创新产生了替代作用，阻碍了粮食企业内部的创新效率。

根据以上技术引进对粮食产业创新的影响分析，提出以下研究假设：

H3：技术引进在短期会提高粮食产业创新能力，在长期对粮食产业创新的影响存在不确定性。

四、粮食产业创新的动力路径选择

依据自主研发、协同创新和技术引进对粮食产业的理论假设，提出粮食产业创新的影响因素（图 3-1）。

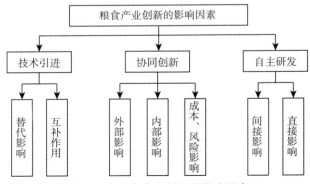

图 3-1　粮食产业创新的影响因素

（一）市场导向型模式下粮食产业创新动力路径选择

在市场导向型模式下，粮食企业优先考虑的是满足消费者需求，因此会进行充分的市场调研，并深入了解竞争者的情况。在这种模式下，粮食企业会优先考虑企业内部的研发能力，即自主研发，通过对企业内部资源的整合，制定出满足消费者的方案。市场导向的另一个特点是各部门的协同合作，粮食企业会通过与其他企业、高校、科研机构和政府机构建立合作关系，通过各部门的分工协作，将生产效率最大化，即协同创新。自主研发是粮食企业自身对技术的研究与设计，是粮食企业占领市场并取得技术优势的重要手段，也是粮食企业最核心的竞争力与最重要的创新模式。但是由于企业规模存在差距，不同企业之间还存在行业差别，企业的自主研发水平也存在差距，因此，通过企业与同行其他企业、高校、科研机构和政府机构建立合作，可以打破不同行业之间的技术壁垒，实现企业技术、设备与高校的信息、知识储备人才等两种有形资产要素和无形资产要素的深度结合，进而提升粮食企业的创新能力。

在市场导向模式下，粮食企业对自主研发和协同创新会有不同的选择。粮食企业会将自主研发放在首位，其次选择协同创新。市场导向模式下，技术引进可能会显得不那么重要，因为企业只需要通过调研，模仿他人的市场计划，然后在企业内部加以研发，进而将技术获得成本降至最低。当成熟企业提供超出市场需求的性能时，竞争基础将发生转变，导致性能过度供给的边际延续性技术失去意义，而自主研发的创新性技术不仅能够满足市场对功能性的需求，且相比主流企业的延续性技术而言更简单、更便宜，也更可靠、更便捷（克里斯坦森，1997）。根据以上对市场导向型模式下自主研发、协同创新和技术引进的分析，提出以下研究假设：

H4：在市场导向型模式下，粮食企业会加大对自主研发和协同创新的研发投入，而不会选择增加对技术引进的投入费用（图3-2）。

（二）技术导向型模式下的粮食产业创新动力路径选择

在技术导向型模式下，粮食企业会更在意新产品开发过程中对新技术的运用。在这个过程中，技术驱动因素是粮食企业考虑的首要问题，因为在技术导向型模式下，粮食产业中的企业特征决定了选择技术创新的优势，小市场规模特征为粮食企业开发新型技术带来新的机遇。相对大企业

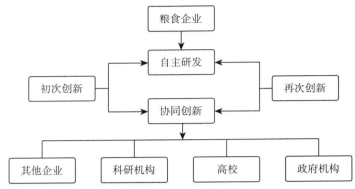

图 3-2   市场导向型模式下粮食产业创新的动力路径选择

所需要的高性能、高利润市场，小新市场更注重食品的营养、健康、便捷性和多功能性，轻易实现突破性技术创新，并能解决中小企业的增长或盈利需求（克里斯坦森，1997）。在这种背景下，粮食企业会优先考虑突破性创新技术。在技术导向型模式下，粮食企业会以企业内部的自主研发为主，然后再考虑技术引进。通过自主研发和技术引进的相互促进，能使企业在短期快速成长（图 3-3）。故此，提出以下研究假设：

H5：在技术导向型模式下，粮食企业会加大对自主研发和技术引进的投入，而不会选择增加协同创新的投入费用。

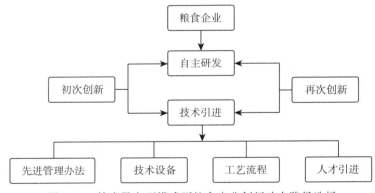

图 3-3   技术导向型模式下粮食产业创新动力路径选择

第二节   湖北省粮食产业创新动力的实证分析

本节选取随机前沿知识生产函数和技术非效率函数，验证自主研发、协同创新和技术引进对湖北省粮食产业创新的作用，以及在市场导向型模式和技术导向型模式下的作用机制。数据来自 2017—2020 年湖北省 136 家粮食企业的第一手调研资料。

一、指标选取与数据获取

（一）指标选取原则

指标的合理选取在整个实证研究中至关重要，是开展实证分析前的重要一步。在选取指标时，主要遵循以下原则：

1. 科学性原则

为了使实证研究结论准确可信，指标选取应该建立在科学理论基础之上。科学性原则意味着指标的选取标准不仅要反映湖北省粮食产业创新的客观规律，还要符合现实经济情况，能解释粮食产业创新的诸多问题，并能为当地粮食企业创新决策提供实证依据。

2. 可行性原则

影响粮食企业创新的因素很多，如何合理取舍是关键。在进行指标选取时，应该根据湖北省粮食企业的特点，考虑所选取的指标能否被准确量化，以及数据的可获得性。本书数据来自对湖北省粮食企业第一手调查的微观数据，数据真实、可靠。

3. 独立性原则

要保证所选取的指标之间相互独立，不存在交叉或替换，另外，所选取的指标要具有代表性。本文选取的指标之间差异明显，选取的关键指标能较好代表湖北省粮食产业创新过程中的特点。

（二）数据来源

考察分析的样本数据取自湖北省主要地级市粮食产业 2017—2020 年的微观企业数据，根据数据的准确、便利和可获得性原则，剔除其中个别指标缺失的企业，最终确定可使用的样本总数为 136 个。

二、函数模型构造与变量描述性统计分析

（一）模型构造

GJ 知识生产函数最初是由 Griliches（1979）在研究知识溢出和开发对生产率增长的影响时所提出来的一个概念，后来经过 Jaffe（1986）进

行扩展，并应用于国家层面，于是将该函数命名为 Griliches-Jaffe 生产函数。若用柯布-道格拉斯生产函数来加以描述，则该函数可以表述为：

$$R\&D^{output} = A(R\&D^{input})^{\beta} \qquad (3-1)$$

式中，$R\&D^{output}$ 表示知识生产的产出，$R\&D^{input}$ 表示知识生产的投入，A 表示常量。

在式（3-1）的基础上，考虑到企业在选择自主创新模式生产时，一般会同时进行自主研发、引进技术和协同创新，故此将式（3-1）扩展为：

$$R\&D^{output} = A(R\&D^{res})^{\beta_{res}} (R\&D^{col})^{\beta_{col}} (R\&D^{tec})^{\beta_{tec}} \qquad (3-2)$$

式中，$R\&D^{res}$、$R\&D^{col}$ 和 $R\&D^{tec}$ 分别代表自主研发的投入费用、协同创新机制的投入费用，以及引进技术驱动机制的投入费用，β_{res}、β_{col} 和 β_{tec} 分别代表对应投入的产出弹性系数。为了数据处理的方便，不妨对式（3-2）两边取对数，可以得到：

$$\ln(R\&D^{output})_x = \alpha + \beta_{res}\ln(R\&D^{res})_x + \beta_{col}\ln(R\&D^{col})_x + \beta_{tec}\ln(R\&D^{tec})_x$$
$$(3-3)$$

式中，α 代表 lnA。这里需要说明一下，企业所拥有的创新能力和技术吸收能力会较大程度受到协同创新和外部引进技术的影响，根据 Coe 和 Helpman（1995）的理论，用企业的研发投入代表企业的吸收创新和引进技术的能力，此处构建企业研发投入与引进技术和协同创新机制的交互项来表示其影响，从而可以得到以下表达式：

$$\ln(R\&D^{output})_x = \alpha + \beta_{res}\ln(R\&D^{res})_x + \beta_{col}\ln(R\&D^{col})_x + $$
$$\beta_{tec}\ln(R\&D^{tec})_x + \beta_{res\&tec}\ln(R\&D^{res})_x\ln(R\&D^{tec})_x + $$
$$\beta_{res\&col}\ln(R\&D^{res})_x\ln(R\&D^{col})_x \qquad (3-4)$$

式中，$\beta_{res\&tec}$ 如果为正，说明企业吸收创新和技术的能力对引进的技术驱动的影响是正相关，反之则是负相关。同理，$\beta_{res\&col}$ 如果为正，说明企业吸收创新和技术的能力对协同创新能力的影响是正相关，反之则是负相关。

在式（3-4）的基础上，理想情况下的生产函数假定，企业总能用最小的成本获得最大的利润，但现实中，该假设条件比较苛刻且难以满足，企业生产的轨迹会偏离最优路径，利用随机前沿模型（Stochastic Frontier Analysis，SFA）可以解决这一问题。随机前沿模型也被称为经济前沿方法，由 Aigner 提出，该模型引入随机误差项，从而构建时间序列形式的随机前沿知识生产函数：

$$\ln(R\&D^{output})_x = \alpha + \beta_{res}\ln(R\&D^{res})_x + \beta_{col}\ln(R\&D^{col})_x +$$
$$\beta_{tec}\ln(R\&D^{tec})_x + \beta_{res\&tec}\ln(R\&D^{res})_x\ln(R\&D^{tec})_x +$$
$$\beta_{res\&col}\ln(R\&D^{res})_x\ln(R\&D^{col})_x + v_x - u_x \quad (3-5)$$

式中，u_x 和 v_x 都为随机前沿模型当中的误差项，u_x 表示该模型现实中的产出偏离理论上最佳产出的程度，被称为技术非效率变量，它服从分布 $N(\mu, \sigma_\mu^2)$，v_x 表示随机误差项，反映了随机前沿生产函数设定误差以及变量的随机性影响，它服从正态分布 $N(0, \sigma_v^2)$，可进一步表示为以下函数模型：

$$u_x = \theta_0 + \sum_i \theta_i z_{ix} + \varepsilon_x \quad (3-6)$$

式中，z 表示影响模型中技术非效率变量 u_x 的因素，θ_0 表示模型中的常数项，θ_i 表示模型中第 i 个因素的系数，ε_x 表示随机误差项。由式（3-6）可知，如果 θ_i 的符号为正，则表示该项影响因素对 u_x 的影响为正，即起促进作用，从而会影响式（3-5）中的知识产出，产生负面影响。反之，如果 θ_i 的符号为负，则结论相反。

1. 随机前沿知识生产函数

根据熊彼特（1883）的产业创新理论可知，产业创新可以分为两种形式，一种是创新知识产出，即新技术和新知识；另一种是创新市场收益，代表创新的市场化效益。由此，随机前沿知识生产函数的创新产出变量，用销售收入和专利申请表示，生产投入用自主研发、技术引进和协同创新表示，而技术非效率的影响因素主要有企业规模、产权结构、政府干预、企业利润以及对外贸易等。在实际计算过程中，我们将知识生产函数投入中的自主研发、协同创新和技术引进的存量通过以下式子求出来：

$$S_t = (1-\delta)S_{t-1} + P_t \quad (3-7)$$

式中，P_t 表示当期投入的实际水平，S_t 表示当期的存量，S_{t-1} 表示上一期的存量，基期存量用 $S_0 = P_0/(g+\delta)$ 表示，其中，P_0 为对应基期投入的实际值，g 表示在观察期间投入的几何增长率，δ 表示折旧率。通常，δ 可取 5%、10% 和 15%。出于稳健性考虑，将选取 5%、10% 和 15% 三种不同的折旧率来考察 $R\&D$ 存量，同时考察其对产业创新能力的影响。表 3 - 1 为随机前沿知识生产函数模型变量。

表 3 - 1　随机前沿知识生产函数模型变量

变量	衡量指标	变量含义
创新产出	新产品销售收入	代表企业自行研发创新，将其作为市场导向的产业创新
	专利发明申请数	代表企业创造新产品、新技术的能力，将其作为技术导向的产业创新
创新投入	自主研发	通过自身技术进行的发明和研究
	协同创新	指企业、政府、高校和科研机构为实现技术创新而开展的整合模式
	技术引进	主要表现为有选择地对国外技术引进的活动，本文还包括对其他企业的技术引进

数据来源：根据样本研究整理。

2. 技术非效率函数

在市场导向型下，企业规模对于企业创新能力的影响最早出现在"熊彼特假说中"。该假说的主要内容是，企业规模越大，企业的创新研发能力也就越强，而小型企业对外抵御风险的能力明显不足。大量研究结果表明，卫平、汤雅茜（2020）认为企业规模对于企业的创新能力具有显著的正向作用，大企业提升企业创新能力的可能性高于中小型企业。大型企业市场占有率高，受到更多额度的政府资金补助，资金相对雄厚，在基础技术和共享技术上更占优势。中小型企业则面临资源缺乏和技术创新能力不足等缺点。粮食企业的平均规模用粮食企业资产总额与企业总数两者之比来衡量。

产权结构。产权结构作为影响企业创新的重要因素之一，受企业性质的影响较大。李健等（2017）认为产权结构变动（非国有经济比重增加）能显著促进企业创新投入水平提升。国有企业和非国有企业在技术创新投入、国家政策、人事任用激励与监管等方面有较大差异。一般认为，国有企业组织结构不灵活且缺乏竞争，导致创新动力不足，从而对企业创新造成不利影响。产权结构用国有及国有控股粮食企业资产总额占粮食企业资产总额的比重来衡量。

政府干预。政府干预主要是通过政府补助和政策工具来影响企业创新研发投入活动。张嘉望等（2019）认为上市公司经常面临融资难困境，融资问题严重影响着企业研发创新能力，而政府干预则能弱化融资对企业创新能力的不利影响，显著提升企业研发能力。政府干预最早应用于解决"市场失灵"问题，政府通过提供技术创新的公共服务来降低企业在新领域开展创新活动的风险，从而支持高风险水平技术创新。政府干预对粮食产业的影响用粮食企业 $R\&D$ 经费中政府资金的比重来近似测度。

企业利润。企业利润对产业创新能力的影响是双向的。在"父爱主义"作用下，国有企业因受政府资金的大力扶持，自主创新能力缺乏内在动力，在同行业内缺乏竞争力。但国有企业往往享受高额利润，由于看重部门利益，过高的企业利润更多被用于企业内部职工分红，较少被用于开展企业创新研发活动；与此同时，充足的利润意味着企业可以投入更多的资金去开展创新活动。本书用粮食企业的销售利润率来衡量企业的利润水平。表 3-2 为技术非效率函数模型变量。

表 3-2　技术非效率函数模型变量

变量	代码	变量含义
企业规模	Siz	对企业创新的影响一般是正向的，即规模越大，创新能力越强
产权结构	Own	企业资产中国有企业和非国有企业所占的比重
政府干预	Gov	政府活动会对企业以及市场的创新活动产生一定的影响
企业利润	Pro	企业利润的提高可能会促进企业进一步创新，也有可能会抑制创新的意愿

数据来源：根据样本研究整理。

（二）变量描述性统计分析

表 3-3 给出了各变量的描述性统计。其中，$\ln(R\&D^{output})_{new}$ 代表新产品的销售收入，$\ln(R\&D^{output})_{pat}$ 代表专利发明数。由表 3-3 可知，湖北省粮食产业在 2017—2020 年自主研发的平均值为 5.166 3，标准差为 3.148 9，最大值为 20.030 1，最小值为 0.693 1，中位数为 4.639 6；技术引进的均值为 3.497 5，标准差为 2.744 3，最大值为 13.795 3，最小值为 0.582 2，中位数为 2.772 6；协同创新的均值为 3.997 6，标准差为 3.056 0，最大值为 15.795 1，最小值为 0.564 7，中位数为 3.135 5。可以看出，相比于技术引进和协同创新，粮食产业创新中自主创新的占比最高，技术引进和协同创新对粮食产业创新也比较重要。对比标准差和最大值以及最小

值可知，湖北省不同地区的企业自主研发、协同创新和技术引进的差异很大。对其他变量而言，企业规模的标准差为 9.581 4，产权结构的标准差为 0.182 5，政府干预的标准差为 0.146 8，企业利润的标准差为 0.124 0，可以看出，不同企业在经营管理战略方面有着较大差异。

表 3 - 3　主要变量的描述性统计

变量名	单位	均值	标准差	最大值	最小值	中位数
$\ln(R\&D^{output})_{new}$	万元	7.863 3	3.359 3	20.181 4	1.609 4	7.145 3
$\ln(R\&D^{output})_{pat}$	个	5.222 4	4.070 2	28.000 0	2.000 0	4.000 0
$\ln(R\&D^{rs})$	万元	5.166 3	3.148 9	20.030 1	0.693 1	4.639 6
$\ln(R\&D^{ec})$	万元	3.497 5	2.744 3	13.795 3	0.582 2	2.772 6
$\ln(R\&D^{ol})$	万元	3.997 6	3.056 0	15.795 1	0.564 7	3.135 5
Siz	千万	0.882 9	9.581 4	144.000 2	0.000 4	0.029 7
Own	无	0.252 5	0.182 5	0.847 4	0.009 6	0.214 4
Gov	无	0.171 7	0.146 8	0.943 4	0.000 3	0.133 2
Pro	无	0.058 0	0.124 0	0.606 2	−1.259 6	0.042 1

数据来源：根据样本研究整理。

三、实证检验及估计结果

（一）随机前沿的统计检验

判断是否适合使用随机前沿知识生产函数模型最关键的一个参数是变差率 γ。其中，

$$\gamma = \frac{\sigma_u^2}{\sigma_u^2 + \sigma_v^2} \quad \gamma \in [0,1] \qquad (3-8)$$

式中，γ 代表无效率因素对个体效率差异的解释程度，当 $0 < \gamma < 1$ 时，表示误差来源于随机因素和技术非效率因素，说明适用于随机前沿分析；当 $\gamma = 0$ 时，误差仅来源于随机因素；当 $\gamma = 1$ 时，说明误差仅来源于生产技术的非效率因素，这两种情况都不适用于随机前沿分析。

由表 3 - 4 可知，在不同折旧率下，不管是在市场导向型模式还是在技术导向型模式下，γ 的值都介于（0，1）之间，说明适于采用随机前沿分析方法。

表 3-4　不同模式下 γ 的估计值

代码	市场导向型			技术导向型		
	模式（一） （$\delta=5\%$）	模式（二） （$\delta=10\%$）	模式（三） （$\delta=15\%$）	模式（一） （$\delta=5\%$）	模式（二） （$\delta=10\%$）	模式（三） （$\delta=15\%$）
γ	0.813 9	0.765 8	0.739 6	0.919 4	0.212 2	0.218 4

数据来源：根据样本研究整理。

（二）随机前沿知识生产函数下的估计结果

表 3-5 第二列代表模型中的各项参数，第三列到最后一列代表在不同折旧率下随机前沿知识生产函数模型的实证结果。从表 3-5 可以看出，在技术导向型模式中，所有变量（如 $\ln R\&D^{res}$、$\ln R\&D^{col}$、$\ln R\&D^{lec}$ 等）的参数估计结果，其系数符号会随折旧率（5%、10%、15%）变化而呈现与市场导向型模式完全相反的趋势。在两种模式中，所有变量的参数估计结果，其系数符号在不同折旧率下保持高度稳定——表现为所有折旧率水平下均为负值或均为正值，并没有因折旧率水平的不同而改变参数的正

表 3-5　随机前沿知识生产函数

代码	市场导向型			技术导向型		
	模式（一） （$\delta=5\%$）	模式（二） （$\delta=10\%$）	模式（三） （$\delta=15\%$）	模式（一） （$\delta=5\%$）	模式（二） （$\delta=10\%$）	模式（三） （$\delta=15\%$）
$\ln(R\&D^{res})$	0.522 8*** (7.122 6)	0.633 1*** (3.004 7)	0.541 0*** (6.390 3)	−0.100 0* (−2.697 3)	−0.988 8*** (−2.886 0)	−0.987 6*** (−2.993 7)
$\ln(R\&D^{col})$	0.811 7*** (5.552 0)	0.827 5 (1.195 6)	0.712 6*** (4.257 3)	−0.264 9*** (−4.295 9)	−0.256 7*** (−4.357 7)	−0.251 4*** (−4.447 6)
$\ln(R\&D^{lec})$	−0.232 4 (−1.228 5)	−0.756 1 (−1.025 5)	−0.850 9*** (−4.405 2)	0.179 9*** (2.545 9)	0.173 9*** (2.622 6)	0.168 6*** (2.659 4)
$\ln(R\&D^{res})*$ $\ln(R\&D^{lec})$	−0.075 4*** (−3.585 9)	−0.059 2 (−0.728 5)	−0.058 1*** (2.669 6)	0.018 5** (2.315 5)	0.018 2** (2.363 9)	0.017 8** (2.380 3)
$\ln(R\&D^{res})*$ $\ln(R\&D^{col})$	0.067 7*** (4.152 9)	0.068 1 (0.934 5)	0.058 6*** (3.271 9)	−0.025 9*** (−4.000 0)	−0.025 7*** (−4.087 4)	−0.025 6*** (−4.155 5)
$Constant$ $variable$	0.603 2 (0.760 7)	0.179 2 (0.181 8)	1.487 1** (2.126 3)	0.741 4** (1.956 2)	0.701 9** (2.326 5)	0.730 6*** (2.554 5)

（左侧纵列标签：随机前沿知识生产函数）

数据来源：根据样本研究整理。

注：①括号里面的统计量为 t；②所有数值均保留小数点后四位；③ *、**、*** 分别代表显著性水平为 10%、5%、1%，下表相同。

负，没有呈现出差异性，回归结果相对稳定。对于自主研发、协同创新和技术引进三者之间的影响，自主研发与协同创新的相互影响系数为正，而自主研发与技术引进的相互影响系数为负。发生这种差异性是因为随着粮食企业自主研发能力的增强，会进一步加强企业之间的协同创新合作能力，但是自主研发的提高却会对技术引进造成挤出效应。一方面，粮食企业自主研发投入的持续增加，显著增强了企业对科研机构知识成果的消化吸收能力，促进技术升级进而反哺研发需求。科研机构则依托省级国家级技术平台针对性开展产学研协同创新，实现技术研发与产业应用的深度耦合。这种双向促进机制推动形成了"企业需求导向—科研精准供给"的动态循环。另一方面，技术引进不仅涉及高昂的直接成本（包括专利使用费、技术使用费等），更存在核心技术壁垒。同时因专利技术的排他性特征，企业往往会通过专利丛林等策略保留核心知识产权，导致可交易技术多为非核心模块或已进入成熟期的技术。这种技术代差使引进方长期处于产业链中低端。当企业持续依赖外源技术时，会陷入"引进—落后—再引进"的恶性循环。这种技术失衡直接抑制了企业的研发试错空间，造成技术路径锁定和创新能力退化。

而在技术导向型创新模式中，与市场导向型模式下的结果完全相反。对于自主研发、协同创新和技术引进三者之间的影响，自主研发与技术引进相互影响的系数值为正，自主研发与协同创新相互影响的系数值为负。即，粮食企业的自主研发投入在技术吸收能力建设中呈现显著促进作用，但其开放式创新体系存在结构性缺陷。技术导向型发展范式的实证分析表明，校企协同创新效能弱化本质上源于价值创造路径的异质化。企业遵循市场导向型价值实现路径，而科研机构则侧重知识生产型创新驱动模式。这种双重目标导向导致研发周期匹配度下降、成果转化评估标准分歧扩大，最终促使企业转向内部研发强化与产权知识壁垒构建，形成技术生态的"孤岛效应"。

（三）技术非效率函数下的估计结果

在技术非效率函数下，从表 3-6 可以看出，粮食企业规模对粮食产业创新存在显著的负向效应（技术导向型企业，取 10% 折旧率），即企业规模越大，创新绩效越差。一个合理的解释是，突破性创新会催生新兴市场，但新兴市场的规模较小，对于希望大幅度提高收入水平的大型企业不具有吸引力，进而增加了大企业进入新兴市场的阻力（克里斯坦森，1997）。

表 3 - 6　技术非效率函数

| 代码 | 市场导向型 | | | 技术导向型 | | |
	模式（一）(δ=5%)	模式（二）(δ=10%)	模式（三）(δ=15%)	模式（一）(δ=5%)	模式（二）(δ=10%)	模式（三）(δ=15%)
siz	−0.358 8***	−0.440 4***	−0.372 1***	−0.902 2	−0.277 2***	−0.501 2
	(−4.394 1)	(−3.479 3)	(−6.714 8)	(−1.143 4)	(−3.640 4)	(−0.711 6)
own	0.201 1**	0.172 9**	0.451 3**	−0.304 9	−0.314 5	−0.317 3
	(1.719 9)	(1.731 7)	(1.972 3)	(−0.547 6)	(−0.585 8)	(−0.657 8)
gov	−0.240 9**	−0.170 3**	−0.171 8**	0.337 9	0.329 9***	0.310 6
	(−1.916 6)	(−1.703 9)	(−1.781 4)	(1.017 5)	(8.826 3)	(0.897 4)
pro	2.506 6***	0.881 7***	3.225 3***	0.432 4*	0.444 2	0.449 6
	(4.688 9)	(8.853 5)	(5.436 2)	(1.005 9)	(1.000 1)	(0.886 2)
Constant variable	−2.325 6**	−2.362 5**	−2.254 1**	−1.254 1**	−0.867 4	−0.758 7*
	(−1.859 6)	(−1.805 7)	(−1.828 5)	(−1.887 4)	(−1.241 4)	(−1.423 5)
σ^2	0.237 9***	0.258 9***	0.249 8***	0.369 1***	0.367 7***	0.366 8**
	(13.035 5)	(4.056 3)	(18.564 8)	(10.987 6)	(10.733 9)	(1.414 7)
log	−100.292 4	−101.084 7	−100.258 6	−49.694 7	−49.239	−49.562 9

数据来源：根据样本研究整理。

　　对市场导向型粮食产业而言，产权结构对创新绩效具有显著的正效应，即粮食企业中非国有企业资产占比越大，越有利于企业的创新能力提高，而国有企业资产占比越大，越会抑制企业的创新能力。国有企业管理人员任命多采用行政委派机制（如国资委提名、党委集体决策），其考核体系更侧重国有资产保值与任期绩效，导致管理层普遍存在风险厌恶倾向，在创新研发投资决策中更倾向于规避不确定性。同时，国有企业为政治性企业，担负更多社会性公共责任，并不过多看重经济效益，缺乏投入更多资金进行创新研发投入的内在动力。这一研究结果与张超等（2022）的研究结果类似，再加上国有企业管理人员缺乏激励措施，人员任职比较固定化，会在一定程度上阻碍粮食企业的创新发展。政府干预对粮食产业创新存在显著的负向效应，政府干预程度越大，粮食企业创新能力越差；反之，政府干预程度越小，粮食企业创新能力越强。童馨乐等（2022）认为造成这一结果主要是因为缺少有效的创新评价机制和相应的监管机制，政府补贴的费用没有应用到企业创新研发投入活动中；韩国高（2017）指出，政府补贴会抑制市场活力，导致出现资源乱配现象，还会阻碍公司高层创新的实施。过度的政府补贴会鼓励企业"懒惰"行为,让企业躺着"吃补贴"而缺乏创新研发内在动力。粮食企业的利润对粮食产业创新存在正效应,表示盈利能力愈强的企业愈有动力进行突破性创新。

在技术导向型粮食产业创新模式下,产权结构的估计系数不显著。在10%折旧率下政府干预对粮食企业的专利产出存在显著的正效应,即政府干预程度越大,专利产出就会越多。表明在适当的折旧率下,企业会权衡创新的投入产出,做出理性选择。然而,没有证据表明,粮食企业的利润水平对专利产出存在显著影响。

(四)投入综合产出效应

表3-7显示了对自主研发、协同创新和技术引进三种投入模式综合产出效应考察的估计参数。整体而言,在市场导向型创新模式下,自主研发和技术引进的创新投入产出弹性显著为正,且自主研发的产出弹性要比技术引进的产出弹性大,表明湖北省粮食产业在市场导向型创新模式下,偏重依赖企业的自主研发。因此,从经济效益角度考虑,在市场导向型创新模式下,湖北省粮食企业应持续加大自主研发投入。

表3-7 投入综合产出效应

代码	市场导向型			技术导向型		
	模式(一) ($\delta=5\%$)	模式(二) ($\delta=10\%$)	模式(三) ($\delta=15\%$)	模式(一) ($\delta=5\%$)	模式(二) ($\delta=10\%$)	模式(三) ($\delta=15\%$)
$\partial \ln(R\&D^{xut})/$ $\partial \ln(R\&D^{res})$	0.632 5*** (3.625 4)	0.664 1*** (4.014 2)	0.682 4*** (4.120 1)	0.369 2*** (4.231 4)	0.412 4*** (4.303 1)	0.471 4*** (4.566 5)
$\partial \ln(R\&D^{xut})/$ $\partial \ln(R\&D^{col})$	−0.001 4 (−0.147 1)	−0.001 2 (−0.235 1)	−0.002 5 (−0.416 9)	0.285 1* (1.524 8)	0.241 84* (1.458 9)	0.226 7* (1.452 8)
$\partial \ln(R\&D^{xut})/$ $\partial \ln(R\&D^{tec})$	0.214 5** (1.958 4)	0.174 6** (1.751 7)	0.174 1** (1.795 4)	0.203 1*** (2.688 2)	0.238 5*** (2.425 4)	0.209 2** (2.214 7)

数据来源:根据样本研究整理。

在技术导向型创新模式下,自主研发、协同创新与技术引进的创新投入产出弹性均为正,且自主研发的产出弹性系数大于协同创新,大于技术引进。这表明在技术导向型模式下,湖北省粮食产业创新体系呈现出以企业自主研发为核心驱动力、产学研协同为支撑的复合型特征,既注重内源性创新能力挖掘,又强调技术引进与成果转化的双向互动。

四、稳健性检验

为了保证实证结果的真实性与准确性，本文采用缩减样本空间的方式来对结果进行稳健性检验，将样本时期更换为 2017—2019 年，回归结果如表 3-8 所示：

表 3-8 稳健性检验下随机前沿模型回归结果

函数类型	代码	市场导向型			技术导向型		
		模式（一）($\delta=5\%$)	模式（二）($\delta=10\%$)	模式（三）($\delta=15\%$)	模式（一）($\delta=5\%$)	模式（二）($\delta=10\%$)	模式（三）($\delta=15\%$)
随机前沿知识生产函数	$\ln(R\&D^{rs})$	0.488 7*** (2.463 2)	0.454 6*** (4.112 9)	0.515 6*** (9.919 8)	−0.121 6** (−2.180 8)	−0.111 9** (−2.190 9)	−0.108 7** (−2.198 4)
	$\ln(R\&D^{enl})$	0.815 2*** (12.952 9)	0.670 2 (0.439 2)	0.723 3*** (4.146 1)	−0.275 3*** (−3.722 8)	−0.261 6*** (−3.748 5)	−0.254 0*** (−3.732 1)
	$\ln(R\&D^{grc})$	−0.254 4* (−1.375 6)	−0.241 5 (−1.035 3)	−0.145 9*** (−7.870 9)	0.124 9* (−1.266 9)	0.118 8* (1.365 4)	0.112 9* (1.434 1)
	$\ln(R\&D^{rs})*\ln(R\&D^{grc})$	−0.082 8*** (−4.070 3)	−0.078 2 (−0.728 5)	−0.068 8*** (−3.066 7)	0.010 7*** (9.724 4)	0.010 3** (2.116 5)	0.096 7** (2.118 3)
	$\ln(R\&D^{rs})*\ln(R\&D^{enl})$	0.067 5*** (3.602 6)	0.059 0 (0.311 3)	0.062 6*** (3.234 0)	−0.024 1** (−1.739 9)	−0.023 1*** (−3.012 3)	−0.022 4*** (−3.075 3)
	Constant variable	0.692 8 (1.090 5)	0.179 9** (2.224 1)	1.360 7** (3.850 7)	0.326 4*** (6.604 1)	0.447 2* (1.316 2)	0.497 4* (1.552 8)
技术非效率函数	siz	−0.308 9*** (−7.586 4)	−0.322 6*** (−3.240 6)	−0.323 6*** (−3.734 9)	−0.291 3*** (−9.059 7)	−0.336 5** (−2.116 5)	−0.360 3 (−1.096 9)
	own	0.189 9 (0.103 4)	0.339 7*** (5.423 1)	0.156 5 (0.469 6)	−0.597 4 (−0.173 9)	−0.682 9 (−0.169 3)	−0.401 1 (−0.101 0)
	gov	−0.216 5*** (−6.262 7)	−0.369 1*** (−7.314 5)	−0.153 6*** (−7.263 9)	0.101 0 (0.239 3)	0.866 7* (1.438 7)	0.529 4 (0.680 7)
	pro	2.142 7*** (5.613 6)	0.188 6*** (2.933 4)	2.164 9*** (2.776 8)	0.359 0*** (7.135 2)	0.391 2 (0.661 5)	0.356 6 (0.690 5)
	Constant variable	−2.214 7** (−1.784 5)	−2.286 4** (−1.792 5)	−2.203 3** (−1.817 4)	−1.249 6** (−1.852 3)	−0.832 5 (−1.016 2)	−0.739 6* (−1.418 8)
	σ^2	0.245 0** (1.949 7)	0.239 2*** (12.515 4)	0.236 2*** (13.623 7)	0.338 7*** (11.012 2)	0.338 3*** (10.236 9)	0.337 7*** (11.081 1)
	log	−75.852 0	−75.838 1	−75.586 3	−35.557 5	−35.520 7	−35.494 0

（续）

函数类型	代码	市场导向型			技术导向型		
		模式（一） （δ=5%）	模式（二） （δ=10%）	模式（三） （δ=15%）	模式（一） （δ=5%）	模式（二） （δ=10%）	模式（三） （δ=15%）
投入综合产出效应	$\partial \ln(R\&D^{out})/$ $\partial \ln(R\&D^{rs})$	0.613 5*** (3.254 1)	0.654 6*** (3.995 2)	0.652 8*** (4.033 5)	0.314 1*** (4.025 8)	0.396 6*** (4.102 1)	0.431 9*** (4.322 8)
	$\partial \ln(R\&D^{out})/$ $\partial \ln(R\&D^{pd})$	−0.001 2 (−0.125 8)	−0.001 0 (−0.202 7)	−0.002 3 (−0.394 4)	0.228 1* (1.427 7)	0.228 8* (1.429 4)	0.217 4* (1.403 1)
	$\partial \ln(R\&D^{out})/$ $\partial \ln(R\&D^{pc})$	0.205 8** (1.878 5)	0.156 6* (1.722 1)	0.150 5** (1.748 4)	0.186 2*** (2.449 2)	0.228 0*** (2.401 4)	0.196 8** (2.177 5)

数据来源：根据样本研究整理而得。

从表3-8可以看到，在市场导向型模式下，尽管折旧率不同，自主研发与技术引进相互影响的系数仍然为负，自主研发与协同创新相互影响的系数仍然为正；在技术导向型模式下，自主研发与技术引进相互影响的系数仍然为正，自主研发与协同创新相互影响的系数仍然为负。同时，各变量前的系数符号也未因为缩减样本空间有所改变，参数估计值的显著性也未发生明显变化，检验结果与实证结果一致，说明结果具有稳健性。

第三节　研究结论及政策含义

一、研究结论

（一）湖北省粮食产业创新更依赖自主研发

在自主研发、协同创新和技术引进三类创新动力渠道中，粮食产业自主研发支出比例最高，协同创新次之，技术引进最低。湖北省粮食企业较为倚重自主研发，对技术引进的重视程度相对较低。这种对自主创新的依赖，符合企业规模与突破性技术变革中领先地位之间的关系规律。从技术引进方面来看，湖北省在这方面的投入程度较低。一个可能的原因是，湖北地理位置上远离沿海港口城市，历史上开放程度有限，经济技术发展水平欠佳，导致其对技术的购买需求相对不足。然而，湖北拥有众多高校和科研机构，为企业提供了良好的协同创新合作机会。基于此，相较于技术引进支出，粮食企业在协同创新方面的投入往往会更高。

（二）技术引进理论下自主研发与协同创新的促进作用

自主研发、协同创新能够促进粮食产业创新，而技术引进对粮食产业创新的作用存在不确定性。自主研发主要是通过粮食企业内部资源积累从而促进无形资产膨胀，并间接扩大粮食企业的规模经济、提高周边辐射能力，从而达到提高粮食产业创新能力的目标；协同创新主要通过资源整合，加强粮食企业与高校和科研机构之间的合作，提高资源的利用和获取渠道，通过企业与企业、企业与高校和科研机构之间的共同研发来分摊研发费用，降低研发风险，以合作共赢方式提高粮食企业的创新能力；技术引进对粮食产业创新能力具有互补效应和替代效应。技术引进与自主研发的互补效应体现为：粮食企业通过引进先进技术实现装备升级、工艺革新与研发团队能力提升，同时依托本土化自主创新对引进技术进行消化吸收和二次开发，最终形成"引进—消化—再创新"的协同创新机制。这种双向赋能模式既能加速企业核心技术的迭代突破，又能通过技术溢出效应带动全产业链创新能力的结构性升级。技术引进的替代效应表现为短期内当企业资金总量一定时，随着粮食企业过多引进技术，会在一定程度上挤出用于自主研发的投入，这不仅降低粮食企业的创新能力，而且会支付更多的高额引进费用，但总效应可能表现为互补效应或替代效应，因此技术引进对粮食企业创新能力的影响是不确定的。

（三）市场导向型模式下的湖北省粮食产业创新动力

根据实证研究，在市场导向型和技术导向型两种模式下得出的结论存在一定差距。在市场导向型模式下，自主研发和协同创新都能提高湖北省粮食产业的创新能力，但是技术引进却阻碍粮食产业创新。这表明若粮食企业加大对自主研发或协同创新的投入，并减少技术引进支出，将促进粮食企业创新。但投入综合产出效应表明，自主研发的产出弹性最大且为正，协同创新的产出弹性为负。综合两个检验结果，表明在市场导向型模式下，湖北省粮食企业创新能力的提高和创新绩效提升主要依赖自主研发投入。考虑到自主研发、协同创新和技术引进之间的相互影响，自主研发与技术引进交互项的系数为负，自主研发与协同创新交互项的系数为正，说明在市场导向型模式下，湖北省粮食企业加大自主研发的同时，加大与高校和科研机构的合作对促进企业创新能力提升作用更大。原因可能是自主研发与技术引进之间存在替代效应，当企业技术引进规模超过吸收阈值时，将触发"技术消化瓶颈"，表现为研发投入的帕累托劣化和技术冗余风险。因此，企业选择协同创新，不仅可以降低对创新活动的高额投入，将创新活动的风险分散化，还能借助其他协同创新主体扩大影响力。

（四）技术导向型模式下的湖北省粮食产业创新动力

在技术导向型模式下，技术引进能提高湖北省粮食产业的创新能力，但没有证据表明自主研发或协同创新能提高企业的创新能力。这表明，湖北省粮食企业创新能力的提高很大程度上依赖于对外部技术的引进，适当减少自主研发或协同创新费用对企业是有利的。考虑自主研发、协同创新和技术引进的相互作用，自主研发与技术引进交互项的系数为正，自主研发与协同创新交互项的系数为负，表明湖北省粮食企业加大自主研发，同时适量引入技术，并减少对协同创新的投入，能显著提高企业的创新能力。

（五）企业规模等变量对湖北粮食产业作用路径下的影响存在差别

研究结果表明，粮食企业规模对各折旧率下的市场导向型创新、10%折旧率的技术导向型创新具有显著的负向作用。粮食企业产权结构对市场导向型创新有显著正向意义。政府干预对市场导向型创新具有显著的负向影响，对10%折旧率下的技术导向型创新影响为正。这表明无论在哪类创新模式下，规模较小的粮食企业更易于获得突破性创新，增加企业的国有控股会激励企业创新。政府干预程度越大，会愈发抑制市场活力，降低资源配置效率，从而阻碍粮食产业创新。

二、政策含义

（一）突出粮食企业科技创新主体地位，激发突破性技术研发动能

粮食企业属于竞争性偏向的市场结构，湖北粮食企业的竞争性更强。根据年鉴数据计算，湖北省内本土粮食企业总数偏多，而工业总产值平均规模不到5 000万元人民币，远远低于全国均值，具有弱而多的典型竞争性特征。竞争性粮食产业市场进行突破性创新具有优势，因为小规模企业适合进行技术变革并以低成本优势进入新兴市场。尤其在粮食市场，处于消费结构升级阶段，具有广阔的技术变革空间。当前人们高度关注健康、营养和可持续性食物，对具有营养均衡、低糖低盐、高纤维、抗氧化剂丰富、新鲜天然、营养多样化，以及有机食品等特征的食品需求大增，具有

这些食物特征的新小市场都蕴含着新商机，可以领先进行突破性创新以进入新兴市场并获取领先地位。因此，政府应通过科技成果转换机制改革，给与科技成员在科技成果收益分配赋权等激励机制，鼓励粮食企业进行自主研发式科技创新。

（二）激励粮食企业加大基于技术导向范式的技术引进

在技术导向型创新模式下，湖北省粮食企业应该主动选择技术引进，而相对减少协同创新投入。根据已有国际经验，企业是创新和研发的根本动力，加大技术引进力度，才能拥有专用技术和自主知识产权能力，才能在经济从高速发展转向高质量发展过程中把握主动权。因此，应鼓励粮食企业注重对优秀技术和优秀人才的引进。具体措施为，当粮食企业创新发展是为了获取更多的新产品销售收入时，湖北省粮食企业应该借鉴先进技术，不断引进高级技术人才，推动企业自主研发，以更低的交易成本带动企业创新发展。另外，要加强湖北省对江苏、黑龙江等地方的技术交流，发挥示范效应，缩小技术代差。同时，湖北省应统筹各类科创平台建设，促进粮食企业积极开展创新活动，将产业优势转化为竞争优势。

（三）鼓励粮食产业加强基于市场导向模式下的产学研深度融合

在市场导向型模式下，粮食企业协同创新对粮食产业创新绩效的提升效果比较显著。推行科技成果"先用后付"许可机制。面向中小微粮企建立科技成果开放许可制度，探索"零门槛试用＋效益分成"模式；完善风险补偿与权益保护机制，激发科研机构成果释放动力。打造"三位一体"创新体系。构建市场主导、企业主体、产学研深度融合的技术创新共同体，实施"揭榜挂帅""赛马制"等新型攻关机制，形成"需求共研—资源共建—成果共享—风险共担"的闭环体系。组建国家级粮食科技创新联盟，构建"基础研究—中试熟化—产业应用"全链条服务平台，打造区域型技术转移中心，建立包含专家库、设备库的共享数据库培育企业技术中心，实施"科研院所＋龙头企业＋配套企业"的集群创新模式。开展"三个一百"示范工程，遴选百项关键技术、建设百个示范基地、培育百家领军企业。构建技术成熟度评价体系，重点突破智能仓储、功能主食等八大领域，推动产业链附加值提升。建立"双线监管"体系，在行政层面，成立跨部门工作专班，建立考核评价体系。在市场层面，引入第三方评估机构，构建知识产权质押融资等金融支持体系。实施"人才旋流"计划。打破体制壁垒，推行科研人员"旋转门"制度，允许科研院所人员保留身份到企业兼职，试点股权激励、超额利润分享等分配机制。

（四）减少政府直接干预，转向市场化手段对粮食企业进行补贴

政府过多干预会使企业丧失自主创新的积极性，甚至会出现很多企业完全依赖政府补贴来存活，严重阻碍了经济的高速发展，对其他拥有多项高技术创新的企业缺乏公平性。政府干预还会打破市场秩序，降低整个市场的创新能力。改变政府对企业直接财政补贴的方式，减少政府对湖北省粮食企业的直接干预。依靠金融信贷等市场化手段来鼓励企业创新。政府对粮食企业的直接财政补贴往往会造成企业对补贴的路径依赖，而不会去寻求企业自身技术的创新突破。政府的过度补贴会对处于经济发达地区的粮食产业创新投入产生一定的"挤出效应"，因为处于经济发达地区的粮食企业规模相对较大，政府需要投入过多补助才能推动企业创新。因此，政府可以利用资金杠杆，通过金融信贷、金融债券等方式，更多地去扶持经济欠发达地区的中小企业，鼓励中小企业将政府补助用于企业创新行为。

第四章

粮食产业创新发展的可能路径：产业融合

第一节　粮食产业融合的理论基础及现实背景

一、产业融合相关概念界定

（一）产业融合的界定

产业融合是随着信息技术的迅速发展和服务业深入推进在 20 世纪 70 年代迅速形成的。早先的研究认为，产业融合起始于产业之间的技术关联（Saha D，1988）。随后的研究逐步从技术视角转向产业视角，是为适应产业增长而发生的产业边界的收缩或者消失（Greenstein S & Khanna T，1997），它包括技术、产业、服务和市场三个层次的融合（European Commission，1997）。李美云（2005）从狭义、中义和广义三个角度总结了前人对产业融合的界定。从狭义上来说，产业融合是数字信息技术发展的产物，是一种产业边界模糊化现象；从中义上来讲，产业融合可以视作产业结构的重组；从广义上来看，产业融合消除了传统的行业、市场与边界，打破了市场壁垒和行业界限。张建刚等（2010）则是从技术视角、产品视角、产业视角对前人有关产业融合的定义进行归纳：产业融合是一种技术扩散影响其他产业的过程；是利用先进数字技术带动独立产品融合的过程；是聚合技术网络平台、市场与产业联盟的过程。

当前学界从不同角度对产业融合进行了分类，按照融合维度分为横向融合、纵向融合和混合融合；按照融合形成分为产业渗透、产业交叉和产业重组；按照空间方位移动趋势分为高新技术的渗透融合、产业间的延伸融合、产业内部的重组融合等（国家发展改革委宏观经济研究院、国家发展改革委农村经济司课题组，2016）。

（二）粮食产业融合的内涵

粮食产业融合就是指粮食生产与粮食加工以及围绕粮食相关的服务业产业一体化的过程，其本质是打破粮食产业边界的纵向一体化，目标是将传统低技术含量、低生产力和低附加值的粮食产业结构转变为高生产效率、高科技含量和高附加值的现代新型粮食产业结构。一般情况下，产业融合的过程与技术、产品和市场的融合息息相关。

在粮食产业融合过程中，受技术渗透与交叉影响的粮食产业界限逐步淡化，并出现和工业、服务业整合的情况。因此，粮食产业融合并不限于粮食生产与其他产业的融合，也包括在粮食产业发展过程中产业内容的丰富化。具体就内部行业融合而言，主要是粮食产购销一体化和粮食产业化经营。就外部行业融合而言，主要是以粮食生产为基础，开展粮食加工、生态农业或休闲农业等跨界服务。在粮食生产环节，粮食产业融合内含粮食生产结构的高级化。随着食物消费结构升级和良种技术创新，粮食生产能力将大大超出社会需求能力，粮食品种结构将根据需求结构升级而动态调整。在动态调整过程中，粮食生产将拓展为粮食生产和经济作物甚至蔬菜瓜果和园艺作物生产等多品类的现代农业生产结构，这一发展将突破狭义的粮食生产范畴而纳入食物范畴。在产业层面，粮食产业融合意味着以粮食生产为核心向第二、三产业非线性扩散的过程。譬如，围绕政府的粮食发展目标"优产、优购、优储、优加和优销""五优联动"，粮食生产基于产业链延伸与功能拓展的协同效应，将催生与第二、三产业融合的内生需求，形成跨产业联动发展格局。从本质上来说，服务业是满足人类的精神层面的、情感层面的、心理层面的甚至交际层面的多样化欲望的产业。它可能围绕粮食生产以科普教育、粮食生产体验、团队合作体验、"诗与远方"的意境体验、沐浴自然环境下的心灵提升等形式开拓服务业空间，从客户的服务需求满足中实现产业融合和价值增值。

虽然粮食产业融合的内涵与外延极其丰富多元，但相较其他产业，粮食产业融合的独到之处在于，它不仅关乎人类的基本生存需求，而且承载着人类需求升级的精神的、文化的、心理的等多元需求。更为重要的是，它以人类赖以生存其间的土地为基本载体，土地上发生的变迁历史及其传承不止的文化符号赋予了粮食产业融合更为复杂有趣的价值。那么，粮食产业融合现象产生的原动力是什么？粮食产业融合发展的驱动因素是什么？这些都是后续研究需要深入思考的问题。

二、湖北粮食产业融合的现实背景

农村一二三产业融合（以下简称三产融合）是指一二三产业在发展过程中由于产业跨界致使产业界限逐渐模糊，形成产业间或产业内部的渗透交叉重组态势。马晓河（2015）提出，根据国内外发展的实践经验，农村一二三产业融合发展指的是以农业为基本依托，通过产业联动、产业集聚、技术渗透、体制创新等方式，将资本、技术以及资源要素进行跨界集约化配置，使农业生产、农产品加工和销售、餐饮、休闲以及其他服务业有机地整合在一起，使得农村一二三产业之间紧密相连、协同发展，最终实现农业产业链延伸、产业范围扩展和农民收入增加。三产融合能够较好解决农业产品价格偏低、农民增收难、农村经济发展缓慢等困境，是实现乡村振兴的重要路径。从国家频繁出台的三产融合相关政策以及粮食产业发展的现实需求来说，三产融合愈益成为政界、学界和产业界的重要关切。

（一）相关政策背景

1. 国家有关农村一二三产业融合发展的政策梳理

党的十八大以来，国家出台了一系列三产融合的有关政策，体现了党和政府对农村三产融合的高度重视。2014 年 12 月召开的中央农村工作会议明确提出，要把产业链、价值链等现代化产业组织方式引入农业，促进一二三产业融合互动，将农业产业化和产业融合发展作为农村发展过程中的重点。此后，国家政策和方针中开始频频出现促进农村产业融合互动的内容（姜长云，2022）。实际上，2015—2024 年，中央 1 号文件均着重强调要着力推进农村产业融合发展，彰显了国家促进农村产业融合发展的决心。2015 年，国务院办公厅发布《关于推进农村一二三产业融合发展的指导意见》（国办发〔2015〕93 号）明确指出："树立创新、协调、绿色、开放、共享的新发展理念，构建以市场需求为导向，以完善利益联结机制为核心，以制度、技术和商业模式创新为动力的一二三产业交叉融合的现代农业产业体系"，并规划了 2020 年实现农村产业融合发展的美好蓝图。2018 年中央 1 号文件进一步强调，产业兴旺是乡村振兴的重点，要构建农村一二三产业融合发展体系。2019 年中央农村工作会议强调，围绕三产融合，聚焦地区重点产业，形成各具特色的乡村产业体系。2022 年中央 1 号文件再次强调，持续推进农村一二三产业融合发展，鼓励各地拓展农业多种功能、挖掘乡村多元价值。2023 年中央 1 号文件在"全面推进乡村振兴"部分明确指出，向一二三产业融合发展要效益，强龙头、补链条、兴业态、树品牌，推动乡村产业全链条升级，增强市场竞争力和可持续发展能力。2024 年中央 1 号文件在"提升乡村产业发展水平"部分，再次强调促进农村一二三产业融合发展。

三产融合是围绕"三农"问题提出的具体发展路径，其本质是基于现代化理念的以优化配置要素资源的方式发展农业，落脚点是加强农业领域的制度创新、技术创新和商业模式创新，主旨在于提高农业竞争力，持续增加农民收入，显著增强农村活力。党的十九大报告将其上升到了战略高度，提出实施乡村振兴战略，构建现代农业产业体系、生产体系、经营体系，促进农村一二三产业融合发展。从整体意义上而言，农村三次产业的融合发展是实施乡村振兴战略、解决农业供给侧结构难题、促进农民增收的重要推动力。各地虽都对中央文件积极响应，但目前全国各省区粮食产业发展水平不均衡，粮食产业与其他产业间的融合亦呈现出相应的非均衡性。

2. 湖北省有关农村一二三产业融合发展的政策梳理

湖北省委、省政府高度重视"三农"问题，并提出由农业大省向农业强省转变的发展目标。自 2016 年开始提出农村三产融合以来，多次出台文件给出优惠政策支持农村三产融合，粮食产业融合作为其中重要的内容，散见于诸多政策规划中。

（1）湖北省农村产业融合的初次提出

湖北省委、省政府高度重视农村一二三产业融合发展，在贯彻落实国务院办公厅《关于进一步促进农产品加工业发展的意见》（国办发〔2016〕93 号）精神，推进湖北省农产品加工业转型升级的实施过程中，出台《省人民政府办公厅关于进一步促进农产品加工业发展的实施意见》（鄂政办发〔2017〕62 号），指出：全面落实创新、协调、绿色、开放、共享的新发展理念，以农村一二三产业深度融合为发展方向，以科技创新为动力，强调三产融合对于农民增收、农业增效、"三农"问题以及企业增利的重要价值。

（2）湖北省农村三产融合的反复强调

2017 年湖北省人民政府出台了《关于推进农村一二三产业融合发展的实施意见》（鄂政办发〔2017〕1 号），提出按照"政府引导、市场主导，因地制宜、分类指导，深化改革、创新驱动"的原则，积极推进农业供给侧结构性改革，着力构建农业与二三产业深度融合的现代产业体系，促进农业增效、农民增收和农村繁荣，加快实现全面建成小康社会目标。文件明确四大任务：一是发展多类型农村产业融合方式，二是培育多元化农村产业融合主体，三是建立多形式利益联结机制，四是完善多渠道农村产业融合服务。2018 年湖北省人民政府办公厅发布《关于大力发展粮食产业经济的实施意见》（鄂政办发〔2018〕7 号），文件以推动粮食产业创新发展、转型升级和提质增效，构建更高层次、更高质量、更有效率、更可持续的粮食安全保障体系，为实施乡村振兴战略、全面建成社会主义现代化强省提供强大的产业支撑和安全保障为指导思想，明确提出推动粮食一二三产业融合发展。

2021 年应勇主持召开省农业产业化工作联席会议时提到："农产品深加工的程度决定着农业增值程度、农民富裕程度和农业现代化程度。"并强调，"要加快打造农业全产业链，大力推动从'卖资源'走向'卖产品''卖品牌''卖技术''卖文化'。要推进农村一二三产业融合发展，推动农业'接二连三'、农产品加工业'接一连三'、休闲农业'接二连一'。农业产业既要能'产'，也要会'卖'。"进一步指明了农村产业融合的模式，即各产业都要与其他产业进行深度融合，第一产业要与二三产业融合，第二产业要与一三产业深度融合，第三产业要连接第一二产业。以农民增收为核心，发挥湖北科教资源优势，坚持科技强农、科技赋能，实现农业增值和现代化发展。

2022 年湖北省委一号文件把持续推进农业产业化摆在重中之重位置，强调要坚持产业链、循环经济和产业融合发展理念，完善"链长制"，深入实施"十百千万"工程，加强"三农"领域招商引资，推进品牌强农，打造核心区域公用品牌，高标准办好湖北农业博览会等展会活动。加快推进农村一二三产业融合，培育发展乡村旅游、休闲农业、文化体验、健康养生、民宿经济等新业态。以"市民下乡、能人回乡、企业兴乡"为抓手，促进城乡要素平等交换，让一切创造社会财富的源泉最充分地涌流。

（3）湖北省粮食产业链及产业融合的明确

湖北省于 2021 年制定《培育壮大农业产业化龙头企业工作方案》，方案提出"聚焦十大重点农业产业链"，指出稻米产业链是十大重点产业链之首，再次明确一二三产业深度融合目标，并指明未来产业融合新模式，即"加快融合延链，贯通一二三产业，培育一批农文旅融合、线上线下结合的新业态新模式""打造一批农文旅融合发展的休闲农业园区或示范点。深入推进'互联网＋'现代农业行动，创新发展智慧农业"。该方案虽然未明确针对三产融合，但具体内容涉及三产融合，且为湖北省一二三产业融合及粮食产业融合模式指明了方向。

（4）湖北省农村三产融合的未来发展远景

在以全面推进乡村振兴为主要目标之一的"十四五"规划——《湖北省第十四个五年规划和二〇三五年远景目标纲要》中提出："要坚持农业农村优先发展，全面推进乡村振兴，加快农业农村现代化。坚持产业化、市场化，促进农村一二三产业融合发展"。同时，强调做强做优特色农产品品牌，加快建设农业产业强省，明确指出"以做大做强农产品品牌为突破口，强化农业科技创新支撑，大力发展农产品加工业，推进农村一二三产业融合发展"，主要手段是延伸产业链、提升价值链和稳定供应链，最终提高农业质量效益和竞争力。《湖北省农业产业化暨农产品加工业发展"十四五"规划》（简称《规划》）再次强调了一二三产业融合发展为农业产业化的具体发展路径，并提出到 2025 年，全省农产品加工业主营收入达到 1.8 万亿元。《规划》围绕优质稻米等十大重点农业产业链聚焦高质量发展，突出全产业链的理念，进行强链、补链，加快我省传统农业由单一的农副产品生产为主向科研、生产、加工、贸易、休闲旅游等全产业链拓展，加快农业产粮大省向产业强省转变。

（二）湖北省粮食产业融合发展的现实需求

1. 粮食产业融合利于突破湖北省粮食产业发展瓶颈

湖北省是中国十三个粮食主产区之一，是粮食大省和粮食输出省份，粮食产业发展势头一直较为迅猛。但核心问题在于：一方面，湖北省粮食产业增长一度依赖资源和生产要素的大量投入，以及化肥与农药的过量使用，导致农村环境污染严重、粮农增收渠道狭窄和粮食产品附加值偏低等一系列问题；另一方面，在生产资料价格不断上涨、劳动力红利逐步消失的背景下，资源环境问题的日益突出进一步压缩了原本狭小的利润空间。因此，寻求粮食产业发展的新路径成为当前面临的紧迫问题。湖北省政府已把三产融合确定为农业产业化的具体发展路径，故此，粮食产业融合成为突破粮食产业发展瓶颈的关键一环。

就粮食产业融合的生产基础来看，湖北并不落后。例如，近几年湖北粮食总产量保持在 2 700 万吨左右，其中，稻谷年产量 1 800 万吨左右，居全国第 5 位。从粮食产能看，湖北省小麦和稻谷的产能，都远远高于每年的口粮消费量，稻谷每年还要销往广东、福建等省 500 万吨左右，对保障东南沿海省份的粮食供给做出了重要贡献（周萍英、陈倩等，2020）。但是，粮食大省较难将农业优势转变为经济优势，如果遵循产业发展规律，在第一产业稳固发展的基础上，顺次向第二产业、第三产业爬升，形成三次产业并存发展的态势，以二三产业的优势弥补农业之劣势，才能摆脱农业大省的资源劣势。从历史发展看，三产融合符合产业演进规律，产业嬗变是从第一产业为主导逐渐过渡到第二产业、第三产业为主导的历史演进过程。从现实经验看，粮食产业融合是企业增效、农民增收的主要路径。以湖北省华丰合作社为例，它在粮食生产的基础上，逐步发展为包含经济作物生产、粮食加工业、生产资料供应业，以及运输、包装、技术交流和培训等服务业的一二三产业融合的、全国最大的农业专业合作社[①]。近几年，华丰合作社积极调整粮食种养结构，发展生态循环农业，走出一条生产绿色化、产品优质化、市场品牌化、服务社会化、模式特色化"五化"同步的特色路径，全面提升了粮食特别是水稻产业的发展质量。

2. 粮食三产融合益于拓展湖北省粮食产业发展空间

受主客观多种因素影响，湖北粮食产业与内部行业联系尚不密切，因此融合发展颇显滞后。譬如，湖北荆州市稻田综合种养模式较单一，只是简单地将种植业和水生或半水生动物养殖业结合起来，无外乎稻虾共作、鸭蛙稻联合种养，产品缺乏深加工，在市场上缺乏竞争力。湖北粮食产业与其他外部行业联系更显不足，特别是种业、加工、流通、餐饮，以及生

---

① 截至 2022 年 6 月 30 日，华丰合作社年机械作业面积约 10 万亩次，2022 年种植早稻 2 100 亩，开展代育代插代管全程托管服务 900 亩，实地测产亩产 524 千克。

态旅游、森林康养、休闲露营等新业态。从整体来看，湖北粮食产业融合发展各环节间缺乏协同运作。粮食种植业的一个重要特点就是投入产出比低，极易受到自然灾害等外部因素的影响，产业融合有利于使风险向下游的第二产业传导并得以分散，可以充分挖掘第三产业的利润空间以实现风险补偿。从粮食收购主体看，国有大型粮企是粮食收购的主力。但目前各大粮企存在仓储仓容、烘干能力、配套设施皆不足的问题，需要补齐粮食产业链条。在销售领域，国内外大米、面粉、食用油等传统领域已存在诸多知名品牌，湖北粮企能够维持现有市场份额已属不易，欲在短时间内实现跨越式赶超困难较大。因此，需要借助粮食产业融合路径另辟蹊径，开拓粮食产业发展空间。

3. 粮食产业融合有助于增加粮农收入

新发展阶段，我国面临的主要矛盾是人民日益增长的美好生活需要和不平衡不充分的发展之间的矛盾。缩小城乡收入差距尤其是提升粮农收入是解决矛盾的主要方式，也是"三农"问题的核心。解决粮农收入水平偏低问题，固然依靠良种技术创新的粮食生产领域，但更多依赖的是延伸至粮食加工和粮食消费的服务业，即，粮食生产与二三产业的有效融合。总体而言，粮食产业与第二三产业的融合可以产生就业效应和收入效应，促进粮农收入水平的提高。一方面，与粮食产业紧密联系的第二三产业的发展能够吸收粮食生产领域的空闲劳动力，为粮食生产领域的劳动力开辟新的就业空间，进而创造出新的工业价值并实现劳动力的新价值，最终表现为粮农收入的增加；另一方面，订单农业等新的粮食生产与企业链接模式能够在控制粮食生产风险的前提下，提升粮农收入。粮食加工业（食品加工业）的发展需要优质粮食，而生产粮食的必不可少的经济要素——土地，其经营权属于粮农。意欲生产符合人民消费升级需求的加工食品或粮食，优质原粮支撑是必要前提，需要粮食生产企业与粮农的联合，特别是订单农业生产方式，因其"优产优销"特征而有利于粮农收入的提高。同时，粮食生产与休闲农业或民俗等产业融合释放粮农的生产能力而增加收入。休闲农业的资源禀赋依赖优良的生态环境，而优良生态环境的经济主体是栖息其上生生不息的粮农。因此，粮农的经济行为和生活生产习惯的养成有利于优良农业旅游环境的形成，在涵养生态的过程中徐徐展开粮食旅游产业进而增加粮农收入。

三、粮食产业融合模式

从产业视角分析，粮食产业融合是以主业为基础，融合其他产业进而形成三产融合，主要类型包括前向联合型和两端延伸型。粮食产业融合集三类产业于一体，充分发挥区域自然风光和生态资源优势。

（一）按照产业环节划分粮食产业融合模式

当前我国粮食种植业端土地规模优势尚未发挥出来，由粮食种植业为主业并向后延伸至第二第三产业的情况较少存在，因此，按照产业环节划分的粮食产业融合模式，一般分为前向联合型和两端延伸型两种类型。

1. 前向联合型

所谓前向联合型，是指以第三产业为主业（基业），以此为基础，前向联合第一产业和第二产业，从而形成完整的三产融合的发展模式。这种模式以服务业为基业，粮食种植业和加工业为辅助产业，借以实现纵向联合，旨在降低交易成本和创新成本，实现更多利润在农户和投资者之间的分享。

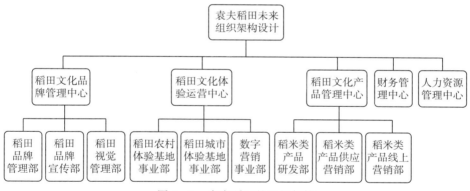

图 4-1 袁夫稻田的组织架构

袁夫稻田属于典型的前向联合型组织架构，如图 4-1 所示，从中可以发现它是以典型的服务业为核心向前联合第一第二产业的前向联合型粮食产业融合模式[①]。它的构建理念为：以服务业为专业，构造城市、稻田、美食、美景、文化、知识、产品等元素，并将不同元素相互重组构筑独特的慢生活空间，以生活美学为核心，借助大自然和生态元素力量，浓

[①] 袁夫稻田项目计划书16，2022 年 8 月 21 日。

缩袁夫稻田体验场景，为都市人群聚会、亲子活动等需求打造独一无二的社交互动空间。它提供的服务包括：农耕体验（耕种＋田园）、稻梦空间（麦秸秆＋艺术造型）、全米宴服务（米产品及其衍生品＋餐饮服务）、稻米课堂（全产业链的科普知识）、DIY体验（制作＋道具服务）、稻米加工旅游（全透明加工流程服务）等。袁夫稻田是围绕第三产业，依据服务业的需要进一步拓展到第一产业和第二产业，因此它的主业是服务业，稻米种植和加工依附于服务业。做好基于粮食产品及其衍生品的服务是袁夫稻田的核心。袁夫稻田更多结合自然赋予的山水云要素、艺术元素、浪漫的色彩和五彩缤纷的花卉，体验互动等满足客户的感官、情感和社交体验，为消费者创造一个放松身心、释放压力的独特空间。

2. 两端延伸型

所谓两端延伸型，是指以粮食加工业为主业，前向联合第一产业种植业，后向联合观光旅游等服务业的产业融合发展模式。这种模式以具有独特品质的稻米生产为基业，稻米种植业和观光旅游业均围绕稻米加工进行拓展。向种植业的延伸有利于保证稻米原粮的品质，有利于进行质量控制；向观光旅游业的延伸不仅有利于提升附加值，并且可以为稻米销售做免费广告。

"竹溪贡米"产业属于典型的两端延伸型粮食产业融合模式。"竹溪贡米"产业主要通过农产品加工龙头企业——湖北双竹生态食品开发股份有限公司为主要经济主体，以农民专业合作社为联合对象，逐级实现贡米销售业绩的突破。它的构建理念是：以农业碳汇、稻渔共生和鸭稻连作等有机贡米产品、稻田、种植等农事体验以及米宴、本地农特产品、民俗、农家乐、民歌、山二黄等当地特色文化元素构建的将"生产、生活、生态"相融合，"有机、智慧和观光"相结合的粮食产业融合发展理念。"竹溪贡米"产业以稻米产品为主要产品，与种植业和服务业的融合在于打造"竹溪贡米"地理标志产品，提升品牌知名度，提高"竹溪贡米"附加值，扩大"竹溪贡米"销售市场，进而带动农民增收。相较于2021年的5 000万元产值，竹溪贡米通过产业整合、品牌升级等措施，至2024年实现产值1.2亿元，增长幅度达140％，农民人均可支配收入近2万元，粮食产业融合效果显著。

（二）按照主导产业和载体划分粮食产业融合模式

主要划分为两种类型，即现代粮业产业化联合体模式和产业园区融合发展模式。

1. 现代粮业产业化联合体模式

粮业产业化联合体模式是一种收益共享、优势互补的粮食产业共同体。指以粮食加工龙头企业为核心、合作社为桥梁、家庭农场和农户为基础，通过订单生产、生产协作等利益联结方式，实现上下游紧密协作、全产业链运作、经济主体共赢，农户分享增值收益的一体化融合组织形式。这种模式的特点是农民充分参与到产业融合过程，合作社、龙头企业、家庭农场、农户等各经济主体充分发挥资源优势，并真切分享二三产业增值收益。从形式上看，主要包括链条延伸融合形式、产业主体联合形式、社会化服务集合形式、股份合作联合形式和村企共建合作形式等。

万年贡米集团的产业融合方式就属于产业主体联合形式。万年贡米集团负责贡米种植的田间管理、贡米加工、销售和品牌设计运作等，并牵头与合作社和家庭农场合作，共同组织贡米原粮生产，合作社的主要职能是组织贡米原粮生产和保障社员增加品牌增值收益。农户分享收益主要通过三条途径：一是通过入社，降低农业生产成本，分享贡米原粮的增值收益；二是通过贡米品牌溢价，分享品牌增值收益；三是农户或家庭农场的粮农在农闲时节到当地的龙头企业或社会化服务企业打工并获得工资收入。

2. 产业园区融合发展模式

产业园区融合发展模式是以园区为平台，一二三产业融合发展，促进粮食产业结构调整，带动农民增收的模式。该模式以现代农业园区、粮食产业化示范基地、粮食产品加工示范基地等为载体，围绕粮食产业和特色产业，集聚技术、资金、土地、人才等经济资源要素，衔接产前、产中和产后环节，联合打造原粮生产基地、加工基地和物流基地，推动产加销一体、种养加游互促，形成粮农全方位参与并多渠道共享收益的融合模式。具体形式包括新业态融合型、粮业加工引领型、双区共建融合型、产业集聚型等。

产业园区融合发展的特征是，一般位于粮食种植业园区，以宜人的气候、独特的观光风景和具有乡土情怀的粮田等自然资源禀赋为依托，利用政策倾斜、文化特色、融资便利等优势条件，联合各经营主体，紧密协作，形成融合发展的良好效果。"竹溪贡米"属于产业园区融合发展模式，成立"竹溪贡米"基地产业园区，以"农业＋文化＋旅游＋产业"模式探索农旅融合新业态。助力赋能贫困农户和基地粮农，带动近 10 000 户农户和近 2 000 户贫困户增收近 5 000 万元。在"竹溪贡米"产业链上，引领中峰镇及周边近 30 个创业团队，以及包含农业专业合作社、家庭农场和贡米协会在内的近 10 家企业创新创业发展。

第二节　粮食产业融合的发展现状

一、湖北省粮食产业融合发展的基础条件

（一）资源禀赋优异

清代以来民间即有"湖广熟、天下足"之谚语，讲的是湖北湖南粮食生产对全国的重要影响，最晚至明朝中后期，湖北省就已经成为中国粮食的主要产区。进入 21 世纪，中国粮食生产已取得"十八连丰"，实现了由"吃不饱"到"吃得饱"进而"吃得好"的历史性转变。作为农业大省、中部粮仓，随着政府不断出台相关政策帮助粮食产业结构优化升级，湖北省的粮食生产结构也逐渐发生了转变，湖北粮食产量已连续 8 年超过 250 亿千克。湖北省建立了耕地质量监测系统，加大节水工程建设，向农户推广保护性耕作技术，这些举措在不同程度上都改善了粮食产业生产条件。以节水工程为例，新技术提高了粮食产业用水的效率，避免了大水漫灌所造成的资源浪费。截至 2020 年底，全省高标准农田建设达到 3 700 万亩次，率先完成耕地污染检测评估试点工作。

（二）粮食产业融合的工业基础与人力资源优势突出

据统计，2021 年，湖北规模以上农产品加工业产值与农业总产值的比例为 3.1：1，新型农业经营主体已超过 20 万个。农业生产综合机械化程度达到了 71.3％。2013—2022 年，湖北省化肥和杀虫剂的使用量逐年下降，食品质量安全例行监测合格率常居高位。截至 2020 年底，全省登记在册的农民合作社 10.46 万家，比 2016 年增加 3.41 万家，年均增长 10.4％；家庭农场 4.4 万家，比 2016 年增加 1.84 万家，年均增长 14.5％。

湖北省生物产业研究机构数量和生物科技水平居全国前列。相较于其他省份，湖北在科教领域资源众多，农业科研优势明显。截至 2023 年，农业科研领域从业者多达 5 000 多名，省级及其以上科研机构有 70 多家，两院院士近 20 人。丰厚的科研资源有利于协调联合攻关，解决一大批粮食产业链发展中的共性和关键技术问题。据悉，湖北多倍体水稻育种在全国具有领先地位，可以利用科教优势，集中力量，围绕培育水稻优势产业区，联合多学科、多生态区开展协作攻关，创制高产栽培技术模式。

省政府非常重视优质品牌所带来的市场效益，通过投入资金，增加宣传与推广的力度，加快推进湖北重要粮食产品的品牌建设与发展工作，深入实施品牌培育"222"行动①，大力开展品牌推介活动，成立一批"老字号""乡字号""土字号"的特色产品品牌。截至 2020 年底，湖北省共有 1 255 家企业获全国绿色食品、有机农产品或农产品地理标志等认证，处于全国前列，所涉产品多达 2 494 种。与 2015 年同期相比，两项数据分别增长了 37.9% 和 34.7%。截至 2021 年，农产品地理标志总量达到 195 个，居中部第 1、全国第 3。湖北农业类中国驰名商标达到 130 件，占总数的 33.2%②。

二、湖北省粮食产业融合发展的驱动元素

（一）粮食产业融合发展的需求驱动

粮食产业融合发展需求驱动的主体是多方面的，既有农户，又有企业，还有市场。个体小农不利于应对市场的风险，在和企业交往的过程中往往处于不利地位。因此需要提高粮食生产的组织化程度，也就是将分散的农户联合起来，组建集生产、销售等多种功能于一体的高水平组织。实践表明，通过发展各类专业化的农村合作社，可以有效提高粮食生产的组织化程度，有利于扩大粮食产业规模。

企业方面，通过培育一批兼具科研、生产、加工、销售能力的龙头企业，发挥企业辐射带动作用，构建企业、合作社与农户相互联动的产业化

---

① 品牌培育"222"行动即重点培育 2 个省级核心大品牌、20 个区域公用品牌和 200 个企业产品品牌，通过 3 年培育，基本形成标准化生产、产业化经营、品牌化营销的现代农业发展格局，湖北农产品品牌知名度和市场竞争力明显提高，逐步实现由农业大省向品牌农业强省的转变。

② 湖北全面推进乡村振兴由谋篇布局进入具体实施阶段-中华网湖北（china.com）。

经营模式，促进粮食产业融合发展。

产品销售也是生产活动的重要环节，通常经过企业的交易活动，才能最终将产品转移到消费者手中，全部生产活动才算完成。销售固然有技巧性因素，但其核心是所售产品在服务或功能上满足消费者的需要。现代营销理论也指出，只有明确的目标市场和定位，才能保证产品最终顺利销售。因此，市场在很大程度上也引导着粮食产业创新与升级的方向。发展粮食产业，要紧跟各消费群体对粮食需求的变化趋势，满足社会的多样化需求，推动粮食产业融合发展。

随着经济的快速发展，人们收入逐年增长。2020 年中国人均可支配收入达到 3.2 万元，居民恩格尔系数下降至 30.2%（城镇 29.2%，农村 32.7%），初步达到联合国粮农组织划分的富裕型社会水平①。社会经济的发展开始潜移默化地改变人们的消费习惯和消费观念。这种转变表现在粮食产品消费方面主要体现在以下两个方面。其一，随着人们生活水平的提高，温饱要求已得到满足，消费者开始重点关注食品的安全、营养与辅助功能。鉴于国内食品频频被爆出质量安全问题，人们对所购买食品的安全与卫生要求日益提高，纵然价格相对较高，无公害粮食产品、绿色食品、有机食品也受到了消费者的热捧，此种消费需求促进了对具有较高营养的、健康的高品质粮食产品的消费。其二，随着人们精神文化消费的发展，饮食领域的相关需求也逐渐显露。粮食产品不仅要满足人们对于美味、健康等的物质需求，亦需力求展现独特品位、彰显身份地位。这一变化催动了高科技、时尚理念与粮食产业的融合，具有新奇独特的功能与外观的产品更受市场青睐。甚至在高消费群体中，文化创意、品牌内涵都成为消费者选择粮食产品的重要参考。

总的来看，湖北省乃至全国的粮食需求都正由低级向高级的结构性转型，消费重点也由物质层面扩展为精神层面。因此，市场因素也是发展粮食产业融合重要的需求驱动。

（二）粮食产业融合发展的供给驱动

为配合国务院加快推进农业供给侧结构性改革，大力发展粮食产业经济的指导性意见，湖北省政府制定了深化粮食供给侧结构性改革的具体行

---

① 国家统计局. 中华人民共和国 2020 年国民经济和社会发展统计公报.

动方案，使粮食产业转型升级取得较好成效，粮油产业经济发展迅速。

首先，大力实施"优质粮食工程"。这一举措有力地带动了当地经济发展和农民增收，粮食产业在国民经济发展中的重要地位日益凸显。其次，湖北粮食产业要做好特色。省政府十分重视荆楚大地的公共品牌推广，制定了荆楚粮油走出去行动方案，推进"放心粮油"市场体系的建立和"粮机制造"的发展。进一步明确了粮食工业的发展方向，细化了政策措施，压实了责任主体。将粮食产业发展与国家的"一带一路"倡议结合起来，支持企业加强同共建"一带一路"国家的合作，开拓湖北粮油走出国门的新道路。再次，继续强化基础性建设。"十三五"期间，湖北省全省圆满完成169个大中型灌区、10处大型泵站更新改造项目，新增改善灌溉面积2 681万亩，新增粮食生产能力7.86亿千克，新增节水能力8.1亿立方米[①]。

以上供给侧结构性改革的实施助力湖北省粮食产业实现了跨越式发展。粮食产量不断提高，农民收入持续增长，企业品牌效应显著提高，市场体系日益完善，为迈向更高水平的粮食产业融合发展铺平了道路。

（三）粮食产业融合发展的时代驱动

从世界政治经济局势看，为应对百年未有之大变局，我国在经济发展新常态背景下实施"以国内大循环为主，国内国际双循环"的发展战略。推进粮食产业融合发展，既是应对国际供应链不稳定的有效策略，又是响应"国内大循环"的必然要求，也是推进乡村振兴的现实选择。另外，随着生产成本日益攀升，生态环境和资源约束不断加强，依靠资源高消耗、农资高投入的粗放型发展道路已难以为继，必须加快粮食产业从粗放型向集约型发展模式转变。我国已进入工业化后期，正处于工业经济形态向数字经济形态转型时期，而以人工智能、信息技术为主的新一轮技术革命为产业融合发展准备了良好的技术条件。各种新业态、新模式的形成，各种涉农新型经营主体参与农业发展，为推进粮食产业融合发展准备了充分的组织基础。因此，推进粮食产业融合，实现一二三产业相互渗透、协调发展，提高粮食产业链的科技水平和创新能力，促进集约型可持续发展，是推进乡村振兴和农业现代化的重要路径。

---

① 凤凰网湖北.保障粮食安全"十三五"期间湖北完成169个大中型灌区改造，2021－04－16。

三、湖北省粮食产业融合发展困境

虽然近年来湖北省粮食产业发展已取得了较好的成绩，但对标农业发达国家，对标东部沿海省份，差距还是存在的，个别方面甚至还存在着巨大的发展鸿沟。湖北省欲解决这些粮食产业融合发展的问题会面临重重困境。

（一）湖北省粮食产业转型缓慢

粮食产业涉及的具体行业有很多，包括生产、制造、服务等方面。湖北的粮食生产总量一直居于高位，而且连年稳步提升，但这并未给农业经济发展带来相应的效益，归根结底就在于粮食产业转型缓慢。

例如，在服务产业中，产业之间的内部职责划分不合理，文化以及旅游市场还没有建立，导致顾客的购买体验感不好。在产业链上，湖北省粮食加工业当前使用的产业模式依旧较为传统，生产造成的污染依然存在，粮食行业质量标准不高。龙头企业缺乏动力，粮食产业无法形成集聚发展，不同产业环节之间的联系不够紧密，三大产业融合度低。此外，湖北省粮食经济中的新产业不多，占总产值的比重较小，新兴产业不能带动市场经济的发展；传统粮食产业的改造没有市场领先者，发展相对滞后。就质量而言，对劳动生产率的需求很低，因此无法提高粮食行业的劳动生产率。在粮食产业融合中，不能将生产、制造与服务更有效地进行配合和衔接。

（二）农民家庭年均纯收入持续增长受阻

自 2015 年后，湖北省农民家庭年均纯收入增速除 2021 年外，其他年份均未达到 10％的高水平。受新冠疫情影响，2020 年，湖北省农民家庭人均纯收入为 16 306 元，相比较上年同期下降 0.5％，城乡收入比为 2.25∶1，"十三五"期间增加 4 462 元，共增长 37.7％，年均增长 6.6％①。近几年，随着财政转移性收入的持续增加，农民家庭纯收入呈连续增长趋势。图 4-2 为 2013—2022 年湖北省农民家庭人均收入变化。

目前湖北农民增收渠道还较有限，家庭经营收入仍占最大比例，工资性收入次之，因此家庭收入受自然气候影响较大。另外，农民与企业之间

---

① 数据来源于《湖北统计年鉴（2023）》。

利益联结有限，主要采用订单农业的形式，此种方式通常缺乏法律约束力，当市场剧烈波动时，农户与企业往往为追求自身的利益拒绝履行合约。长远来看，订单农业并不能有效保障各方从业者的利益。股份合作是一种更为紧密的利益联结方式，较之订单合作优势明显，但在湖北粮食产业中所占比例很小，且有限的股份合作存在名不符实的现象，土地承包者的利益仍未得到充分保障。

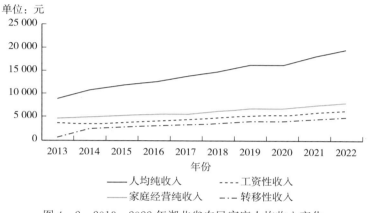

图 4-2　2013—2022 年湖北省农民家庭人均收入变化

数据来源：《湖北统计年鉴（2023）》，湖北省统计局、国家统计局湖北调查总队。

　　由于粮食产业利益联结机制不健全，农民在农村的增收空间受到限制，大量青壮年劳动力进城打工，只留下年龄偏大、体质偏差、文化偏低的农民留守耕作，这严重影响了粮食生产的高质量发展。这必然会影响农民的生产积极性，增加农民增收的难度，不利于农民收入持续较快增长。

　　（三）粮食产业组织不活跃

　　湖北省粮食产业组织的不活跃主要表现在以下几个方面。

　　第一，湖北省粮食生产服务体系不完善。现有粮食种植合作社数量稀少、规模有限、制度不健全、管理人员知识储备不足、资金也很匮乏，在农地流转、农业生产托管等方面难以提供有效的服务，对推进湖北省粮食规模化种植无甚帮助。第二，湖北省粮食产业信息服务体系不建全。农业部门和其他涉农部门拥有不同的信息资源，本可以互通有无，取长补短，但是，由于缺少统一管理和信息共享，农户难以了解到准确、全面的市场信息，只能依靠往年的个体经验做出应对，不能很好满足市场的真实需求。信息不对称也容易造成农户种植出来的粮食品质参差不齐，增加了农户和企业之间合作难度，不利于双方长期的互信合作。第三，湖北省粮食产业金融服务体系不健全。政府虽然有意识地增加了对本省粮食产业的帮扶，但是由于没有摸清企业的真正需求所在，对相关粮企财税和金融方面优惠的力度还不够。缺乏可资借鉴的政策样板和成功经验，导致政府部门在制定涉粮产业金融政策时没有及时推进。商业银行战略层面重视不足，导致资金短缺几近常态，招商引资规模增长缓慢。第四，湖北产业组织品牌化程度不高，直接影响了湖北产业组织特色的构建。近年来，湖北省已形成了一批具有优良品质和加工产品的龙头企业，但尚无一家在国内外享有盛名的知名品牌。中国农业产业化龙头企业协会发布了2021年度农业产业化头部企业公示名单，湖北省只有粮油（集团）有限责任公司、劲牌有限公司入围。专业合作社与中介组织力量仍很弱小，无力主导建设优势品牌，政府对其进行品牌建设的政策支持也很不到位。

（四）基础设施建设仍然滞后

"十三五"期间，湖北省农村基础设施建设步伐不断加快，生产生活条件有所改善，农村人居环境整治取得了显著进展。不过，由于湖北农村基础设施建设起点就比较低，政府资金投入有限，社会融资渠道不畅等原因，广大农村地区的道路交通、水电供应、物流运输、通信设备都比较薄弱，不仅无法满足湖北省粮食产业融合发展的需求，甚至还阻碍了产业之间相互渗透。特别是与中国沿海地区相比差距明显。截至2020年底，湖北省所有行政村人居环境基本得到改善，建成2 000个美丽宜居村庄，约占全省行政村的8.7%，但当前这一推进速度还有待加快。

从技术层面来看，湖北省针对农村污水处理技术的研究与推广均较滞后，技术实力薄弱。目前，湖北省的农村垃圾处理仍以填埋为主，较为先进的垃圾焚烧、水泥窑协同处理尚未广泛应用，配套设施设备也不齐全。贫困落后农村地区的基础设施建设任重道远，亟待提高农村地区基础设施质量和数量。在高标准农田建设方面，后期管理明显不足。有些已经建成的所谓高标准农田实际建设标准偏低，相关设备缺乏日常维护。用水方式不够科学，渠道普遍存在冒水、漏水的现象，渠系水利用系数偏低。2020年，全省农田灌溉水有效利用系数为0.528，低于全国平均水平，农业用水管理亟待加强。

（五）粮食加工业带动能力不够突出

湖北省最近几年粮食加工业总体向好，产销总量有较快增长。但这种增长主要发生在粮食初级加工领域，精深加工和综合利用尚不足，高技术、高附加值的产品较为少见。技术装备水平有限、科技支撑能力不足，导致湖北农产品加工水平总体相对落后。粮食加工业在粮食产业融合中所能发挥的作用受到严重制约。初级加工由于技术含量较低，虽然发展较快，但低水平重复建设的问题较为突出，甚至出现产能过剩现象，相关企业在市场中只能通过削减利润才能求得生存，粮食产业发展处于低水平竞争的不利地位。与此相反，粮食精深加工业发展滞后成为制约粮食种植业与加工业融合发展的重要原因。龙头企业自主创新能力总体较弱，农产品综合加工率只有 67% 左右，而精深加工率更是不到 20%，这一数据远远低于发达国家或地区农产品加工率 90%、精深加工率 60% 的水平，产品同质化较为突出。受制于生产工艺、设备和管理观念等方面的局限，农产品及其副产品的资源化利用程度不高。希望到 2025 年年底，全省农产品加工业主营收入达到 1.8 万亿元，农产品加工业产值与农业总产值之比达到 2.8：1，主要农产品加工转化率达到 80%，实现《湖北省农业产业化暨农产品加工业发展"十四五"规划》的预定目标。

四、湖北省粮食产业融合发展的现实基础

综合前文分析，湖北省粮食产业融合发展应已经具备一定的现实基础。

（一）粮食产业融合发展的政策环境不断优化

2007 年的中央 1 号文件与国家"十二五"规划纲要均明确提出要发展现代粮食产业，这一政策为湖北省粮食产业融合提供了指导方针和发展方向。随着湖北省粮食产业结构调整和升级，以实施"优质粮食工程"为抓手，重点围绕"五优联动"（优粮优产、优粮优购、优粮优储、优粮优加、优粮优销）"三链协同"（延伸产业链、提升价值链、打造供应链），大力推动粮食产业高质量发展，着力培育以"荆楚好粮油"为代表的湖北优质粮油品牌，形成了以稻米加工业为主，优质特色粮油和粮机多业发展的格局。

在生产结构方面，在江汉平原和鄂西春玉米、鄂北夏玉米、城郊鲜食

玉米生产中，支持粮饲兼用型玉米应用示范。适度扩大马铃薯、红薯生产规模，加强高蛋白鲜食大豆品种引进筛选和试验示范，因地制宜发展小宗特色粮食作物，重点推进多功能开发与应用。进一步实现粮食产品结构多元优化与层次上升。

"十三五"期间，湖北省在粮食产业融合方面获得了诸多政策支持，争取中央财政支持资金 25.4 亿元，并带动社会投资在全省 94 个县（市、区）实施"优质粮食工程"，在 30 个示范县（重点县）整体推进"中国好粮油"行动计划、粮食产后服务体系和粮食质检体系等三个子项目建设，建成优质粮食基地面积 1 200 万亩以上，建成粮食产后服务中心 507 个，购置烘干设施 2 126 台（套），烘干能力达到 15 万吨/日，基本满足了主产区粮食产后清理、烘干等需要；新增检验、化验仪器设备 4 300 余台（套）。特别是在产后服务体系中，实现了助农减损。依托产后服务中心，提供预约上门收购、错峰收购、延时收购等优化服务，针对困难农户，还采取了代储存、预收购等手段进行专项帮扶，有效减少了因灾损粮，提高了粮食入库品质，保障了农民种粮收益。在粮食产业融合中最基础的核心环节，保障了粮食从生产到产后的稳定。

同时，加大对产、学、研的投入，大力扶持新型产业，加大对生物粮食产业技术的投入和研发，加大粮食产业基础设施建设等。这些政策充分说明湖北省在探索新型粮食产业发展道路上做出了积极的尝试和努力，并取得了一定的成果，在培育新品种、完善基础设施建设和打造特色粮食产业等方面都取得了巨大的进步，为全国粮食产业融合做出了示范。

湖北省全面落实粮食安全省长责任制，由省长牵头，主导粮食产业发展政策的制定。开发以粮油为原料的乡村特色食品。大力推进水稻、小麦、玉米、杂粮及薯类等主食制品的产业化经营，重点扶持"中国好粮油"与"荆楚好粮油"企业建设，以加工业的发展带动粮食生产。以粮食生产的主要产区、粮油产区、重要的物流枢纽为依托，建立粮食加工优势产业集群，建立现代粮食生产示范基地。2011 年国家颁布了一系列"种业新政"，湖北省提出"种业大系统"，2013 年打造"武汉中国种都"，争取在 2025 年把中国武汉种都建成为世界一流的种业技术和研究中心。

（二）粮食产业融合发展的组织基础进一步夯实

湖北省政府为进一步推动粮食产业与其他产业的融合与发展，把工作的重心放在培育粮食经营主体，提升农民对粮食产业融合的参与度上。受此影响，湖北种植大户、家庭农场、合作社、龙头企业等新型农业经营主体发展迅猛，已成为粮食产业融合发展的主力军。截至 2015 年底，全省耕地流转面积达到 1 633 万亩，占全省常用耕地面积的 32.5%，各类新型农业经营主体数量达到 16.4 万家，经工商登记的家庭农场 14 670 个，农民合作社达 54 975 个，规模以上农产品加工企业达到 5 250 家，占全省规模以上工业的 33%。

为规范粮食产业化生产，湖北省政府出台了许多针对性措施，优化了申请土地流转的审批程序，增加了对粮食产业化经营的投资力度。此外，湖北省政府充分发挥线上线下相结合的推广效果，以旗舰店或品牌店为中心，构建当地的销售网络。在主要销售地区，开展了多场品牌推介会，以有机无公害等特色作为产品卖点，为湖北粮食产品打造了优质的品牌形象。

（三）粮食产业融合发展的先进技术基础初步具备

湖北省坚持"科技兴粮"战略，大力开展科技创新、成果转化，提高了粮食生产的效率和产出水平，促进了粮食工业的全面发展。随着产业链的不断扩展，传统的粮食生产企业的现代化方案已无法适应目前的工业发展，已初步建立起粮食融合、信息化、网络化、智能化的支持体系。湖北省拥有一大批农业相关领域的科研院所和开发机构，在中国中部地区名列前茅。这对促进湖北粮食产业融合高速稳定的发展具有举足轻重的意义。通过组织联合育种攻关，选育、培育出品质优异的特色新品种，推动水稻、小麦等主要粮食品种新一轮的更新换代。

各大粮食龙头加工企业也积极投入资金、发挥力量，推动科技创新和技术装备升级。例如在 2018 年，天星粮油、国宝桥米、禾丰粮油等"中国好粮油"示范企业就装备了 8 条大米加工智能化生产线。粮食仓储设施明显提升，与"十二五"末相比，"十三五"末湖北省社会完好仓容增长了 26%，达到 640 亿千克；其中国有粮食企业完好仓容增长了 78%，达到 283 亿千克。改善国有粮库设施条件，建设改造符合现代储粮标准的准低温（低温）仓容 23.5 亿千克。

湖北省粮食产业机械化程度亦有不俗表现，2022 年，我省农作物耕种收综合机械化率预计为 73.5%，比 2021 年提高 0.6 个百分点。其中水稻耕种收综合机械化率 87.15%、小麦耕种收综合机械化率 91.35%，基本实现全程机械化；油菜耕种收综合机械化率 71.77%，机播面积居全国第 1 位、机收面积居全国第 2 位，其他设施农业、经济作物种植、畜牧水产养殖以及农产品初加工机械化取得明显进展，103 个县级行政区中已建成 30 个主要农作物全程机械化示范县。烘干能力快速提升，省财政补助资金 3 133 万元，新增烘干机 1 029 台，全省保有量达到 9 359 台；新建粮食烘干中心 301 个，全省累计建成烘干中心 1 791 个；粮食烘干批处理能力达到 19.74 万吨。全省烘干粮食共计 234.6 亿斤，粮食产地机械烘干率由 2021 年的 58% 提高到 2022 年的 67%。减少粮食因霉变损失约 1 亿斤，有效避免了"仓门灾"[①]。

伴随粮食产业内部结构的完善以及生产水平的提高，针对当前化肥主要为表施、撒施的现状，湖北省进一步加大施肥新技术、新品种、新机具集成力度，大力推广侧深施肥、种肥同播等机械深施肥技术模式，结合应用缓控释肥，推进施肥用量精准化、施肥过程轻简化，从而推动粮食营养健康、质量安全、精深加工、装备制造等重点领域技术创新。在粮食生产中，以科技支撑带动粮食生产与深加工，实现粮食产业融合发展目标。

（四）粮食产业融合发展的绿色生态基础正在形成

2019 年中央 1 号文件指出，要推行绿色生产方式，绿色发展是生态文明建设的重要组成部分，是现代粮食发展的内在要求，以绿色发展方式引领产业兴旺是乡村产业高质量发展的必然选择。

湖北粮食产业发展在保供稳价的基础上，采取了一系列措施保障土壤和水的良好生态质量，先后出台了《湖北省水污染防治条例》《湖北省土壤污染防治条例》《湖北省农业生态环境保护条例》等地方性系列法规。以保持良好的生态环境与资源可持续利用，加强对粮食生产面源污染的治理技术推广工作，推广高标准化、绿色化粮食生产方式，扎实落实农药、化肥、除草剂减量使用的政策，普及精准施肥技术、绿色防控技术，推广

---

① 刘胜．机械化绘就湖北农业新图景，湖北日报，2023 - 03 - 30.

高效、环保的新型肥料与农药。扶持和引导以市场化运作为主的生态循环粮食生产建设，探索形成循环发展产业结构和生态布局，为粮食产业融合发展打下生产种植基础。

湖北省明确了发展"水稻＋"粮食产业战略方向，在"水稻＋"系列推广绿色高效模式，如稻经轮作、稻鱼共作、稻禽协同等被广泛接受。逐步加大对粮食产业生态功能培养和开发的力度，促进粮食产业结构从单一的粮食生产转型为集生产、生态、生活为一体的现代化粮食产业体系。同时，围绕"产品绿色、产业融合、产出高效"的定位，将水稻与工商发展和文化旅游等其他外部行业深度结合，建设一批"稻田产业综合体"，重点开发农村休闲、农田观光、农业体验等辅助功能。生态环境价值方面，虾稻共作是广受农民欢迎的一种绿色生产模式。湖北省充分发挥优势区域、优势资源、优势产业带动作用，推进"资源—技术—产品—产业"高效融合，发挥主体"连接产业链上下游、带动两端（生产端、消费端）发展壮大"的扁担效应，实现粮食产业深度融合。

第三节　湖北省粮食产业融合的影响因素

粮食产业融合发展是一个复杂的系统性工程，涉及三大产业和众多领域，彼此密切联系、相互影响，单一研究难以清楚认识粮食产业融合发展全貌，甚至可能会因以偏概全致使研究结果偏离事实。粮食产业融合问题是跨产业的复杂问题，适合选用层次分析法从不同层面对问题进行拆分处理。本书选择层次分析方法（Analytic Hierarchy Process，AHP），构建定性与定量相结合的粮食产业融合指标体系，综合分析湖北省粮食产业融合情况，准确认识其影响因素，为促进湖北省粮食产业融合发展提供科学依据。

一、粮食产业融合影响指标的选取与确定

在构建湖北省粮食产业融合发展的影响指标时，主要探寻粮食产业融合的主要影响因素，并基于比较分析来选择关键因素。层级结构模型的构建基于对湖北省粮食产业融合发展的内涵、目的效果，以及可持续性等的

分析。将一级指标界定为经济指标、社会指标和生态指标，然后通过专家讨论法来确定二级指标，进而得到湖北省粮食产业融合发展影响因素的最终指标体系。首先确定粮食产业融合发展评价体系中各层次指标，即目标层：湖北省粮食产业融合发展评价体系；准则层：经济指标、社会指标和生态指标；准则层又包含 14 个子准则层，最终构成的湖北省粮食产业融合发展评价模型如图 4-3 所示。

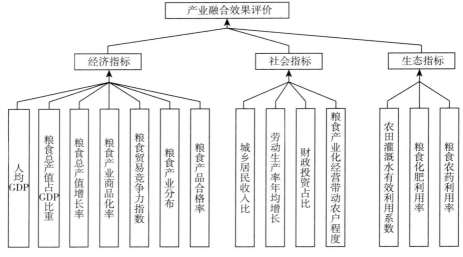

图 4-3　粮食产业融合效果评价模型

（一）构造判断矩阵

判断矩阵是指针对上一目标层，来计算本层中与之相关的因素间的相对重要性。以 Z_{ij} 表示 X_i 对 X_j 的影响度，使用 1 至 9 这几个数字及其倒数来作为标准，通常采用 5 个判断值便可以表示不同影响程度，分别取1、3、5、7、9，相反则取倒数（表 4-1）。

表 4-1　各因素相对重要性的描述

标度	定义（比较因素 i 和 j）
1	因素 i 与 j 同等重要
3	因素 i 比 j 略微重要
5	因素 i 比 j 较为重要
7	因素 i 比 j 非常重要

（续）

标度	定义（比较因素 i 和 j）
9	因素 i 比 j 绝对重要
2、4、6、8	为以上判断之间中间状态对应的标度值
倒数	若因素 i 与因素 j 比较，得到判断值为 $a_{ji}=1/a_{ij}$，$a_{ii}=1$

本研究判断矩阵中因素之间重要程度的赋值是根据调查问卷数据取平均值得到各目标层、准则层的判定结果，进而构建判断矩阵，详见表 4-2 至表 4-5。

表 4-2　总目标层下准则层各因素比较

目标层	经济指标	社会指标	生态指标
经济指标	1	1	2
社会指标	1	1	2
生态指标	1/2	1/2	1

表 4-3　经济指标准则下各因素比较

	人均 GDP	粮食产业总产值占 GDP 比重	粮食总产值增长率	粮食产业商品化率	粮食贸易竞争力指数	粮食产业分布	粮食产品合格率
人均 GDP	1	1/5	1/4	1/3	1/2	1/7	1/6
粮食总产值占 GDP 比重	5	1	2	3	4	1/3	1/2
粮食总产值增长率	4	1/2	1	2	3	1/4	1/3
粮食产业商品化率	3	1/3	1/2	1	2	1/5	1/4
粮食贸易竞争力指数	2	1/4	1/3	1/2	1	1/6	1/5
粮食产业分布	7	3	4	5	6	1	2
粮食产品合格率	6	2	3	4	5	1/2	1

表 4-4　社会指标准则下各因素比较

	粮食产业经营带动农户程度	城乡居民收入比	劳动生产率年均增长	财政投资占比
粮食产业经营带动农户程度	1	3	2	1/2
城乡居民收入比	1/3	1	1/2	1/2
劳动生产率年均增长	1/2	2	1	1/3
财政投资占比	2	2	3	1

表 4 - 5　生态指标准则下各因素比较

	农田灌溉水有效利用系数	粮食化肥利用率	粮食农药利用率
农田灌溉水有效利用系数	1	2	2
粮食化肥利用率	1/2	1	1
粮食农药利用率	1/2	1	1

(二) 层次单排序及一致性检验

以表 4 - 2 中总目标层与中间层的矩阵为例进行层次单排序，本书采用 Yaahp 软件简化了权重计算，通过将相应的等级关系和成对比较矩阵的对比值输入到软件中，就可以自动地求出各个标准层的权重。计算步骤如下。

（1）将判断矩阵按列归一化（即列元素之和为 1）：

$$b_{ij} = \frac{a_{ij}}{\sum a_{ij}}$$

（2）将归一化的矩阵按行求和：

$$c_i = \sum b_{ij} (i = 1, 2, 3, \cdots, n)$$

（3）将 c_i 归一化：

$$w_i = \frac{c_i}{\sum c_i}$$

得到特征向量 $w = (w_0, w_1, w_2, \cdots, w_n)^T$，$w$ 即为 A 的特征向量的近似值；

（4）求特征向量 W 对应的最大特征值：

$$\lambda_{\max} = \frac{1}{n} \sum_i \frac{A w_i}{w_i}$$

（5）用一致性指标进行检验：

$$CI = \frac{\lambda_{\max} - n}{n - 1} \quad CR = \frac{CI}{RI}$$

一致性指标 RI 与 N 阶矩阵对应表如表 4 - 6 所示：

表 4 - 6　一致性指标 RI 与 N 阶矩阵对应表

N	1	2	3	4	5	6	7	8	9	10
RI	0	0	0.58	0.90	1.12	1.24	1.32	1.41	1.45	1.49

本文利用 Yaahp 层次分析法软件进行计算，得出结果如表 4-7 所示。

表 4-7　一致性检验

判断矩阵	$\lambda_{\max}$	CR	是否通过一致性检验
总目标层	3.000 0	0.000 0	是
经济指标	7.197 3	0.024 2	是
社会指标	4.165 7	0.062 1	是
生态指标	3.000 0	0.000 0	是

此时显示 CR<0.1，一致性检验通过，表明总目标层的层次总排序符合要求，各因素比较值合理。并将 Yaahp 软件计算得出的权重整理成表格，如表 4-8 所示。

表 4-8　湖北省粮食产业融合发展评价权重表

目标层	准则层	权重	子准则层	权重	层次总排序
评价	经济指标	0.400 0	人均 GDP	0.012 7	14
			粮食总产值占 GDP 比重	0.063 6	7
			粮食总产值增长率	0.042 2	11
			粮食产业商品化率	0.027 9	12
			粮食贸易竞争力指数	0.018 5	13
			粮食产业分布	0.140 2	2
	社会指标	0.400 0	粮食产品合格率	0.095 0	5
			城乡居民收入比	0.050 3	8
			劳动生产率年均增长	0.067 7	6
			财政投资占比	0.166 2	1
			粮食产业化经营带动农户程度	0.115 8	3
	生态指标	0.200 0	农田灌溉水有效利用系数	0.100 0	4
			粮食化肥利用率	0.050 0	9
			粮食农药利用率	0.050 0	10

二、主要因素确定

通过以上分析可以发现，评价湖北粮食产业融合发展的三大指标中，社会指标与经济指标同等重要，生态指标略逊一筹，但也不容忽视。因此，从宏观角度提出对策建议以提升湖北省粮食产业融合发展时，需要兼顾经济领域、社会领域和生态领域。

在各子准则层中，评价湖北粮食产业融合发展权重位居前 7 位的分别是财政投资占比、粮食产业分布、粮食产业化经营带动农户程度、农田灌溉水有效利用系数、粮食产品合格率、劳动生产率年均增长和粮食总产值占 GDP 比重，子准则中有 4 项属于社会指标，2 项属于经济指标，1 项属于生态指标。这意味着微观层面要更加关注社会环境领域。

第五章

粮食产业创新发展的
可能路径：产业集群

本章在对价值链和粮食产业集群等相关概念进行归纳梳理的基础上，较为全面地分析了湖北省粮食产业集群的发展水平，并对湖北粮食产业集群的集聚度进行量化评估。在此基础上，分析粮食产业集群发展存在的主要问题，提出促进湖北省粮食产业集群高质量发展的路径选择。

第一节 粮食产业集群的内在意蕴

2017年4月1日，国务院发布《关于建立粮食生产功能区和重要农产品生产保护区的指导意见》，对建立粮食生产功能区和重要农产品生产保护区（以下简称"两区"）进行了总体部署①。随后，农业农村部做出相应的工作部署，要求加强全国粮食生产功能区和重要农产品生产保护区的建设，加强县级特色农产品初加工和精深加工，发展优势特色产业集群。同年9月1日，国务院办公厅《关于加快推进农业供给侧结构性改革大力发展粮食产业经济的意见》提出培育壮大粮食产业主体、创新粮食产业发展方式、加快粮食产业转型升级等重要内容。

---

① 按照党中央、国务院部署，农业农村部会同有关部门划定完成10.88亿亩粮食生产功能区和重要农产品保护区，落实到地块，实现上图入库，这是在永久基本农田基础上对农业生产力布局的再优化，是粮食等重要农产品生产保障的核心心。据测算，"两区"生产的粮食等重要农产品，能满足我国95%的口粮、85%的玉米、14%的大豆、45%的油菜籽消费，建好"两区"就能进一步筑牢粮食等重要农产品供给保障的基本盘。

一、粮食产业集群的内涵及构成

(一) 粮食产业集群的概念

当前学术界对粮食产业集群的含义界定尚不明确。结合产业集群的相关理论研究及行业特征，依据产业集群的聚集性、关联性、专业性、根植性、协同竞争性和创新性等特点，本书将这一概念归纳为，粮食产业集群是指粮食产业链上的相关粮食企业在特定地理区域的集聚，包括育种和农用生产资料等产前服务；粮食加工业、包装和物流等产后服务和与粮食产业相关联的科研支持机构等。粮食产业集群的组织构成如图5-1所示。

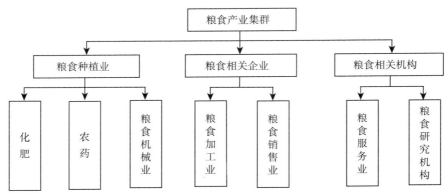

图5-1　粮食产业集群的组织结构

(二) 粮食产业集群的产业链构成

粮食产业集群产业链主要由三部分构成，产业链前端、中端和后端。将粮食的生产种植以及与其相联系的种子与化肥、农业相关灌溉技术以及农产品的采收和储存等划分为产业链前端，将产后服务、产学研结合、粮食加工和精深加工划分为产业链中端，将品牌打造、市场营销划分为产业链末端。粮食企业以及种植基地和种植农户是整个粮食产业集群的主体，由中介组织将两者联系起来，或者两者签订契约合同直接联系，以实现供需匹配。末端产业则重点打造优质粮食产业服务平台，强化品牌打造和市场营销，着力提升湖北粮食产业及其产品在全国市场的竞争力。在产业链中端，重点扶持壮大粮食加工企业，打造行业领军企业，支持企业去同质化分工、产品精细化分类，进一步延伸拓展产业链。粮食产业链的末端产业旨在有效提高粮食产业的经济附加值、提升粮食产业的价值链，与其相关的农科院、专业机构和政府组织等均在为末端产业发展提供基础保障。

粮食产业集群涉及多个产业主体。种粮农户是最重要也是最基础的微观经济主体，粮农不仅是粮食产业集群劳动力的主要来源，而且粮农从事的粮食生产处于产业集群的最前端，为后续粮食加工业提供初始原粮。种粮农户的劳动生产效率与生产质量是国家粮食安全的基础保障。在粮食种植环节，主要是扩大优质品种粮食的种植比例，集成推广绿色高效种植技术，着重解决"优粮优产"，将生产优势转化为产业优势。因此，种粮农户的种植行为以及农业技术的运用均能影响粮食企业的经营，能够有效推进或是阻碍粮食产业集群的发展。

粮食企业是粮食产业集群的重要微观经济主体，与之相关的粮食加工及销售环节极其重要，是整个粮食产业集群网络不可或缺的部分。粮食企业高质量发展和价值链提升的秘诀是高度重视产业链的前端和后端，把握好与供应商的合作关系以及与客户长期关系的维护，同时积极实施产学研结合，加大投资于科学研究项目的力度，创新研发新产品，补齐粮食企业的短板，提升企业竞争力和技术创新能力。

政府部门和产业集群配套服务机构也是粮食产业集群的经济主体。产业集群的构建和发展需要政府部门的政策和制度支持，例如通过实时的经济发展或区域特性制定相关规章制度或粮食产业发展扶持政策，促进粮食产业发展。政府也会对相关企业或者种粮农户进行科研技术的资金支持或培训，创造良好的种粮条件和基础。配套服务机构是为粮食产业集群提供相关服务的组织或机构，起到连接器或润滑剂的作用。除此之外，粮食产业集群的微观经济主体还包括粮食产业协会等集群利益代表。一方面，集群利益代表者可以通过报告申诉等形式将需求提供给政府部门，期望能够帮助产业集群内的企业发展；另一方面，集群利益代表可以通过专业知识和行情信息判断粮食产业的再投资方向，为产业集群发展助力，直接参与集群价值形成的创造过程。

二、粮食产业集群的特征及优势

（一）粮食产业集群的特征

1. 粮食产业集群属于传统的产业集群

传统的产业集群是指手工业或者其他传统的密集工业部门在特定的区

域内相互集群而成的企业群体，是一个彼此间相互影响相互联系的有机网络。粮食产业集群主要是以传统的劳动密集型产业为主，从粮食的播种、浇灌、施肥直到收成和加工销售都主要依靠劳动力要素，因此，粮食产业集群对于劳动力的需求量较高。具体主要表现在：种粮基地的管理、种植过程的浇水施肥、种植完成后的收割和加工以及成品的运输和销售，每个环节都需要依赖大量的劳动力，因此，粮食产业集群属于传统的产业集群。

2. 粮食产业集群的基础是农户

种粮农户是粮食产业集群的基本细胞，虽然某些粮食产业集群中粮食加工企业有规模庞大、数量较多的种植基地，但农户仍是最主要的粮食生产者。农户是劳动力的第一来源，也是整个粮食产业集群的前端主体，是集群网络中的重要构成部分。农户的种植理念和契约能力直接关系到粮食企业加工品的质量和生产成本，农户在种植过程中所拥有的相关知识储备以及农业机械和技术的运用都与粮食产业的全要素生产率密切相关，对整个粮食产业链的完善和价值链提升具有基础性影响。粮食的规模化、集聚种植是粮食产业集群获得良好发展的必备条件，农业劳动力为整个粮食产业集群的后续发展提供了坚实保障。

3. 粮食产业集群的地域性强

粮食产业集群的地域性较强。由于各品类粮食生长条件有一定的差异，因此不同的粮食产品应在具备其生长所需条件的特定区域内种植生产，特别是一些特色粮食品种，其产量和质量极大程度受种植区域和环境的影响，气候、温度都会改变其生长态势。这类粮食产品由于外界环境的限制使其适应某一特定区域，因此，考虑到区域的资源禀赋特征，可以为那些对地理条件依赖较强的特色粮食产品打造区域品牌，为其提供专业的种植繁育技术，保证其产量和整体的稀有性，形成特定区域范围内的特色优势。例如，天门市的石家河大米，在地域文化方面具有悠久的历史，由滥觞于史前3 000年左右的石家河文化赋能，独具特色的文脉赋予石家河大米流淌不息的灵魂，可以申报为国家地理标志产品。

4. 产加销一体化程度日益提高

粮食产业集群包含了三个重要的流程，其配套服务较完整，随着产业集群的产销一体化程度越来越高，从粮食产品的生产、加工到销售都能够在产业集群内部完成。从有机网络视角看，网络上的利益主体为互相联系互相影响的种粮农户和相关利益组织机构。伴随着产业链的延伸以及经济的发展，集群利益者以及相关经济主体逐渐聚焦于产销一体化，以此拓宽产业链的深度，进一步巩固企业在行业内的竞争地位。

调研发现，部分地区的粮食产业集群内含于农副产品深加工产业集群。譬如，天门市的农副产品深加工产业集群，产业规模在 100 亿～200亿元人民币，涉及粮食、饲料、酱制品等多个细分行业。其粮食细分行业集群以庄品健实业（集团）有限公司（以下简称庄品健公司）为龙头，"庄品健"被认定为中国驰名商标。该公司产加销一体化程度很高，且产业链向后延伸至种植环节，庄品健公司有自己的优质稻种植基地。截至2022 年底，集团联合实力强、信誉好、规模大的 25 家粮食类合作社，组建了湖北庄稼人农业专业合作社联社，联合社成员社生产粮食后，统一交由湖北庄品健公司进行加工销售，形成粮食类产业集群，优质稻种植基地达到 17.6 万亩，全年粮食产量达 10 万吨。

（二）粮食产业集群的优势

粮食产业集群紧密联系着产业初端生产和终端消费。以满足生命健康需求为目标，在市场机制作用下销售部门将了解到的市场上消费者的需求，传导给粮食生产侧，引导种粮农户生产符合大众需求的原粮，并且与农户协定的粮食价格具有激励价值，另外，由粮食加工企业生产出的食品，若其在口感、外观等方面能够契合目标消费群体需求，并辅以有效的市场策略，则有可能实现商品到货币的转化，为企业创造收益空间。

粮食产业集群具有的优势：一是，通过产业集聚优势，集群内的企业可以在小区域内集中式地相互学习，共享信息、知识等要素资源，有助于培养具有特定区域优势和加工销售优势的粮食企业，进一步培育特色品牌，突破传统的行政区域局限性，打造更具市场竞争力的集团企业；二是，有助于加速企业技术创新进程，促进产品结构升级，采用先进的工业技术和相关农业机械设备提高粮食产量和质量，巩固粮食企业的行业地位；三是，有利于企业共享信息资源以及公共设备，提高企业之间的沟通效率，减少不必要的重复投资并降低交易费用，集聚在同一区域的企业间优势互补，取长补短，建立长期互助竞争的良好竞合氛围，完善产销一体的集群网络，实现集群企业的可持续发展。

三、发展粮食产业集群的重大意义

（一）发展粮食产业集群是"双循环"格局在农业领域的必然体现

当前，百年变局和世纪疫情叠加，全球经济复苏脆弱乏力，世界进入新的动荡变革期，国际供应链不畅，国内消费乏力，而粮食产业集群的发展顺应了"双循环"发展格局。从国内大循环看，一是，粮食产业集群的联动效应和收入效应带动了产业集群上利益相关者收入增加。增值的国民收入在宏观层面夯实了税基，在微观层面提升了个人支付能力，扩大了潜在需求。二是，粮食产业集群的溢出效应惠及周边地区粮食加工业和粮食产业配套服务业的发展，其示范效应将带动周边地区粮食产业集群的发展。三是，粮食产业集群的研发投入和品质竞争有利于"叫得响"的粮油品牌形成，有利于宣传"荆楚好粮油"公共区域品牌，为粮食产业高质量发展奠定品牌基础。从国际大循环看，一是，俄乌战争导致的地区冲突未可预期，美国超发货币导致的通货膨胀等不利因素驱使投资资金逃逸到安定且可以盈利的国家和地区。国内安定的社会环境和优良的营商环境将吸引外部企业投资中国粮食产业集群，有利于学习国外企业的先进管理经验和质量标准。二是，高质量粮食及其成品在市场上的强大竞争优势将有利于将粮食产品市场拓展到共建"一带一路"国家甚至更广阔的地方。

（二）发展粮食产业集群是推进农业供给侧结构性改革的必然要求

农业供给侧结构性改革强调农业领域供给的质量和效率提升。需求侧主要有投资、消费和出口三大需求要素，供给侧涵盖劳动力、土地、资本和创新四大生产要素。农业供给侧结构性改革旨在调整调优农业经济结构，使生产要素实现更为合理的配置，改变农业领域供需错配状况，提升农业经济增长的质量和数量。

粮食产业集群可以从以下几个方面推进农业供给侧结构性改革：一是，产业集群内上下游企业间的合作关系，会产生规模经济，从而降低生产成本。同时，由于集聚在同一区域，企业之间的交易更为便利，交易成本也将大大降低。企业成本的降低有利于推动生产要素的合理配置。二是，产业集群所具有的专业化分工、知识溢出、网络协同和创新为企业进行产品与市场创新提供了宝贵的资源，使它得以成为一个区域创新系统，进而实现全要素生产率的提高。三是，产业集群离需求和供给都很近，企业间的竞争和创新促进产品按照满足消费者需求的方向进行生产，使供需错配得以纠正，有利于化解产能过剩。四是，产业集群的有效运行需要配套的服务业给予润滑，服务业的发展将创造更多的就业岗位，促进劳动力跨部门跨区域流动，进一步缓解就业压力。

（三）发展粮食产业集群是由粮食大省迈向粮食强省的必由之路

2017 年 8 月 21 日，湖北省政府发布了关于农产品加工业发展的相关支持性政策，该文件指出湖北省对农产品加工有更清晰明确的定位，将农产品加工业详细划分为四大产业集群，粮油加工产业集群名列其中，其目的是在全省范围内推进产业集群发展，保持全省规模以上农产品加工产值中高端增长，并正式确立把打造湖北省农产品加工业四大产业集群作为推动全省经济发展的战略举措。湖北省政府这一重大部署工作为全省农业现代化指明了方向。2021 年，省农业产业化工作联席会议办公室关于印发重点农业产业链《实施方案》的通知，将优质稻米产业链列为重点发展的十大产业链之一，借此希望全面提高优质稻米产业链发展水平，加快建设农业产业强省。

湖北省具有发展粮食产业集群的产业优势。湖北省是中国重要的粮食生产基地，近年来粮食生产取得了良好成绩，2021 年湖北省粮食总产量2 764.33 万吨，比 2020 年增加 36.9 万吨，增长了 1.3%，不仅为国家粮食安全和价格稳定做出了贡献，也为湖北省粮食产业集群发展奠定了坚实的基础。湖北省粮食产业发展的优势与当地特有的自然条件、丰富多样的粮食产品，以及较为深厚的种植历史文化底蕴密不可分。这些优势为湖北省粮食产业集群的发展提供了良好的保障和基础。

湖北省粮食产业的发展有巨大的内需市场，消费者对粮食品质的要求也随着经济社会的发展而不断变化。虽然湖北省的粮食产量在稳步增长，但由于粮食加工业和高附加值产业发展滞后，经济效益不高，产业发展受到诸多制约。加快粮食产业集群的发展，可以显著提高经济效益、社会效益及生态效益，同时能更好地了解国内粮食需求的变化动态以及粮食生产结构的调整，促进湖北省从粮食大省向粮食强省转变。

（四）发展粮食产业集群是乡村振兴战略的应有之义

乡村振兴战略是党的十九大报告中提出的。党的十九大报告指出，农业农村农民问题是关系国计民生的根本性问题，必须始终把解决好"三农"问题作为全党工作的重中之重。

乡村是具有自然、社会、经济特征的地域综合体，兼具生产、生活、生态、文化等多重功能，与城镇互促互进、共生共存，共同构成人类活动的主要空间。实施乡村振兴战略是建设现代化经济体系的重要基础，是建设美丽中国的关键举措，是传承中华优秀传统文化的有效途径，是健全现代社会治理格局的固本之策，是实现全体人民共同富裕的必然选择。发展粮食产业集群的意义和价值与乡村振兴战略的意义和价值高度契合。一是，粮食产业集群的区域专业化特性显著，为农业现代化建设奠定了重要基础。区域专业化意味着某一地理区域上的产业集群专注于某一产业。聚焦于特定产业的经营，可以做出专精特产品，有利于实现粮食产业提档升级，实现"优粮优产、优粮优购、优粮优储、优粮优加"。同时，专精特产品的生产有利于打造优良品牌而实现"优粮优销"。二是，粮食产业集群是一种柔性生产，较好适应了新时代高度差异化和个性化的消费需求。近距离竞争，且相互学习，彼此补充，呈现出差异化的产品创新和频繁的过程创新特征，推动粮食产业可持续发展。三是，粮食产业集群的发展受益于本地传统文化和历史传统。湖北农业资源优势显著，自古是"鱼米之乡"，区域性优质稻米品牌良多，如"荆楚好粮油""京山桥米""孝感香稻""潜江虾稻""京米"，这些地理标志品牌赋予湖北大米丰富的营养功能和深厚的文化内涵，与当地文化传统一脉相承，并得到很好的传承。四是，粮食产业集群的发展所创造的就业机会和产值增长有利于当地乡村居民收入提高，缩小贫富差距并迈向共同富裕。

第二节　湖北省粮食产业集群发展水平分析

一、湖北省粮食产业集群的发展基础

（一）湖北省发展粮食产业集群的意义

自 2019 年末至今，新冠疫情和自然灾害对粮食安全造成困扰，但中国粮食经济仍保持了稳步发展和积极向好的势头，稳产保供形势良好。湖北省严格落实粮食安全党政同责，顶住压力，克服粮食生产困难，采取措施保面积、稳产量、提质效，扛稳粮油等重要农产品稳产保供责任。2023年湖北粮食生产高位突破，粮食播种面积和产量均创近 5 年新高，总产连续 11 年站稳 500 亿斤台阶。主要粮油作物单产提升行动的实施，使得玉米和小麦最高亩产分别达到 1 050.2 千克、728.2 千克，刷新全省纪录；小麦、早稻亩产分别达到 263.5 千克、403.2 千克，均创历史新高。湖北省 2016—2023 年粮食作物播种面积和总产量如表 5 - 1 所示。

表 5 - 1　2016—2023 年湖北省粮食作物播种面积和总产量

年份	播种面积		产量	
	总量（千公顷）	环比增长率（％）	总产量（万吨）	环比增长率（％）
2016	4 816.14	—	2 796.35	—
2017	4 852.99	0.76	2 846.12	1.7
2018	4 847.01	−0.12	2 839.47	−0.2
2019	4 608.60	−4.9	2 724.98	−0.4
2020	4 645.27	0.79	2 727.43	0.08
2021	4 685.98	0.85	2 764.33	1.35
2022	4 688.96	0.06	2 741.15	0.84
2023	4 706.97	0.4	2 777.05	1.3

资料来源：《湖北省统计年鉴》（2017—2023），2023 年数据来自湖北省农业农村厅官方网站。

作为中国粮食主产区十三个省份之一，湖北省处于粮食大省的地位，粮食产业发展一直比较稳定，源于地理位置优越，其具有较好的资源禀赋优势和发展粮食产业集群的比较优势。同时，湖北省发展粮食产业集群可以提高产业竞争力，可以为湖北省粮食产业提供新动能、新优势。

1. 粮食产业集群内部的细密分工大大提升了粮食产业链的专业化程度

粮食产业集群内的粮食产业专业化有明确的分工体系，各个环节具有清晰的分工，各环节的联系越紧密，粮食产业链的专业化程度将会越高。按照亚当·斯密的分工理论，分工会导致劳动生产效率上的增进，并在劳动时能表现得更熟练，更有技巧和判断力，有了分工，相同数量的劳动者能完成比过去多得多的工作量。因此，粮食产业集群内日益精细的分工必然会使劳动生产率提高，进而提升整条粮食产业链的增值空间。

2. 粮食产业集群的发展能降低粮食产业链各环节的总成本

一是，在同一地域范围内集聚的企业可以共用基础设施，从而降低公共成本。共用道路、集中使用水电和配套的物流公司等，可以降低物流运输成本。二是，配套行业集聚在产业集群内，不仅大大改善了外部经济状况而获得规模报酬递增效应，而且降低了生产成本。粮食产业集群产生大量对原粮、调味品等中间产品与服务的需求，批量购买和销售进一步降低了生产成本，提高了效率。三是，粮食产业集群内部便捷的交流、知识与信息的流动，以及外部专业化的资源和服务，大大降低了签订契约、监督、执行、协商等交易成本。

3. 利于企业之间不断学习和创新

依照藤田昌久（Masahisa Fujita）和蒂斯（Jacques Francois Thisse）的观点，产业集聚带来的主要好处是它促进了人与人之间的信息传播，这种外部性是吸引大量企业集聚在同一地域范围的主要原因。对于粮食产业集群来说，同一地域内集聚了很多粮食加工企业，很多创新特别是包装和服务方面的创新可以在集群内看得见，因此这些创新在集群内不算秘密，知识的传播更为迅速，企业之间对技术与营销技巧等的模仿更为迅速，借助这种学习，企业能够实现更快成长。

综上所述，大力发展粮食产业集群是提升湖北省粮食产业竞争力的有效途径，也是湖北省由粮食大省向粮食强省发展的必然选择。

（二）湖北省粮食产业集群发展具备的条件

1. 自然条件优越

湖北省历来是重要的粮食生产中心，为中国的粮食安全做出了重要贡献。湖北省中部肥沃的江汉平原被长江和汉江穿过，河流和一系列小平原、丘陵、土丘、浅堤相对较多，拥有近 1 200 条大小河流，以及千余个湖泊，是名副其实的"千湖之省"。湖北的气候以亚热带季风性湿润气候为主，光照充足、气候温暖、无霜期长、雨量丰富。省内年平均降雨量由南向北递减，6 月和 7 月降雨量最大。平均温度为 15～17℃，年平均日照时间为 1 100～2 150 小时，无霜期为 230～300 天，优越的自然条件非常有利于粮食特别是稻谷的种植和生产。这为湖北省粮食产业尤其是稻米产业集群发展提供了得天独厚的条件。

2. 种粮历史悠久

在广阔的荆楚大地，稻米种植历史悠久，优质品种栽培历史也源远流长，自古有"鱼米之乡"的美誉。譬如，5 000 年前的石家河文化就有了稻作农业。再如，湖北十堰竹溪县中峰镇所产的稻米早在唐代就被封为贡米，米形似玉，香柔可口。监利大米米粒细长，黏而不腻，清香可口，已被实施国家农产品地理标志登记保护，畅销广州等中国南方市场。从品类来看，水稻、小麦和玉米三大主粮一直在湖北种植，拥有历史沉淀下来的丰富的种植经验。这些宝贵的种质资源和悠久的稻米文化传统是湖北粮食产业集群发展的先决条件，是推动湖北粮食产业集群加快发展的内在因素。

3. 产业集群发展优势明显

湖北省委、省政府高度重视粮食产业发展。2021 年省委、省政府印发的《关于全面推进乡村振兴和农业产业强省建设 加快农业农村现代化的实施意见》中提出大力推进农业产业化，提升产业链供应链现代化水平，完善与农户的利益联结机制，并将打造粮油产业链作为十大产业链规划之首。

粮食产业集群发展优势主要表现为：一是，全省农业基础设施比较完善，农业机械化水平一直在全国名列前茅，农业投入水平一直比较靠前。湖北省的粮食年产量超过 2 500 万吨，包括优质大米和农副产品在全国占有重要地位，粮食综合产量在全国排名第 11 位。二是，湖北食品加工业历史底蕴深厚、资源禀赋良好，发展空间广阔，很多地区都有食品加工园区，粮食产业集群态势初步形成。譬如，江汉平原以监利、仙桃、江陵等为核心，通过高产水稻、富硒产业、应急保障等多元模式共同构建了粮食产业集群。襄阳市建有 6 个食品加工园，建成面积 17 平方千米，共吸纳食品企业近 200 家，产业集中度较高。其中，襄州、南漳和宜城食品加工产业集群数次被评为省级重点成长型产业集群①。武汉市形成了以益海嘉里、什湖知音为龙头的粮油加工大型产业集群。

4. 科研人才优势突出

湖北省是全国教育大省，集聚有众多高等院校，特别是农口院校华

---

① 襄阳市委党校 2022 年春季市直科长班课题组．《关于推动我市食品加工业发展的对策与建议》。

中农业大学、粮口院校武汉轻工大学，以及众多的农业科研机构，都具有悠久的农业历史传统、久经沉淀的农业科研基础和实践经验，每年培养大批农业、粮食领域的专业人才，为湖北省粮食产业发展提供了人才来源基地，并为粮食产业的高质量发展供给丰富的科技创新要素。另外，在省政府大力实施科技兴农的战略下，农民获得免费的农业技能和知识培训，农民的综合素质得到了很大提高。总之，粮食产业集群发展具有大量的人力资源储备，可为湖北省粮食产业集群的发展提供不竭动力。

5. 市场需求旺盛

在粮食产业中，影响需求的基本因素是人口和收入。湖北省的总人口从 2014 年的 5 816 万增加到 2019 年的 5 927 万，增加了 111 万人口。如果按照人均年消费粮食 470 千克计算，会净增加 52.17 万吨粮食的消费。如果加上饲料用粮和工业用粮需求，粮食消费需求量还会大幅度上升（表 5 - 2）。

表 5 - 2　2014—2022 年湖北省人口及其结构

单位：万人、%

类别	2014	2015	2016	2017	2018	2019	2020	2021	2022
总人口数	5 816	5 850	5 885	5 904	5 917	5 927	5 775.3	5 830	5 844
城镇人口数	3 241	3 345	3 446	3 535	3 609	3 664	3 632.0	3 736.5	3 779.3
乡村人口数	2 574	2 504	2 438	2 368	2 307	2 262	2 143.2	2 093.6	2 064.7
城镇化率	55.73	57.18	58.56	59.87	60.10	61.82	62.88	64.09	64.67
常住人口	5 816	5 850	5 885	5 904	5 917	5 927	5 775.3	5 830	5 844

数据来源：《2023 年湖北统计年鉴》。

二、湖北省粮食产业集群发展现状

在湖北省政府大力推进产业化布局的政策背景下，湖北省已经初步形成了各具特色的产业集群，如特色农产品加工产业集群和粮油加工产业集群等。据《中国农产品加工业年鉴》（2018）统计，截至 2017 年，湖北省有 37 家农产品加工产业园区，入园企业 2 311 家，加工企业主营业务收入近 5 000 亿元，占全省加工企业主营业务收入的 30%，全省粮油加工产业进一步集中，企业集群化、集团化发展加快[1]。

（一）湖北省粮食产业集群典型案例

当前，湖北省粮油加工产业集群主要集聚于武汉、天门、黄冈、襄阳、荆州和荆门。本书选取几个地区为典型案例并进行简单介绍。

1. 荆州地区粮食产业集群简况

以荆州市为代表的粮食转化产业集群，一是以湖北汉科高科技生物有限公司为中心，联动周边湖北天荣现代农业股份有限公司、荆州市鑫禾米业有限公司、荆谷米业集团等粮食精深加工为核心的粮食转化产业集群。二是以湖北白云边酒厂工业园区为中心，连接荆州市公安县等周边粮食加工企业，形成以白云边酒生产为核心的粮食加工产业集群。三是以湖北洪湖浪米业有限公司的工业园区为中心，带动周边地区的粮油和油脂加工企业，形成以生物柴油加工为核心的粮油加工产业集群。

2. 襄阳市粮食产业集群发展简况

襄阳粮食种植面积和产量居全省首位，粮食加工能力居全省前列。截至2021年底，襄阳市共建成高标准农田590万亩，完成"两区"划定589万亩，稳定粮食面积为1 188万亩，粮食总产量稳定在95亿斤左右，水稻、小麦的年产量均达到40亿斤。襄阳市农产品加工园拥有粮食加工企业148家，每年完成粮食加工业产值为560亿元以上，园区生产的11种米面产品获得"中国驰名商标"，粮食产品供给覆盖400千米销售半径内的近1亿人，粮食加工业对农民增收的贡献率已接近18%[2]。

襄阳健康食品产业园是一家市、区重点粮食产业集群。园区以襄阳牛肉面为主线，进驻了妞妞食品、赛亚米业、万禾源豆奶等省级重点龙头企业，以及星马、万禾源、月英醉、金刚酥等多家市级以上食品加工龙头企业。产业主要集中在烘焙类食品、豆制品加工、酒水饮料、粮食加工、即食食品、农产品种养、仓储物流材料包装等多个细分领域。采取的强化集群化措施为：一是，立足于存量资源进行"强链"，重点扶持省级重点龙头企业做大做强。二是，园区聚焦关键环节"补链"，重点关注产业链育

---

① 曾衍德，胡乐鸣，《中国农产品加工业年鉴》（2018），第83页。
② 孙亚雯．襄阳粮食产业链：从"百亿斤"到"千亿级"，襄阳广播电视台经济生活频道，2021年10月13日。

种、种养、包装、加工、检测、流通和销售等关键环节，补齐产业链的短板和弱项。三是，通过以商招商的方式"延链"。为提升产业园区整体竞争力，园区加大全产业链招商力度，通过以商招商的方式，激励姐姐、赛亚等链主企业引进上下游配套企业，延长产业链条，并壮大产业集群[1]。

3. 荆门粮食产业集群发展简况

荆门市已建成农产品加工产业园区 6 个，拥有规模以上龙头企业 26 家，产业集聚已初步形成。区域内的农产品获中国驰名商标 7 个，湖北名牌 14 个，这些品牌多为粮油产品品牌。荆门市各地区粮食产业集群的集聚情况如表 5-3 所示，主要集聚区为京山市、沙洋县、钟祥市和掇刀区。稻谷加工和油脂加工产业是荆门市农产品加工的主要产业，粮油加工业整体规模较大，初级产品利润率较低，功能类营养产品的附加值较高，特别地，如米糠多肽等保健功能食品的附加价值可高达 800%以上，粮油加工的行业整体利润率受产业链延伸和精深加工程度影响较大。

分区域来看，京山市作为稻谷和禽蛋精深加工的代表，其农产品加工业产值与农业产值比达到 4.84：1，居荆门地区首位。就产业发展格局而言，荆门地区的农产品加工多以初级产品加工为主，农产品精深加工主要集中在粮油加工领域，其产值占农产品加工业总产值的比重不高。

钟祥市农产品加工门类齐全，其产值和产品附加值也较高，主要受益于产业园区建设和产业链的不断延伸。目前，钟祥市粮食和油料等农产品加工产业集群比较典型，已形成以米面油等大宗农产品为主导，以盘龙菜、米茶、食用菌、葛粉等寿乡特色食品为产业链的农产品精深加工业，2019 年全市农产品加工企业数量达 1 228 家，其中规模以上企业 102 家，农产品实现产值 403 亿元。钟祥农产品加工园区内有国家重点龙头企业 1 家、省级重点龙头企业 15 家、市级龙头企业 20 家，年产 120 万吨粮食、年加工油料 40 万吨，从业人员 2.33 万人。

---

① 潇湘晨报官方百家号. 湖北襄阳樊城区：做强"链主企业"为食品产业注入强劲动力，中国县域经济报，2022 年 4 月 1 日。

表 5 – 3　2020 年度荆门地区各县（市、乡）粮食产业集聚情况

地区名称	主要产业	基本情况	加工与农业产值比
京山市	稻谷加工	拥有大米、米汁和米糠油加工生产线，驰名商标 3 个，湖北名牌 8 个，国家地理标志 3 个，省级现代农业产业园 1 个	4.84：1
沙洋县	油脂加工	拥有双低菜籽油生产产业，被评为国家农业产业化示范基地，全国菜籽油加工第一强县，行业中省级龙头企业 3 家，湖北名牌 2 个	1.77：1
	稻谷加工	拥有稻谷加工产业集群，实施一二三产融合发展，行业中国家级龙头企业 1 家，省级龙头企业 4 家，中国驰名商标 2 个，湖北名牌 4 个，获"中国好粮油"产品 2 个、"荆楚好粮油"品牌 3 个	
钟祥市	大宗农产品	粮食总产量全省第五，生猪出栏量全省首位，已建立形成集粮食、油脂、蔬菜、畜禽、水产和水果等于一体的农产品加工产业集聚。建立产业园区 2 个，在建 1 个，引入 500 强企业落户，其中国家级龙头企业 1 家，省级龙头企业 15 家，获中国驰名商标 2 个。园区被评为"中国产业集群品牌"50 强，全省"三农"发展综合考评处于前列	—
掇刀区	油脂加工	区内油脂加工企业 3 家，年产值 11 亿元，以压榨菜籽油为主，主产品为高油酸菜籽油，原料为双低油菜籽	—
	豆制品	区内豆制品及魔芋制品企业 1 家，年产值 3 亿元	

数据来源：根据内部资料整理。

（二）政府支持粮食产业集群发展举措

1. 财政部、农业农村部发布粮食产业集群支持政策

2021 年，财政部、农业农村部发布当年强农惠农政策，其中，在农业全产业链提升方面，提出统筹中央财政产业融合发展政策任务资金，引导各地聚焦主导产业，新创建 50 个国家现代农业产业园、50 个优势特色产业集群，以推动乡村产业形态更高级、布局更优化、结构更合理，表现出对产业集群建设的高度重视。并提出引导各省立足优势和资源禀赋，瞄准农业全产业链开发，构建以产业强镇为基础、产业园为引擎、产业集群为骨干、省县乡梯次布局、点线面协同推进的现代乡村产业体系，将产业集群放在现代乡村产业体系的核心地位，并对粮食产业园和产业集群提出了明确要求。由此可见，对粮食产业园和产业集群建设的支持是财政部和农业农村部的头等大事。

2. 省委、省政府出台文件，支持产业集群的发展

湖北省委、省政府从产业园区建设、农产品加工业、龙头企业等方面出台文件，多方面大力度支持粮食产业集群发展。2021年湖北省委一号文件《关于全面推进乡村振兴和农业产业强省建设 加快农业农村现代化的实施意见》明确提出加强粮食生产功能区和重要农产品生产保护区建设，大力推进农业产业化，开展农产品全产业链标准化试点，并提出打造十大产业链全链，其中粮油产业链放在十大产业链之首。2017年，湖北省人民政府发布《省人民政府办公厅关于进一步促进农产品加工业发展的实施意见》（鄂政发办〔2017〕62号），提出以培育壮大产业园区为抓手，做大做强做优农产品加工业。指出推进优势产业集中布局，全省形成农产品加工四大产业集群，包括粮油加工产业集群、畜禽水产品加工产业集群、酒类饮料产业集群和特色农产品加工产业集群。其中，粮油加工产业集群为四大产业集群之首，该产业集群主要集聚于武汉、荆州、襄阳、荆门、孝感、黄冈和天门等地。并提出了财税、金融服务、贸易条件、用地用电政策等方面的政策支持措施。2021年湖北省人民政府办公厅印发《培育壮大农业产业化龙头企业工作方案》，提出龙头企业内生动力和市场竞争力提升的集群化、规模化、科技化、品牌化等"七化"发展思路，明确推进集群成链，重点补齐优质稻米产业在功能食品开发以及米糠、谷壳、秸秆综合利用方面的短板。并制定了十大优质产业链2025年的工作目标，其中优质稻米产业链的目标为：一是，产业规模方面。水稻种植面积稳定在3 500万亩左右，优质稻面积占比80%；水稻总产量稳定在380亿斤左右，优质稻占比78.9%。全产业链综合产值超过1 500亿元，其中加工业总产值不低于1 000亿元。二是，龙头企业的培育方面。培育1家营业收入超过100亿元的龙头企业，2家以上营业收入不低于50亿元的龙头企业，培育1家上市企业；创建农业产业化联合体不低于40个。三是，品牌培育方面。培育2个区域公共品牌，5个知名企业品牌。

三、湖北省粮食产业集群集聚度分析

（一）粮食产业集群集聚程度度量指标的选取

本书主要通过实证分析来说明湖北省粮食产业集群的发展水平。

1. 五省集中度

集中度是指在某一产业中，其中发展最大的产业产出占该产业总产出的百分比。CR_5 为产业产出（销售收入或产量），为全国具有代表性的 5 省（市）粮食产业产出占全国粮食产业总产出的累计份额。S_i 为排列在第 i 位的省份粮食加工业销售收入占该行业全国销售收入的比重。公式如下：

$$CR_5 = \sum_{i=1}^{5} S_i \qquad (5-1)$$

2. 区位商

区位商的核心功能是通过量化区域要素集聚程度，判断特定经济部门的专业化水平。该指标既可横向比较某产业在区域经济中的比较优势，也可纵向衡量其是否达到专业化部门标准。一般表示为某一地区某一产业的产值与该地区所有产业的产值之比，以及该产业的全国产值与全国所有产业之比。具体的计算公式如下：

$$LQ_{ij} = \frac{\dfrac{E_{ij}}{\sum_i E_{ij}}}{\dfrac{\sum_j E_{ij}}{\sum_i \sum_j E_{ij}}} \qquad (5-2)$$

式中，i 为某一地区，j 为某一产业，LQ_{ij} 为某一地区 i 某一产业 j 的区位商，E_{ij} 为 i 地区 j 产业的产值，$\sum_i E_{ij}$ 为 j 产业全国总产值，$\sum_j E_{ij}$ 为本国 i 地区产业总产值，$\sum_i \sum_j E_{ij}$ 表示本国产业总产值。根据计算所得的 LQ 值通常可以分为以下几种情况：

如果 $LQ>1$，说明该产业的专业化程度高于全国平均水平，即该产业在该地区的经济活动相对集中，发展比较迅速，且具有一定的规模效应。LQ 值越高，说明该地区产业的专业化程度越高，意味着其具有较高的比较优势。如果 $LQ<1$，说明该产业的规模相对较小，专业化程度低于全国平均水平，即该产业在本地区的供给能力不能满足本地需求和特定地区以外的相应需求，意味着相应的产品和服务必须从特定地区以外的地方供给，专业化程度也低于全国水平，规模相对较小。这意味着该产业的生产不能满足区域内的需求，必须由区域外的产品和服务提供。$LQ=1$

意味着该产业在区域内的专业化程度达到全国水平，商品和服务的供需呈平衡状态。

本书之所以选择区位商，主要有两个原因：一是粮食产业数据可以获得，二是区位商可以解决国际竞争力指数在区域层面的不适用性。如果一个行业在一个地区内具有很强的竞争力，该行业的专业化程度通常相对较高。正是由于这个原因，区位商指标经常被用来确定产业集群的集聚程度。

（二）湖北省粮食产业集群集聚程度的实证分析

1. 五省集中度的计算

由五省粮食产业产品销售收入来计算粮食产业集群的集中度，取2015—2019年五年数据，具体数值如表5-4所示。计算出的五省集中度见表5-5。

表5-4　2015—2019年粮食产业产品销售收入情况表

单位：亿元

地区	2015	2016	2017	2018	2019
全国	24 093.6	27 612.7	29 417.1	31 593.2	31 786.3
湖北	2 761.2	2 687.5	2 251.8	2 166.9	1 871.4
山东	2 821.4	3 615.1	4 078.4	4 361.6	4 462.9
河南	1 420.9	1 756.6	1 783.4	1 896.3	2 089.8
黑龙江	760.0	675.5	840.3	1 047.5	1 173.5
江苏	2 591.1	2 478.0	2 636.9	2 848.0	2 894.0

数据来源：国家粮食和物资储备局．《2020 中国粮食和物资储备年鉴》，北京：经济管理出版社。

表5-5　2015—2019年中国粮食产业五省集中度

	2015	2016	2017	2018	2019
集中度	0.429 8	0.406 1	0.394 0	0.390 0	0.393 0

2. 湖北省粮食产业区位商的计算

从静态和动态两个角度分析湖北省粮食产业的区位商，计算得出湖北省粮食产业的专业化程度和优势。收集并计算以湖北、山东、河南、黑龙江和江苏五省粮食产业产值衡量的区位商，并对湖北粮食产业的集中程度进行比较和分析（表5-6、表5-7）。

表5-6　2015—2019年粮食产业总产值情况表

单位：亿元

地区	2015	2016	2017	2018	2019
全国	24 574.3	27 852.6	29 017.4	30 792.3	31 490.1
湖北	2 889.8	2 810.1	2 352.3	2 274.0	2 060.5
山东	2 873.7	3 654.3	3 946.0	4 016.4	4 211.9
河南	1 403.7	1 867.7	1 883.0	2 033.0	2 236.0
黑龙江	748.9	709.4	832.4	1 049.4	1 161.8
江苏	2 651.2	2 510.5	2 615.8	2 724.6	2 797.4

数据来源：国家粮食和物资储备局.《2020中国粮食和物资储备年鉴》，北京：经济管理出版社。

表5-7　2015—2019年考察地区及全国生产总值

单位：亿元

地区	2015	2016	2017	2018	2019
全国	688 858.2	746 395.1	832 035.9	919 281.1	986 515.2
湖北	26 931.0	32 665.4	35 478.1	39 366.6	45 828.3
山东	45 361.9	68 024.5	72 634.2	76 469.7	71 067.5
河南	26 931.0	40 471.8	44 552.9	48 055.9	54 259.2
黑龙江	12 582.0	15 386.1	15 902.7	16 361.6	13 612.7
江苏	49 110.3	77 388.3	85 869.8	92 595.4	99 631.5

数据来源：国家统计局.《中国统计年鉴2020》。

表5-8　2015—2019年各地区粮食产业区位商情况表

地区	2015	2016	2017	2018	2019
湖北	3.014 0	2.306 3	1.905 2	1.729 0	1.409 4
山东	1.779 4	1.440 2	1.561 1	1.572 5	1.857 8
河南	1.464 1	1.237 2	1.214 4	1.266 6	1.291 8
黑龙江	1.671 9	1.236 1	1.504 1	1.920 2	2.675 4
江苏	1.516 4	0.869 7	0.875 3	0.880 9	0.880 1

根据区位商与专业化的关系原则，如果 LQ 系数大于1，说明该行业

在识别标准上比较专业。据表 5 - 8 可知，中国湖北、山东、河南、黑龙江四省的粮食产业集中度较高，另外江苏省的粮食产业集中度正在加速形成，其粮食产业集群有着初步形成的趋势。在五省粮食产业区位商数据中，可以看出在 2015—2019 年，湖北省粮食产业区位商一直呈大于 1 的专业化水平较高状态，近年来，虽有一定程度的下降趋势，但 2019 年湖北省粮食产业的区位商值仍高达 1.409 4，这表明湖北省粮食产业集中度大于全国平均水平。总之，经过五省集中度和区位商的实证分析得出，作为中国粮食大省的湖北省，其粮食产业发展状况良好，产业集群集聚程度处于高位，非常利于粮食产业集群的深入推进。

第三节　湖北省粮食产业集群发展中存在的问题及成因

一、粮食产业集群发展模式单一

（一）粮食产业集群发展后劲不足

政府机关部门发布的相关政策对整个粮食产业未来趋势导向性较强，各地区通过相关政策支持兴建了大量的粮食加工基地或是一些与粮食产业相关的综合园区，为后期各地区粮食产业集群的发展奠定了初步基础。然而，政府的影响力以及其导向性较强，可能会存在市场的稳定性被打破，以及市场机制难以充分发挥资源配置作用问题，进而导致粮食产业集群的发展不能按照原计划推进。譬如，部分区域的地方政府出台了有利于粮食产业集群发展的政策制度，激励很多企业纷纷进入集群，导致集群数量短时间内激增，但是由于多数集群的产业链并不完整，发展模式不够成熟，实际效果达不到预期目标。调研发现，以湖北荆门市为代表的粮食产业集群初步形成时，主要依赖消费者需求驱动，但在后期，粮食企业受政府政策的利益诱导而盲目加入产业集群，却因追求私利并脱离集群整体战略目标导向，致使企业之间的信息得不到畅通共享，规模经济和范围经济效应不显著，集群内粮食产品价格虚高，导致集群竞争力下降和市场萎缩。

（二）粮食产业竞争力不足，大型粮食企业在省内寥寥无几

位列全国粮食加工企业 50 强的企业有庄品健公司 1 家。从粮食产成品的质量等级上看，湖北省粮食产品大多以初级产品的形式出现，精加工

粮食产品较少，并且不能保障品质和数量，粮食产业发展水平受到一定的制约。实际上，粮食产业与加工业的发展水平联系紧密，初级食品的利润率远不如精加工食品。例如，湖北荆门市的特色产品多数以原粮形式输出，当地的加工业发展不够成熟，尽管精加工制品附加值更高，但是由于技术和其他外界因素的限制，仍导致"一流原粮，二流加工，三流价格"，附加利润流入外省。当前，湖北省粮食食品精深加工水平有限，粮食产业集群的规模有待拓展。因此，湖北省政府在出台有利省内粮食产业集群发展的政策时，需要多加关注市场经济的稳定性，在保障推进粮食产业集群发展的同时，又能让市场机制自动发挥调节作用，实现要素资源的优化配置。

二、粮食产业集群发展存在区域不平衡现象

粮食产品具有差异性，其生长过程对自然环境的依赖性较强，但是各地区的环境资源以及经济水平本身存在不平衡性，因此湖北省各地区的粮食产业集群分布不够均匀，甚至由于各种外界因素的影响，同区同县的同类粮食产业集群发展水平参差不齐。整体上讲，湖北省粮油加工集聚区内的粮食产业集群，空间分布不够均衡，有的地区甚至没有形成一个完整集群。专业人才的供给和需求存在地域上的不一致性。粮食产业集群发展所需的相关人才主要集中在武汉市高等院校和相关研究机构，但是粮食产业集群却分布在粮食主产区，特别是江汉平原和鄂北区域。

粮食产业精深加工企业普遍存在的问题是，金融服务难以满足农产品精深加工企业的需求。目前，粮食加工企业年需贷款与实际贷款间的缺口较大。据统计，粮食加工企业中，约20％能够满足贷款需求，约50％企业的贷款需求可以满足一半，约30％的企业很难满足。某些粮食企业（譬如油脂加工企业）生产具有典型的周期性，资金使用相对集中在生产季的几个月内，即，具有短期内流动资金需求量大的特征。由于基地、仓单、流转土地经营权、知识产权等都不便抵押，造成抵押品不足、难以提供有效担保抵押资产。在企业抵押融资有限的情况下，融资难问题不仅制约了企业生产计划和收购资金的及时支付，也挤压了精深加工企业的发展空间，约束了企业技术研发力度。融资难问题恶化了融资贵问题，为解决融资问题，中小企业被迫转向资金价格高企的民间借贷，融资成本进一步

抬高，企业的发展空间进一步束紧。

三、粮食产业集群技术水平有限

技术水平一方面体现在粮食产业集群内企业规模的大小和企业间分工的明确。一般地，围绕粮食企业，以中介组织为连接纽带，对后端粮食精深加工产业的技术要求较高。但是据调查，湖北省粮食精深加工企业规模普遍较小，2020年湖北省各地区成品粮加工企业数量为1 471家，分别是小麦加工企业99家、大米加工企业1 200家和食用植物油加工企业172家。而粮食深加工企业才12家，分别是酒精企业2家、淀粉企业10家。除了湖北禾丰实业公司、武汉益康面粉有限公司、京山国宝桥米有限公司、汉川宏武米业有限公司、荆州市金谷王实业有限公司、襄阳赛亚米业有限公司等几个核心企业所处的地区外，大多数粮食产业的规模都还比较小，相对比较零散，并且科技含量比较低，附加值不高。另一方面，粮食产业的相关经济指标可以反映出技术水平的高低。如表5-9所示，2020年湖北省粮食产业所创造出的经济价值占全国的比重份额较少，利润总额、销售收入、工业生产总值分别占全国的4.27%、5.89%、6.54%。经计算，中国河南省、四川省、山东省、河北省等几个农业大省的平均粮食产业利润总额占全国比重约为8.05%，湖北省显然与其他省份还有一定的差距，也从侧面体现出我省粮食产业集群发展有限，整体技术水平有待提升。

表5-9 2020年湖北省粮食产业主要经济指标

单位：%

分类	利润总额/占全国比重	销售收入/占全国比重	工业生产总值/占全国比重
湖北	4.27	5.89	6.54

数据来源：国家粮食和物资储备局.《2021中国粮食和物资储备年鉴》.北京：人民出版社。

四、粮食产业集群整体缺乏市场竞争力

（一）区域公用品牌建设、维护及利用不到位，品牌影响力缺乏深远度

一是，品牌溢价不显著。湖北省资源禀赋特色显著，如"富硒""长寿"等元素深入人心，但农产品精深加工业未能有效融合当地的禀赋要

素，未能深入挖掘具有地域特色的文化、历史、康养等资源，特色品牌溢价不明显。二是，品牌推广体系不健全，未能围绕品牌核心价值开展营销传播。如，荆门农产品展会的举办次数较少，对精深加工的产品和品牌缺乏相应的宣传，品牌的影响力和辐射力不强。"荆花"牌高油酸菜籽油、国宝桥米、长寿食品等品牌在当地知名度较高，但没有推向全国。油脂加工企业的产品包装过于繁杂，样式太多，品牌核心价值体现不足，难以被消费者认同。三是，产品品质管控不够精细，不能完全符合品牌标准。"荆品名门"区域公用品牌具有显著的公益性，能够为企业节约宣传成本，创造经济效益，但大部分企业产品达不到品牌的标准。国宝桥米的产品品质很好，但由于对品种难以管控，缺乏统一的收购质量标准和加工标准，影响其品牌声誉。同时，缺乏质量安全追溯体系，没有对区域品牌进行有效维护，假冒产品层出不穷，消费者难辨真伪，品牌价值被动降低。另外，区域公用品牌需要企业联合结盟，抱团取暖。但调研发现，企业仍各自为政，缺乏联合生存、做强品牌的意识。四是，缺乏对地理标志、地域品牌等地方特色知识产权的保护，从而未能建设好、维护好、利用好区域公用品牌。农产品精深加工技术研发投入多、风险大，虽然获利颇丰，但因为缺乏知识产权保护，技术容易被复制模仿，弱化了企业科技创新的动力。

（二）相关健康产业政策提高了精深加工产品门槛，跨区域合作模式的配套机制还不完善

基于对健康产品市场混乱和监管力度不足的考虑，政府对健康产品有较多限制，由此提高了进入门槛，收紧了准入口径，使精深加工企业新产品的市场投放延滞。沙洋县米糠多肽、米糠多糖是自主研发的保健新品，由于涉及营养健康，未能顺利拿到批号，现无法进行批量生产。稻谷加工业在延伸产业链的过程中，也受到健康产业规划的约束，精深加工转型过程缓慢。受地方保护主义的影响，以及对产业配套、人力资源、政务环境等问题的顾虑，许多农产品精深加工企业并未成功实现跨区域产业聚集。现有配套机制还需完善，缺乏足够的产业配套、人才激励和保障措施，通过跨空间开发实现资源互补、协调发展的区域合作模式未成功实施，阻碍了农产品精深加工的发展。

（三）绝大多数企业未能建立现代企业制度，企业内部管理水平亟需提升

农产品精深加工企业以家族企业形式居多，相对现代企业制度而言，家族企业具有管理链条短、决策迅捷等管理优势。但家族式管理的弊端在于企业老板一人说了算，决策缺乏科学性，追求短期效益现象严重。另外，企业管理者的法律法规意识不强，员工管理不规范，企业文化建设缺失，缺乏企业上市方面的相关知识等。

五、科研创新能力不足

对粮食产业集群的科研投入不足，创新能力有待提升。

（一）企业对创新能力的认识不够深入，精深加工能力严重不足

粮食企业主观创新能动性不够，企业内部研究粮食生产加工的专业岗位欠缺或员工的专业能力不足，导致整个粮食产业链附加值不高，创造出的额外价值普遍偏低。多数加工企业设备老旧、技术支持不够、产品产能有限，企业整体发展水平滞后，因此，技术水平难以提升，以及人才知识储备不足会很大程度上阻碍企业创造性发展。此外，由于成本费用的限制以及社会环境等外界因素的影响，许多粮食加工厂普遍建立在较偏远的山村或郊区，其企业类型也多为私企和民营企业，难以吸引年轻人或是紧俏的专业人员，员工的离职率较高，使得企业难以获得生产技术创新的产业基础。再加上更换传统设备的成本费用高昂，技术创新难度过大，许多企业不得不继续沿袭落后的甚至被淘汰的加工技术。因此，导致产业集群创造出的初级农产品较多，而精加工的粮食产品种类有限且水平不足，粮食企业难以在市场上站稳脚跟。

（二）粮食产业集群内各分工环节与科研创新单位的交流沟通和联系不畅通

科技创新是企业发展的第一原动力，高质量企业不仅具备良好的自主创新意识，而且需要吸收周边环境的能量，需要积极与外界紧密联系，实现多方合作共赢，有效巩固企业市场地位。湖北省粮食产业集群产业链不完善，涉及的相关企业组织就不能与创新组织建立紧密的联系和合作关系，企业自身技术研发能力不足的同时也没有外界帮助。因此，粮食产业链普遍存在缺链、断链现象，产业环节联系不够紧密。

在区域层面，粮食精深加工产业存在的主要问题在于产业链各环节之间不能紧密相扣，"缺链"现象比较普遍。譬如，调研一家从事水果精深加工的生物科技公司时发现，该企业存在诸多"缺链"环节。在原材料购

买环节，当地水果供给不能满足其产能需求，大量水果需要从安徽、新疆等地运到湖北加工，不仅增加了成本，也错失农民增收的机会；在储存环节，水果要做气调冷库，但缺乏专门从事水果储存的专业化企业，一旦销售物流中断，原料的积压和变质将给企业带来灾难性打击；在副产物综合利用环节，果渣本可以用来做肥料、饲料，但没有下游企业承接，大量的果渣基本被废弃。从产业协同发展看，同质化竞争、"断链"现象明显。譬如，副产物综合利用方面，缺乏专门企业进行副产物的分类、加工和储存。产业链不完整、"断层"，以及产业链与创新链融合不深等诸多问题，制约了农产品精深加工业的深入发展，不仅增加了企业的交易成本，而且难以充分获得区域经济发展的协同效应。

第四节　湖北省粮食产业集群发展的路径选择

一、湖北省粮食产业集群发展路径

（一）甄别比较优势，选择根植特色优势产品

经济学将比较优势定义为同一产品市场上，能以比竞争对手更低的机会成本生产产品或服务的能力。具有比较优势的产品，通过市场机制实现交易后，双方利益均得到改善，实现帕累托改善。根据林毅夫的新结构经济学理论，某地区的比较优势由其要素禀赋结构决定，也决定最优产业结构。遵循比较优势而发展产业可以实现要素禀赋结构升级（林毅夫，2012）。因此，从资源禀赋视角看，发展粮食产业集群的最佳区域必然重叠于粮食主产区和优质稻生产区。当前，湖北粮油加工产业集群主要集聚于荆州、荆门、孝感、襄阳、武汉、黄冈和天门。以此为基础，持续推进粮食产业集群的深度发展，需要从微观层面选择与当地特色资源匹配且符合居民消费需求结构升级的粮食产品。具体产品的选择，如，大米及其制品、面粉及其制品、葛根类产品等，主要由当地资源禀赋和消费文化决定。

用通俗的语言解释，资源禀赋就是"靠山吃山、靠水吃水""一方水土养一方人"里的"山""水""水土"，与所在区域的地理环境、自然生态休戚相关。那么，消费文化是什么呢？可以用谚语里的"吃"字简要概括。产业集群的发展必然根植于当地的资源禀赋和消费文化。著名区域经

济学家王缉慈认为浙江产业集群发展过程，就是继承发扬浙江各地历来的民俗和文化传统的过程。克鲁格曼主张，分工也许是由地域最初的经济特点形成的，随着生产规模扩大和优势的积累，分工得以固定和强化。最初的经济特色之所以能在本地延续，文化在其中起到至关重要的作用，这也是传统产业集群的基础。所以，对于在地粮食产业集群发展的主导产品的选择，要遵循"眼睛向内"原则。

可见，资源禀赋并不等于消费文化，但两者的联系非常紧密，可以共称为根植性。"根植性"是社会学分析经济现象的一个视角或理论工具（翁智刚，2015）。根植性理论的集大成者格兰诺维特指出，经济行为根植在网络与制度之中，这种网络与制度由社会构筑并具有文化上的意义。从这个深层次文化内涵而言，粮食产业集群的发展应根植于当地的消费文化传统和资源禀赋，这种根植性是本地独特的文化、经济、社会甚至道德长期传承沉淀的产物，它最具特色，最具持久力，是当地的精粹所在。

下面以天门市为例展开根植性分析。天门文化底蕴厚重，是中国蒸菜之乡、中国曲艺之乡、中国民间文化艺术之乡、陆羽茶文化之乡、封国之乡，具有"中国生态美丽城市""湖北省农产品安全县市""状元故里"等美誉。资源禀赋特色显著，山水林田湖草资源兼备，具有生态营养土壤、一江三河浇灌、自然生态农耕等优势，其土地肥美，物产丰富，不仅是江汉平原著名的"鱼米之乡"（钟鸣，2021），而且是富硒农业区，盛产大米、马铃薯和地瓜。天门市的石家河历史已超过5 000年，其栽培稻作作物历史悠久，"石家河"土家珍米畅销国内许多地区。当地美食众多，如天门拖市"元森糍粑"，最初的传播语为"元森糍粑、香掉下巴"，叫嚣式吆喝强调了品质利益点，但是"糍粑"是中国传统饮食文化的一张名片，是一种文化、一个记忆、一份乡愁（钟鸣，2021）。因此，主导产品可以定位于糍粑、富硒米、土城珍米、马铃薯产品、地瓜产品等，对原粮食产品进行精深加工，提高技术含量和附加值，吸引配套产业环节嵌入，天门市根植地方资源禀赋和文化的粮食产业集群就会逐渐形成。

（二）围绕产业集聚，选定规划区域

产业集群规划区域的选择可以遵循两种路径，一是发挥"因势利导型政府"的作用，划定一方具有区位优势的区域，同时给予有效政策推动，主动设法缓和投资结构，譬如提供基础设施，补偿领先投资的正外部性等，吸引同类粮食企业集聚，还包括招商引资等。另一种路径是就地取材模式，在原有粮食产业集聚的区域，扩大集聚范围，自然形成集群地域。政府有意识地引导配套产业入驻集群区域，给予优惠政策扶持，譬如供水供电、建路修桥，实施税收优惠政策，给予较大投资金额和必需的基础设施配套。

（三）培育本地优企，支持兼并重组

对本地龙头企业进行培育，组织粮食企业兼并重组为大型企业集团，走大型化、规模化、集聚化道路，然后以大集团为基础，扩展成粮食加工产业园。湖北庄品健公司遵循的发展模式是"组建集团＋产业园"，这是政府着意培育的结果。2011年，在各级政府、市粮食局及有关部门的共同支持下，以市场化运作为纽带，以天门市天山米业有限公司为核心，将多家企业整合于一体。当前，庄品健公司下辖3家粮食加工企业，其他企业围绕核心加工企业提供配套服务。集团拥有1家营销公司、1家农业科技公司、1家研究院、1家数字农业公司、1家服务公司和1家农业专业合作社，形成了比较完整且上下游紧密配套的全产业链，生产规模颇为可观，仓容能力20万吨，年加工稻米80万吨。虽然是拉郎配式的组建，但效果很好，其稻米还获得了全国农产品地理标志认证和中国国家地理标志产品认证，获得了"中国大米加工企业50强""全国放心粮油示范加工企业""国家农业产业化重点龙头企业"等诸多荣誉。随着集团逐步发展壮大，已开始投资建设粮食加工产业园，并配套新建了现代化的储备仓房。

（四）补链延链强链，优化产业链结构

建立健全粮食产品精深加工完整产业链，需要坚持政府引导与市场机制相结合，以企业和企业家为主体，以政策协同为保障，通过市场方式，积极构建和完善上下游价值链环节，推动粮食精深加工产业链补短板、强弱项。加强跨区域层面的组织协调，加强政策衔接，加快建立区域统一的要素市场体系，促进资金、人才、技术、产权高效流动。从更高层面理顺粮食精深加工产业发展链，明确各地粮食特色产业定位和区域粮食精深加工产业的产业链各环节分工。各地要分别组织制定粮食精深加工专项行动规划，进一步细化粮食精深加工产业发展路线图，并加强省、市级层面的组织协调，加强政策衔接，加快建立区域统一的要素市场体系，促进资金、人才、技术、产权高效流动。

二、促进湖北省粮食产业集群发展的对策

（一）提高粮食产业集群技术创新水平

只有提升粮食产业集群整体技术创新能力，才能从根本上改善种粮基地与粮食加工的适配性、粮食质量的高品性、粮食加工设备的先进性等，从而保证集群市场竞争力的延续性。一方面，企业应具备一定的技术创新意识和能力。改革人才引进激励机制，给予专业人才更优质的待遇和发展空间，想方设法留住人才为企业创造价值，必要时可以制定与企业特性相关的员工绩效考核规则，建立人才入股体制机制，进一步强化企业员工对技术创新的重要性认知。另一方面，积极响应政府号召，关注政府部门对粮食产业发展有利的政策，尽可能从正规机构获取融资资金，为企业技术的改善和发展打下良好基础，不断为企业引进有用资源，兼顾企业实力和竞争力的共同提升。

最后，企业应及时与外界联系，借助各大院校以及研究所的力量最大限度提升企业自身的技术水平，将其理论知识应用于实践，加强二者的合作关系，从实践中发现问题并及时解决，打造互利共赢的局面。再者，企业也应当根据自身所处自然环境的优越性有针对性地引进一些特色农产品，利用高新技术进行培育种植。重视产学研深度融合，为了深化企业与专业技术研究机构或是院校的关系，应建立健全长期有效的沟通机制。可以定时定期举办信息会晤活动，让科研机构明确企业发展过程中技术实施的困境以及技术发展瓶颈，了解企业的真实需求。通过各种外界力量资源的整合来实现技术理论与实践结合以及知识的全面交互，是湖北省粮食产业集群未来发展的必经之路。

（二）加强粮食产业集群品牌竞争力

湖北省粮食产业集群整体品牌效应不佳，市场竞争力不足，要想加强其品牌竞争力，可以从以下几点出发：一是将集群的特色产业进行资源整合，重点打造和培育地域品牌。在此过程中，湖北省应重视集群规模的建设，反对盲目过度新增质量不高规模较小的产品品牌，徒增市场管理难度和成本。对此，各级政府应当出台相关扶持政策，鼓励企业根据地域特点实施兼并或合作以有效整合资源，打造出更具市场竞争力的产品品牌，增强在本地区的影响力和辐射力，进一步占领地域外的广大市场。二是根据

市场需求和导向推出全新产品品牌。由于经济的不断发展，人民的生活需求随之变化和丰富，市场的潜力还没有被完全挖掘出来，尽管湖北省粮食产业集群的品牌较多，但是普遍存在重复和抄袭的现象。因此，企业在巩固已有产品品牌的同时，也可以根据市场需求以及地域特色推出全新的产品品牌，这不仅能够吸引消费者眼球，也有利于提高产品附加值，促进企业长期稳定发展。

（三）推进粮食产业集群转型升级

湖北省粮食产业集群的转型升级是其可持续发展的必要条件，集群的转型升级包括粮食加工业的转型升级，以及处于粮食产业集群前端种粮农户的劳动力素质转型升级。粮食产业集群的前端发展依靠种粮农户的劳动力，其后端则是依赖粮食加工业生产水平、科技创新，以及副产物综合利用能力。粮食产业的转型升级，包括以下几个层次：一是，有效提升粮食精深加工能力。积极推动产学研结合，提升技术水平，满足老百姓的粮食消费需求升级。二是，遵循"水美而鱼肥，土沃则稻香"的源头质量原则。根据中央政府最新提出的"绿色经济理念"，粮食产业集群发展的转型升级要遵循"绿色环保"理念。从种植端的土壤质量到生产端的"三废"排放、粮食产品的有机绿色质量标准，再到副产物综合利用等全产业链，落实"绿水青山就是金山银山"理念，注重环境保护，关心粮食产业集群转型升级的绿色性。三是，整个粮食产业集群所涉及的人员素质和知识储备也应转型升级。劳动力是企业发展中最可控也是最不可控的生产因素，其整体素质的提升能够很大程度上推进产业集群的未来发展，保证企业的各项经营活动都能够正常运行，是粮食产业升级的必经之路。具体而言，首先，企业领导层要带好头。只有"领头羊"的示范工作做到位了，企业的其他普通员工才有动力提升技能水平。其次，企业应尽量调动员工学习的主观能动性，激发员工自主发现机遇善于挑战的意识。最后，企业应创造良好的学习氛围，提供培训机会，打造一支既团结又有创造力的人才队伍，满足当前企业的发展需求，同时，也为企业的后续经营提供储备人才，实现湖北省粮食产业集群的可持续发展。

（四）加强对粮食产业集群的政策扶持

政府应围绕粮食产业集群发展，谋划集群发展规划，并出台推动粮食产业集群发展的各项举措。各政府部门应明确自身职责义务，将工作落实到位，利用现有资源对粮食企业的发展进行科学指导，使得整个粮食产业集群发展的每个环节能够更加科学合理。除了指导性工作的实施外，地方政府还可以在以下几个方面对粮食产业集群发展进行政策支持。

一是，有效支持精深加工企业的高科技投资。地方政府以减免税收、抵税等方式给予先进工艺技术和高科技设备的引进、技术改造、新技术研发等科技投入以政策支持，按照"谁享用，谁减免"的原则进行省、市各级政府的合力支持。二是，落实税收政策。确保粮食精深加工企业充分享受增值税优惠、所得税优惠、部分进口加工设备免征关税和增值税、出口退税政策。三是，保障用地供给。细化用地用途分类，增加粮食产业精深加工用地规划空间。在年度新增建设用地计划指标安排中，向精深加工领域倾斜，给予支持，以及在县级可用财力范围内减免精深加工企业征地、房产办证等相关税费等。四是，搭建技术共享信息平台和新产品发布平台。各级政府定期协同组织农产品精深加工技术、专利和项目的"线上＋线下"推介会，搭建校企合作平台，促进精深加工技术和项目的有效对接。通过网络、地方电视、广播等传播媒介定期组织技术招标会，促进技术市场的竞争合作，消除技术市场壁垒，降低技术使用成本，扩大技术转化效应。还可以定期组织新产品发布会和直播带货，有力促进新产品的市场开拓。

（五）拓宽融资渠道扩大集群规模

粮食产业集聚形成并达到有效的集群规模，均需要庞大规模的资金支持，资金是产业集群转型升级和技术创新的"血液"。从企业层面看，应当拓宽融资渠道获得充足的发展资金。拓宽融资渠道的前提是融资机构一定要正规且合理合法，坚决抵制一些违法机构提供的资金。同时，企业自身应有一套良好完备的融资体系和风险防范机制。另外，集群企业需要及时关注政府出台的相关贷款优惠政策，例如无息资金的审批、相关税费的减免等。

政府可以在以下三个层面支持粮食集群企业融资：一是，创办粮食精深加工企业金融服务中心，整合并创新各种政策性金融服务和市场化金融服务。建立健全粮食精深加工发展专项资金、中小微企业担保基金等，扶持有发展前景的精深加工项目，并为中小企业提供个性化融资服务，解决资金供求的信息不对称和不衔接困境。二是，强化金融服务，鼓励银企对接，扩大企业贷款的担保资产范围，降低抵押和担保要求。鼓励金融机构加大对农产品深加工企业信贷支持力度，合理提高授信额度，允许符合条件的企业流动资金贷款周转使用。引导担保机构增加对农产品深加工企业贷款担保增信，支持符合条件的农产品精深加工企业申请发行农村产业融合发展专项债券，申请上市或新三板挂牌融资。三是，创新融资方式和融资产品。引入互联网金融、供应链融资、小贷公司贷款、典当融资、现代租赁等融资产品，推出不同的信贷模式组合，灵活、务实加大信贷资金投入，并简化贷款手续。

第六章

粮食产业创新发展的探索和成效

聚焦于粮食产业融合和产业集群诸多案例，从实践层面探索粮食产业创新发展的具体做法和取得的成效。特别地，以袁夫稻田农业发展有限公司为例，展开对三产融合典型案例的研究。

第一节　粮食产业融合的探索及成效

一、竹溪县中锋镇贡米产业融合的探索及成效

农村一二三产业融合发展是实施乡村振兴战略的重要基石，是切实提高农民效益、社会效益的着力点。湖北省十堰市竹溪县的经济重镇中锋镇地理条件优越，盛产优质稻米和小麦，是十堰粮油的主产区之一，素有"贡米之乡""竹溪粮仓"美誉。尤其是中锋镇的贡米产业融合，在助推乡村振兴战略和打赢脱贫攻坚战上稳扎稳打、功勋卓著，是助推乡村振兴战略的典型案例。

（一）中锋镇贡米产业融合的基本情况

1. 中锋镇贡米简况

竹溪县位于鄂、渝、陕三省交界的秦巴山区，是汉江最大支流堵河的源头，天然的地理优势使竹溪县产出的稻米米质透白、米粒细长，富含丰富的硒、钙等人体所需的微量元素。唐中宗时，竹溪县中锋镇稻米就被定为朝廷"贡米"，也是历代帝王的贡品。2009 年 12 月，原国家质检总局正式批准对"竹溪贡米"实施地理标志产品保护。2017 年中央 1 号文件提出深入推进农业供给侧结构性改革，竹溪县积极响应，建立以贡米原产地中锋镇为核心，其余 9 个贡米地理标志保护乡镇为辐射区的竹溪有机贡米示范园，推行政府引导、企业主导、农民主体、市场配置的农业产业化

经营机制,在全县的农村经济发展中发挥引领示范作用。竹溪有机贡米示范园总面积约为 3 500 亩,全县"竹溪贡米"的核心产区种植面积达到 10 000 亩,2022 年全镇贡米种植面积达到 16 000 亩。"竹溪贡米"种植过程中完全使用有机肥和生物措施除虫防病,竹溪的贡米产业也因"有机"而蓬勃发展。为促进贡米产业规模化、集约化发展,中锋镇积极推进"竹溪贡米"一二三产业融合发展,将竹溪贡米的种植业、加工业以及销售业、旅游业融为一体,注重传统与创新相结合,以农旅发展为抓手促进地区经济发展,当前已坐拥竹溪县金字招牌。

2. 竹溪贡米产业融合的主要做法

竹溪贡米致力于打造"一二三产业融合示范点",其中,第一产业为竹溪贡米的种植业;第二产业为竹溪贡米的加工生产业;第三产业为竹溪贡米的服务销售业,以及相关园区的旅游业等。一二三产业相互融合,相互交叉渗透。如果说农村产业融合发展是乡村振兴战略的心脏,那么竹溪贡米的"三产融合"便像是毛细血管,细微却不可或缺。

(1) 依托互联网技术搭建产业融合网络平台

互联网在农村服务新模式和新业务的蓬勃发展,展示了互联网赋能农村产业融合的广阔前景。竹溪贡米的"三产融合"突破了传统"竹溪贡米"发展的边界,运用互联网技术平台,在贡米生产阶段对气象、苗情、虫情进行在线监测;贡米销售服务阶段能够让订单客户远程实时监测订单贡米的生长生产情况,通过电子平台查阅二维码中的产品信息,进行追踪溯源,提升"竹溪贡米"产业的智能化水平,增强了供应端与需求端间的信息透明度,最终提高了"竹溪贡米"生产的可控性与流通效率。不仅如此,互联网技术也是第三产业的催化剂,"竹溪贡米"的显著特色便是农旅融合,而互联网平台的宣传推广让"竹溪贡米"文化冲出湖北,走向中国乃至世界。2021 年,中央新闻通过电视平台让民众感受"竹溪贡米"的魅力,"竹溪贡米"产业已融合延伸至观光园、文化园。2022 年,"竹溪贡米"文化产业的旅游需求大幅度增加,为竹溪县又添一网红打卡地,打响了"竹溪贡米"的知名度。

(2) 农业生产效率显著提高

从种植业拓展到一二三产业是"竹溪贡米"生产效率提高的重要原因。在贡米产业的规模化、集约化发展过程中,三产融合产生了很高的效率。一方面，建立土地托管机制提升农民积极性。"竹溪贡米"种植的土地托管机制就是采取租赁承包的办法，将土地有偿转让给贡米人才，从无效种植到高效种植，从零散种植到集中种植，从传统农耕到机械耕作，从而大幅度提高贡米的种植效率，实现现代化农业。另一方面，"竹溪贡米"生产地与加工企业直接对接，实现从自产自销到公司订单种植的跨越，提升土地使用效率、农业生产效率。如今，"竹溪贡米"的销售量逐年攀升，广阔的发展前景为"竹溪贡米"产业吸引了更多投资。具备人力、物力、财力的"竹溪贡米"大力发展旅游业，不仅推动了竹溪县的经济发展，也为更多的人提供了工作岗位。

（二）竹溪贡米产业融合的比较优势和特征

1. 地理环境较优越

竹溪县依山傍水，是"南水北调"的重要水源涵养区，是矿产资源储量大县。本地昼夜温差小，且优质的水资源使竹溪贡米生长周期长，在色泽、口感以及营养品质等方面堪称米中极品。此外，竹溪县位于秦巴山区，这不仅是中国南北方的分界线，还是华夏文明的历史枢纽。中华上下数千年来，秦巴山区见证了无数部落和朝代的兴起，最早的农耕时代也是在这里萌芽生长。竹溪贡米始封于初唐，兴盛于明清，振兴于当代。现如今，竹溪贡米也依靠这种古代贡米文化打造"历史悠久"的品牌形象，充分发挥自身的地理优势。

2. 扶持政策较多

溪县中锋镇从传统的农业大镇到现代的"贡米之乡"，离不开国家政策的扶持。首先，竹溪贡米产业的发展始终得到竹溪县委、县政府的高度重视，并主动提供诸多政策支持。2014 年获准立项，湖北省科技厅对竹溪贡米产业提供 50 万元的财政资金支持；2017 年，湖北省科技厅"竹溪贡米校企研发中心"通过认定，为竹溪贡米创造了巨大的科技支撑。2020年，县委、县政府将竹溪县有机农业产业园确立为县重点项目。为持续推动乡村振兴的全面发展，竹溪县文化和旅游局支持竹溪贡米文化产业园将农旅相结合，助力竹溪贡米的现代化发展。其次，国家减税降费政策和农产品红利扶持，降低了竹溪贡米生产成本，促进该产业持续快速发展。最后，竹溪贡米的发展离不开人才引进。竹溪贡米曾因育苗不当陷入滞销困局，研究员徐得泽及其团队对症下药，引进"竹溪贡米"专用品种培育及相关栽培技术，让田野迎来"春种一粒粟，秋收万颗子"的丰收画面，产品再度畅销。

3. 推动竹溪县旅游业发展

2015年，竹溪县旅游产业发展报告显示竹溪县旅游资源开发层次较浅，特色产品很少，极大地制约了竹溪县旅游业的发展。然而，竹溪贡米精准抓住文化资源是竹溪县发展旅游业的优势，依托贡米传统文化，建设以"有机、智慧、观光"为核心的现代农业产业园，打造一个"生产、生活、生态"相融合，休闲购物相互补的产业综合体，助力竹溪县乡村振兴事业。竹溪贡米的产业融合催生了以农旅结合为典型的农业多种功能融合模式。2017年，中峰镇被县委县政府确定为"全域旅游示范乡镇"，结合贡米基地的优势，推出以贡米为特色的一批旅游线路。2022年，竹溪县公路改造升级，市中心到竹溪县的时间也从3个小时缩短为如今的1小时，交通的便利也极大地推动了竹溪贡米产业园旅游业的发展。竹溪贡米将休闲旅游业作为三产融合发展的重点产业，走出了一条具有竹溪特色的发展之路。

（三）"竹溪贡米"的产业融合效应

1. "竹溪贡米"产业融合的增收效应

竹溪贡米的三产融合不仅提高了贡米的产量和质量，更提高了农民的经济收入。竹溪贡米文化产业园主要通过农产品加工龙头企业——湖北双竹生态食品开发股份有限公司和农民专业合作社的双重途径提升贫困农民就业率。贡米文化产业园总产值快速增长。截至2021年，竹溪县中锋镇年产贡米5 000吨，实现总产值超过5 000万元，实现了农民增收、农业增效、财政增税的目标。2015年起，国际农发基金贷款支持竹溪贡米项目116万元，资金用于购入大量先进农耕机械，以及营销推广。2018年，竹溪贡米也首进人民大会堂国宴的采购清单，拥有了两百多万贡米的"大订单"，竹溪县贡米产销合作社销售总额破5 000万元。至2022年，竹溪贡米口碑载道，销售量成绩斐然。因此竹溪贡米对农户的收购价格也相应地提高了，农民的生活水平节节攀升。

2. "竹溪贡米"产业融合的生态效应

"竹溪贡米"产业采用现代农业发展方式为竹溪县的生态环境带来了正效应。2020年，省委农办、省农业农村厅将竹溪县中峰镇的贡米文化产业园评为全省村庄清洁行动先进单位。"竹溪贡米"致力于农业碳汇，采用稻渔共生、鸭稻连作模式，制定绿色有机产品生产技术操作规程，施用有机肥料，以及采用国内最先进的低碳环保机械及产品检测设备，进行绿色低碳转型，让当地的百姓家家吃上"生态饭"。

3. "竹溪贡米"产业融合的就业效应

"竹溪贡米"的产业融合提高了当地农民的就业率。自竹溪贡米带动中锋镇旅游业的发展以来，中锋镇政府大力争取园区公益性岗位以解决农民就业难题，2019年受大环境的影响，农民生活受阻，竹溪贡米极力发挥产业融合优势，通过农村土地流转、主动接收贫困户就近务工、签订粮食收购订单等方式，最大程度地解决贫困农民就业问题（段凌霄，2022）。竹溪贡米的发展使得中锋镇12个村约5 000户农民通过贡米产业脱贫致富。2021年，竹溪贡米产值超过120万元，村集体经济收入10余万元，农民人均可支配收入达到18 000余元[①]。

4. "竹溪贡米"产业融合的产业联动效应

竹溪贡米产业与当地旅游产业优势互补，实现竹溪县域产业的协同发展。竹溪贡米产业不仅能为当地旅游业带来特色产业，吸引游客，更能为其发展带来源源不断的投资。同样地，中锋镇旅游业不仅为竹溪贡米的生产提供优质的生态环境，也为"竹溪贡米'做了独一无二的宣传，使得竹溪贡米的销量节节攀升。竹溪贡米产业逐步形成贡米产业集群发展优势，健康品牌质量优势。目前，竹溪县贡米全产业链总收入已超过5亿元。

（四）"竹溪贡米"产业融合的经验总结

竹溪县中锋镇贡米产业取得的成绩离不开三产融合的助力。通过总结竹溪贡米三产融合发展过程中的成功经验来巩固发展成果以及突破发展瓶颈，具有较强的现实意义。竹溪县中锋镇贡米文化产业园应继续以国家各项战略部署为引领、以实施乡村振兴战略为抓手，实现创新利益联结，认真总结提炼经验，坚持以推进农村一二三产业融合发展为核心，持续发挥示范引领带动作用，发展自身特色农业，念好带动农民增收"致富经"。

---

① 今报界．湖北竹溪青草坪村："三产融合"村富民乐．https：//k. sina. com. cn/article _
6489156626 _ 182c8ac1202001augl. html，2022. 8. 30.

1. 深化农民专业合作社保障"三产融合"安全发展

农民专业合作社的规范性建设具有极强的带动能力（肖卫东，杜志雄，2019）。竹溪贡米专业合作社始终把发展竹溪贡米产业、提高农户增收作为出发点。其主要服务业务为提供原料、加工销售竹溪贡米、引进新技术、为成员提供贷款担保等，正是这些服务业务提高了竹溪贡米产业的运作效率，推动竹溪贡米产业由传统走向现代，增强了供应商和买家之间的信任度，体现了农民专业合作社的纽带作用。

2. 改进各类扶持政策推动"三产融合"可持续发展

竹溪贡米"三产融合"的顺利推进离不开政府对该产业在财政、保险、科技与人才政策方面的支持。农产品红利扶持有利于提高农民与企业的生产积极性；政策性农业保险和农村信贷有利于保障农业投资安全，以及增强农业灾害应对能力；科技与人才支持政策有利于推动农业高质量发展，增强竹溪贡米"三产融合"的创新驱动力。但是，现有政策难以满足竹溪贡米产业发展的新需求，应持续完善各类政策以推动竹溪贡米"三产融合"全面、有效、可持续发展。

3. 金融科技创新促进"三产融合"高效发展

竹溪贡米产业只有充分发挥金融科技的创新优势才能赋能传统农业转型升级，以促进竹溪贡米产业高质量发展。金融科技借助现代信息技术和科技发展，如互联网的应用以及农业生产设备的转型升级提升了竹溪贡米种植产业、加工产业、旅游业间互相融合的效率，增强了供应商、生产商、买家之间的信息透明度，真正实现了优势互补、利益共享（郝雨辰，2021）。竹溪贡米应坚持构建互联网共享服务平台，巩固农村金融科技创新的基础。

二、万年县万年贡米产业融合探索及成效

江西万年贡米生长区域是万年县怀玉山下裴梅镇荷桥村和龙港村周边的水田，生态环境绝佳，其种植历史可追溯至南北朝。万年县享有"中国贡米之乡"美誉。万年贡米成米颗粒大，外形似梭，色如白玉，煮熟后米色透明，醇香味美，可独立成宴。

（一）万年县贡米产业融合基本情况

1. 建立产业化联合体

2016 年，以万年贡集团为核心，成立万年贡米业产业化联合体，打

造贡米产业集群，该集群集聚粮食合作社 22 个、家庭农场 36 个、粮食加工厂 17 家。集群企业发挥各自比较优势，签订合作协议[①]。

2. 农旅融合塑造新产业

在三产融合发展成为农业发展"新潮流"背景下，万年贡米业将地标农产品、农产品公用品牌与旅游产业相结合，构建新产业组织形态。一是，开通"原产地直销"的 C2B 模式，打造"私人定制农场"，将优质水稻种植基地零散出租给中高收入人群，实现观光旅游休闲度假、栽秧、收割三位一体。公司负责日常田间管理、代为加工，并为客户提供个性化包装服务[②]。据此，万年贡由农产品品牌升级为产业品牌。

（二）万年县贡米产业融合的比较优势

1. 资源禀赋独特

万年贡米汲四季清泉，根植水土特异。地理环境位于怀山北麓的丘陵峡谷地带，水温常年 15℃ 左右，水土富含微量元素（含氮、磷、钾、铜、铁、锌、锰等）和多种矿物质，稻田有"冷浆田"之称，土壤偏酸性黏土，山高坞深，日照奇特，泉流地温变异，形成贡谷生长得天独厚的自然环境。以坞源早作（近乎野生稻）为栽培稻，不施肥，不除虫，完全原生态种植，人工收割。经权威机构考证，万年县是世界稻作的发源地。由于栽培条件独特，栽培面积受限，长期保持 800 亩左右，年产量 20 万千克上下。

2. 以"稻作文化"和"贡米文化"为切入点做强品牌

万年贡米具有源远流长的稻作文化支撑，文化底蕴深厚，据说它产于南北朝时期。以"稻作发源地""万年贡米""绿色有机米"为王牌，万年贡米开启了其高端品牌之路。2005 年，国家公布其为原产地域保护产品，2008 年被列入国家地理标志保护产品，2012 年万年贡谷"坞源早"经江西省品种审定委员会审定通过并作为地方资源性品种，2019 年入选中国农业品牌目录。万年贡商标被评为中国十佳粮油高端品牌，通过中国绿色食品、有机产品双认证。经权威机构评估，2019 年万年贡品牌价值达 65

---

① 中国质量新闻网．江西省万年县万年贡米业产业化联合体实现增收，网址：https：//www. cqn. com. cn/pp/content/2017 - 11/07/content _ 5074827. htm。

② 肖丽．万年贡米的品牌之路，搜狐网网址：https：//www. sohu. com/na/436802556 _ 120811464.

亿元。

（三）万年贡米产业融合效应分析

1. 品牌效应

万年贡米以米产业为主业，围绕米业加工产业塑造品牌。通过广告宣传力度的加大、产品线的不断丰富、营销方式的开拓创新，以及品牌价值的深入挖掘，做大做强品牌，打造高端品牌。根植世界稻作文化起源地、全球重要农业文化遗产和万年贡米原产地域保护产品等深厚文化基础，创造出"国米·万年贡""国帝"两大国字号品牌，同时，还与江西农业大学、江西农业科学院等高校科研机构合作，开发出贡香米、贡丝米、珍珠贡等十多个品种。

2. 带动效应

万年贡米集团以"公司＋合作社（基地）＋农户"模式，辐射扩张至鄱阳湖平原主产区的 100 多个专业农业合作社，签订协议并建立合作关系，绿色种植基地扩展到 40 万亩，并带动农户 17 万人。

3. 就业和增收效应

贡米加工产业在当地经济发展中发挥了重要作用，解决了当地数量可观的人员就业问题，而且有效促进农业增效、农民增收。贡米的品牌价值不断被挖掘，产业链条首端的农户和联合体成员从品牌提升中得以分享增值收益。每年都有浙江客商与万年当地政府和农户签订订单，包销全部原粮。从万年贡米的流向看，一部分出口，一部分销往江西周边的省份，如浙江、广东和福建等地，本省销量大概占 20％，历年产值高达 2 亿多元。高端品牌的贡稻收购价比常规稻高出 2 倍，优质稻收购价是市场价的 130％～140％。农户从品牌价值增值中户均增收 2 000～2 500 元，效益提高超过 30％。

第二节　国内外粮食产业集群发展案例

一、湖北省庄品健实业（集团）有限公司产业集群实例

（一）庄品健实业（集团）有限公司的基本情况

湖北庄品健实业（集团）有限公司是一家有十多年发展历史的民营企业。2011 年，企业在各级政府、天门市粮食局及有关部门的共同支持下，

通过市场化运作，以天门市天山米业有限公司为核心，对市内粮食加工企业进行整合，完成了湖北庄品健公司的组建，下设天门市天山米业有限公司、天门市邱桥米业股份有限公司、天门市庄品健农业专业合作社等多个经济实体，集团总占地面积176亩，员工226人；总资产达2.8亿元，其中固定资产9643万元；近年来，集团先后投资1.2亿元建设粮食加工产业园，配套新建了现代化的储备仓房。注册资本5080万元，是中国大米加工企业50强、全国放心粮油示范加工企业、国家农业产业化重点龙头企业。公司下辖天山米业、邱桥米业、金源米面、湖北庄品健食品营销有限公司、湖北百膳农业科技有限公司、湖北庄芯数字农业有限公司、湖北庄品健数字农业研究院、天门市庄稼人农业服务有限公司和天门市庄品健农业专业合作社等经营实体。公司现有稻谷库容能力20万吨，其中准低温高大平房仓20栋，容量10万吨；低温成品米仓房1栋、容量2万吨；建有大型粮食清整设施6套，清整能力5000吨/日；粮食低温循环烘干能力3500吨/日；稻谷年加工能力80万吨，配套了大型粮食清整设施以及机械通风、电子测温、环流熏蒸等储粮设施。公司通过了ISO9001质量管理认证，生产的"庄品健""石家河""米太太一家""黄小惠""玉龙之光""七宝膳"系列产品畅销全国，被中国绿色食品发展中心审定为"绿色食品A级产品"，所产的优质大米主要销往广东、福建、山西、四川、河北、浙江和广西等地①。

（二）庄品健实业（集团）有限公司的比较优势

1. 区位优势

庄品健实业（集团）有限公司位于佛子山镇，地处天门市西北部，东与石河镇接壤，南与黄潭镇毗邻，西与渔薪镇相连，北与京山市雁门口镇、五三农场为邻，全镇行政区域面积113.36平方千米。佛子山镇属亚热带季风气候，其特点是四季分明，雨热同季，光照充足，无霜期长。年平均气温16.2℃，年平均无霜期245天，年平均降水量1231毫米。这样的气候环境和地理位置非常适宜水稻的生长，为庄品健公司的生产和发展奠定了扎实的基础。

---

① 湖北庄品健实业（集团）有限公司网络主页，网址，http：//www.hbzpj.com/，2022年8月4日。

2. 品牌优势

公司立足于发展稻谷加工产业，主导产品为"庄品健"和"石家河"牌精制大米，生产的"庄品健"牌系列大米畅销全国，特别是在广东、福建、广西、四川等南方籼米市场，口碑良好，拥有一定品牌优势，公司持有商标"庄品健"也于 2015 年获得"中国驰名商标"称号。公司还先后获得了"全国放心粮油示范加工企业""省级产业化重点龙头企业"、湖北省重点物流企业、AA 级物流企业、湖北农业产业化十佳高成长性龙头企业、湖北省重合同守信用企业等称号。此外，公司配套了大型粮食清整设施以及机械通风、机械制冷、电子测温、环流熏蒸等储粮设施。拥有日处理稻谷 200 吨的生产线 5 条，年加工能力 30 余万吨。公司还投资建造了可储存成品粮 2 万吨的控温仓房，可以保证库存优质稻谷夏天的最高粮温不超过 25℃[①]。

（三）庄品健产业集群的特征

1. 与新型经营主体的紧密协作

庄品健公司利用佛子山镇的地理位置，充分发挥现有资源优势，依托新型农业经营主体，推进农业产业结构调整。与华丰、桥湖、惠丰、四海、九鼎、农保姆、佳源等农业专业合作社强强合作，采用"龙头企业＋合作社＋基地＋农户"的经营模式，签订长期合作协议，利用合作社现有流转土地资源，进行绿色食品和有机食品基地建设，建立了稻鳅共生优质稻、有机稻种植、加工和销售利益联结机制，从优质稻种供应到收获实行全程管理，确保了优质原料的来源和质量。公司还成立了庄品健农业专业合作社，推广应用良种及平衡施肥、节水灌溉和旱作农业。截至目前，全镇培育各类农民的专业合作社 133 家，其中市级示范社 9 家、省级示范社 1 家；培育家庭农场 78 家，其中市级示范家庭农场 5 家、省级示范家庭农场 3 家[②]。

2. 市场占有率高

庄品健公司作为农业产业化国家重点龙头企业，是全国 68 家国家级粮食应急保障企业之一，是首批中国好粮油行动示范企业，该公司产品主

---

① 中国粮油信息网 http：//www.chinagrain.cn/com。

② 张茜，吴述明．湖北庄品健实业（集团）有限公司总经理吴志雄——深耕一粒米，守护一粥一饭的踏实．湖北日报，2022 年 7 月 22 日。

要销往广东、广西、四川、浙江、福建等全国各地，深受消费者的喜爱。佛子山镇为了推进企业发展，积极对接新型销售平台和渠道，推动线下产品在大型商超销售，推动线上产品在电商平台销售，支持庄品健在中百、大润发、天猫等平台销售，扩大市场占有率。

3. 围绕特色产业，共筑品牌优势

佛子山镇围绕壮大五大特色产业持续发力，发展 10 万亩优质稻、1 000 亩优质果、5 000 亩优质林、3 000 亩优质茶和 20 000 亩优质水产。在品牌运营上，该公司建立粮食企业＋村级组织＋生产主体（合作社、农户）"三位一体"的粮食产销运营模式，支持有实力、有资源的村、社、农户，共同参与"石家河土城珍米"产品的销售，拓展参与品牌建设的广度和深度。

（四）庄品健公司的集群效应

农业产业集群的最大竞争优势在于集群内各主体之间进行互动所产生的集群效应。

1. 增收增利效应

公司 2021 年实现销售收入 15 亿元。通过采取"龙头企业＋合作社＋基地＋农户"的经营模式，庄品健大力推广优质水稻种植，引导农户标准种植，庄品健推行统一供种、统一肥水、统一病虫防治、统一技术指导、统一机械作业，力求做到同一品种在品质上的一致性。改变点对点的传统粮食收购方式，通过多种形式服务农户，使企业得粮源、农民得实惠，带动农户增收。

2017 年，庄品健与天门市种植大户、家庭农场、合作社签订长期合作协议，建成订单基地 8.5 万亩。2018 年，通过订单合同联结带动农户 18 985 户，按订单价收购农产品比按市场价多向农户支付 1 140 万元。2019 年，联合天门市内 25 家具有一定规模的农业合作社，牵头组建农业产业化联合体，流转土地 17.6 万亩，建成高标准水稻种植示范基地，并大力向周边农户推广优质稻谷品种种植。2021 年，庄品健优质稻订单面积达 40 万亩，带动农户 43 605 户，每亩增收 200 元至 300 元。

2. 生态效应

公司成立了庄品健农业专业合作社，推广应用良种及平衡施肥、节水灌溉和旱作农业。通过调整农业产业结构，因地制宜地推进耕作制度改革，积极开展农业质量标准的创新实践，创造优质名牌农产品，构建绿色生态全产业链，修复稻田生态，改良稻田土壤，促进耕地持续利用，提高农业综合生产能力，达到"一地多用，一举多得，一季多收"的目的，增强企业盈利能力，提高社员收入，带动农户发展①。

3. 品牌效应

2015 年，"庄品健"被认定为中国驰名商标。围绕品牌强企，以国家优质粮食工程建设为契机，庄品健不断推进管理体系、收储设施、加工工艺、智能生产系统升级改造，大米清整、存储、加工、打包、装箱等环节全部实现机械化、自动化，粮食全程不落地②。

（五）庄品健产业集群发展经验

1. 充分发挥资源禀赋效应

农业产业集群发展受区位交通、市场发展、资源环境、资本等要素发展的影响，而资本是核心驱动力量，资本的嵌入对帮助农户完善农村基础设施、营造社会文化环境具有重要作用，需不断增进农村社会资本与人力资本的积累③。所以应充分利用地理位置和资源优势，促进产业集群发展。

2. 技术创新是保持竞争优势的原动力

农业产业集群属于传统产业集群，与其他产业集群一样，创新是集群成长和保持整体竞争优势的关键。庄品健不断推进管理体系、收储设施、加工工艺、智能生产系统升级改造，大米清整、存储、加工、打包、装箱等环节全部实现机械化、自动化，粮食全程不落地。庄品健建设了粮食产后服务中心，包括日处理稻谷 9 600 吨的粮食清整中心、日烘干稻谷 3 500 吨的烘干中心、控温绿色储粮设施等，大大提高粮食收储效率。低温循环烘干技术将稻谷受热温度严格控制在 35℃以内，整体出米率比传统晾晒粮食提高一到两个百分点，品质明显提高。因此如何制定相关政策

---

① 中国粮油信息网 http：//www.chinagrain.cn/com。

② 2022 年 07 月 22 日 08：10 来源：湖北日报 http：//news.cnhubei.com/。

③ 王薇，李祥. 农业产业集群助推产业振兴：一个"主体嵌入-治理赋权"的解释性框架［J］. 南京农业大学学报（社会科学版），2021，21（04）：39 - 49. DOI：10.19714/j.cnki.1671 - 7465.2021.0054。

与措施、激励个体农户创新是农业产业集群成长的关键①。

3. 共同参与，合作共赢

庄品健实业集团牢固树立"为耕者谋利，为食者造福"的服务理念，始终坚持"仰望星空，脚踏实地"的企业宗旨，秉承"以精立业，以质取胜，以诚相待"的经营理念，锐意进取，致力于"打造绿色精品，服务全民健康"。从提升农民收入，满足消费者需求入手，立足于高质量发展，不断提高社会效益和企业效益，为农业农村经济的发展做出贡献。在品牌运营上，该公司建立粮食企业＋村级组织＋生产主体（合作社、农户）"三位一体"的粮食产销运营模式，支持有实力、有资源的村、社、农户，共同参与"石家河土城珍米"产品的销售，拓展参与品牌建设的广度和深度。

4. 培育地方粮食业龙头企业

竭力打造区域农产品公用品牌，把农产品资源优势转化为产业优势，以高质量农业产业化引领乡村振兴。湖北庄品健实业（集团）有限公司致力于深耕稻米加工全产业链，已发展成为农业产业化国家重点龙头企业。因此要大力支持农业产业化龙头企业做大做强，就要走好以龙头企业带动农业产业化、以农业产业化引领农业现代化的发展路子，筑牢高质量发展底盘，整合打造一批区域农产品公用品牌，以品牌统领农业全产业链建设，真正实现从"卖资源"到"卖品牌"的转变②。

二、国内其他地区粮食产业集群案例

（一）山东滨州粮食产业集群发展案例

1. 发展现状

山东省粮食产量在中国粮食总产量中的占比排在前列，同时也是中国的商品粮基地，以种植小麦、玉米和红薯等作物为主，以种植大豆、水稻、谷子和高粱为辅。夏冬季节种植的粮食作物品类差异很大，夏季以玉米和红薯为主，冬季以冬小麦为主。2010—2020 年，山东省粮食总产量

---

① 徐丽华，王慧.区域农业产业集群特征与形成机制研究——以山东省寿光市蔬菜产业集群为例 [J].农业经济问题，2014，35（11）：26－32，110. DOI：10.13246/j.cnki.iae.2014.11.004。

② 2021 年 07 月 13 日来源：天门网 https://www.tmwcn.com/html/news/6/202107/t241534.html。

呈持续增加态势，且粮食生产区域分布优化，粮食生产能力显著提高。2020 年山东粮食播种面积为 1.2 亿亩，全省 16 个县级市中 8 个城市的种植面积超过 66.16 万公顷。全省粮食总产量达 544.7 万吨，比 2019 年增加 90 万吨，位居全国第三，牢牢地稳住了粮食大省强省的地位。

据资料统计分析，滨州市是山东省最具代表性的粮食主产区。近几年，滨州市作为粮食产业大市，是全国第一个"粮食产业经济发展示范市"，每年粮食加工转化量 1 500 万吨以上，粮食产业主营业务收入约占山东全省的 1/4。滨州市粮食产业集群发展迅速，粮食产业经济总产值超过千亿，全市主要以粮食产业的发展为主，并带动滨州市经济发展。2020 年，滨州粮食种植面积和产量稳步增长，其中，粮食种植面积达 58.7 万公顷，粮食总产量达 370 万吨，比 2019 年增加 10.8 万吨，增长 3%。2018 年，滨州市粮食产业主营业务收入和利税分别为 1 326 亿元和 59 亿元，分别增长 11.8% 和 5.2%。2020 年，在政府积极推动粮食产业高质量发展的政策背景下，山东省滨州市粮食产业集群的发展更进一步。图 6-1 为 2010—2022 年山东省粮食总产量及全国粮食平均产量。

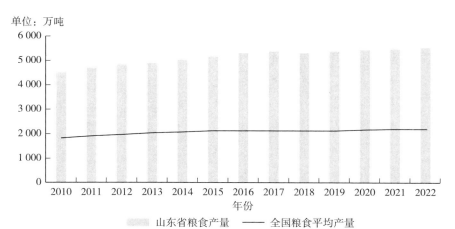

图 6-1　2010—2022 年山东省粮食总产量及全国粮食平均产量

数据来源：国家统计局编．中国统计年鉴（2011—2023 年）．北京：中国统计出版社。

注：全国粮食平均产量是用全国产量与省份个数之比进行计算的。

2. 山东滨州粮食产业集群的形成过程

山东省滨州市粮食产业集群发展的典型模式为"滨州模式"。这一模式的特点是：国家主导、市场引领、科技支撑、综合循环、惠民利民、绿色安全。通过形成产业发展优势，促进企业稳步发展，增强加工转化能力，引领产品高端化。因此，滨州粮食产业经济集群稳步进入高质量发展阶段。

随着滨州粮食产业集群的逐步发展壮大，价值链开始从本土化向外部扩展。"滨州模式"的运营特色主要表现为：首先，滨州以市场为导向，名牌为核心，提高产品市场竞争力，实施粮油质量战略，努力提高粮油加工产业化水平，推动粮食产品成为全国知名品牌，有效提高了名牌产品的生产量和市场占有率，推动了香驰控股、渤海实业、美食客食品、香驰粮油公司的发展。这四家粮油公司均被评为中国粮油企业100强。其次，在营销模式上，公司采用互联网营销，利用互联网大数据平台，打造"网上粮店"等新型粮食经营业态，在物流上打造从中央到地方的全国配送网络，覆盖17 000多家大型超市。最后，在市场需求的基础上，推进产业转型升级，提高优质粮食基地建设，推进生产标准化，提升粮食产品加工和综合利用水平，建立现代仓储物流体系，完善现代粮食信息市场体系，以此促进粮油和食品加工企业转型升级。

近年来，滨州粮食产业集群将进一步延伸价值链，提高产品附加值，向粮食深加工产业发展。按照"吃干榨净、循环发展"的原则，有针对性地提高原料利用率和能源循环利用率，提升和实现生态绿色高质量发展。目前，滨州的小麦、玉米、大豆等原料的回收率在98%以上，小麦精深加工贯穿于整个一二三产业中，形成了较为完整的产业链循环。对玉米、大豆阶梯式深度开发不断完善，粮食产业形成大循环、全利用、可持续发展的先河。绿色循环产业链的建立，既能提高小麦、大豆和玉米产品的利用率，又能发挥粮食产业加工转化的带动作用，全面推动一二三产业融合共赢发展。这使得滨州粮食产业集群变得越来越强大，实现了整个集群的"功能升级"。

（二）河南省粮食产业集群的发展

1. 河南省粮食产业集群发展现状

2020年，河南省政府出台了《加快推进粮食产业高质量发展意见》，提出到2025年，全省粮食产业经济总产值超过4 000亿元，建成一批知名粮油加工龙头企业，构建"产业链健全、价值链高效、供应链稳定"三链齐发展的现代粮食产业体系。近年来，河南省粮食产业发展迅速，粮食产量在 6 700 万吨上下（图 6-2），居全国第 2 位。河南粮食收购总量超过 400 亿斤，高档小麦、花生种植面积均居全国首位。河南塑造了三全、思念、白象、卫龙、想念、博大等国内著名食品品牌。近年来，在国家和河南省政府建设中原经济区等农业政策的支持下，河南充分利用其丰富的农业资源和区位优势，形成了各具特色的农业企业集群。据统计，2021年，河南已经有 200 多个农业产业集群产值过亿元。

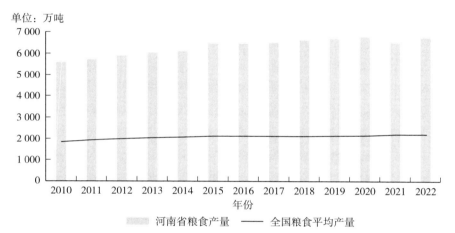

单位：万吨

图 6-2 2010—2022 年河南省粮食总产量及全国粮食平均产量

数据来源：国家统计局编. 中国统计年鉴（2011—2023 年）. 北京：中国统计出版社。

注：全国粮食平均产量是用全国产量与省份个数之比进行计算的。

河南省粮食产业集群主要以玉米、小麦和稻谷三大主粮作物的精深加工为主，主要包括：以郑州为代表的食品加工产业集群、以周口为代表的芝麻加工产业集群、以许昌为代表的豆制品产业集群，拥有面制品生产加工基地、调味品生产加工基地和休闲食品生产加工基地等。例如，河南省南街村集团公司粮食深加工和方便食品生产方面处于全国领先地位。集团经营的产业包括食品、饮料和酒类等，产品有 15 大类，近 200 种。具体包括：面粉系列、方便面系列、调味品系列、饮料系列、啤酒系列、白酒系列等。部分产品出口到国外市场销售。再譬如，河南黄国粮业公司目前是中国乃至世界最大的水磨糯米粉生产企业，是集大米加工、贸易、科研、综合利用于一体的金融参股企业。在不断扩大产能的同时，黄国粮业还努力走节能减排、资源综合利用、变废为宝的循环经济之路，在技术创新和结构调整方面取得新突破。具体的循环流程为，利用大米加工产生的稻壳作为锅炉燃料，用锅炉产生的蒸汽发电，发电产生的余热对糯米粉进行烘干和内部加热，实现循环利用、降低成本、提高效率和清洁生产的最大化。

2. 河南粮食产业集群的发展模式

河南是中国最重要的粮食产区之一，部分地区结合当地环境特点和经济形式，在逐渐磨合的过程中打造出适合当地粮食产业集群发展的模式，并且有较好的成效。表6-1列举了河南省三个县的粮食产业集群发展模式以及主要粮食类型和对应的特点，以供我国其他县市参考。

表6-1　河南省粮食产业集群发展模式案例

地点	模式名称	主要粮食类型	发展模式特点
固始县	循环经济模式	稻米	公司＋科研机构＋农民＋专业合作社＋基地
宝丰县	全产业链模式	小麦	生产、储备、深加工、物流和营销一体
鹤壁市	三产融合模式	玉米、小麦	新型工业化、现代化、城镇化

河南省固始县稻米加工产业集群的主要经营模式为"公司＋科研机构＋农民＋专业合作社＋基地"，公司、科研机构和专业合作社各司其职，做精做强各自的业务。各环节分工有序，公司的主要职责是在各地区进行水稻的收购、转销等，注重市场占有率，为企业制定战略目标保证企业稳步发展。科研机构的主要职能是为公司的粮食生产加工提供专业技术支持，保证粮食的产出率以及精加工水平。专业合作社的作用是保证水稻的生产环节能够按照相应的需求标准进行生产。此种发展模式能够有效增加粮食产品的附加值，有效提升了企业在市场上的占有率和竞争力。

河南省石桥市宝丰县小麦产业集群采用"全产业链模式"，小麦的生产、加工、销售、储存和运输整个流程都在企业内部完成，不依赖于第三方加工以及物流运输企业，将全产业链的"全"字做到极致，并尽力打造现代粮食产业化、规范化、运输储备一体化的全产业链园区。

河南省鹤壁市主要以"三产融合"模式发展粮食产业集群，以玉米和小麦作为主要原粮。该模式的特点是工业化、现代化、城镇化，并在这三个方面都尽量做到技术创新以支撑企业发展。发展过程中企业需要将现代化和城镇化的发展模式与粮食的生产销售进行有机结合，实现粮食产业的高质量发展。

河南省粮食产业集群价值链增值模式如图6-3所示。

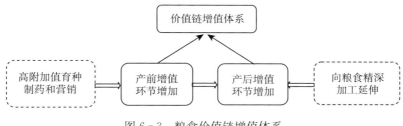

图6-3 粮食价值链增值体系

3. 中原农谷粮食产业集群

中原农谷是河南省打造的以种业创新为核心的现代化粮食产业集群，本质上是种业、粮食科技创新中心，主要目的是扛稳粮食安全重任，推动粮食科技型企业集聚发展，造种业领域国家战略科技高地，实现种业科技自立自强。2022年4月发布建设方案，规划面积1476平方千米，注册成立"中原农谷"开发有限公司、"中原农谷"建设投资有限公司，培育涉农"独角兽"企业，培育主板上市种企和特色优势明显的"隐形冠军"企业。到2025年，建成国内一流的种业创新平台，种业产业化实力迈入全国第一方阵，打造小麦、玉米等优势作物产业科技创新高地，培育1家全国十强种业企业并实现上市。到2035年，建成世界一流的农业科技基础设施集群、科研试验示范基地集群和全球粮食科技创新高地，农业领域高新技术企业达到30家以上，打造千亿级种业和粮食产业集群[①]。

2024年5月30日，河南省委通过《河南中原农谷发展促进条例》（同年9月1日起实施），以高水平法治护航中原农谷高质量发展，确保"一年打基础、三年见成效、五年成高地、十年进入全球一流"的发展目标。《条例》明确，省、市人民政府及其有关部门应当制定促进中原农谷高质量发展的政策措施，在资金安排、财税支持、金融服务、土地使用、

———————

① 陈玉尧. 重磅！河南发布"中原农谷"建设方案，打造千亿级种业和粮食产业集群，搜狐网，2022年4月23日。

人才引育和知识产权等方面对中原农谷促进给予支持保障；支持中原农谷申请设立综合保税区、出口监管仓库和进口保税仓库，促进涉农跨境贸易相关产业向中原农谷集聚。关于人才引育，《条例》明确，支持中原农谷常态化畅通人才引进绿色通道。对中原农谷精准引进具备国内外一流水平的顶尖人才，可以采取一事一议的方式给予支持；对于入选国家、省级人才项目的领军人才和青年拔尖人才，可以在奖励补贴、科研经费、团队建设等方面按照规定给予支持①。

截至 2024 年 6 月初，集群已入驻省级以上科研平台 53 家。集群内的种业实验室共培育出 82 个农作物新品种，另有 135 个新品系正参加各类实验。2023 年 11 月，种业实验室以 1 918 万元的高价转让小麦新品种"郑麦918"经营权，刷新了我国小麦单品种转让价格纪录。花生品种方面，培育成功豫花 9326 和豫花 47 号两个高油品种，有效聚合了高产、高油、早熟、大果的特征，满足了黄淮地区麦后直播花生对高油品种的需求②。

三、山东滨州和河南粮食产业集群的发展特征及其经验

（一）山东滨州、河南粮食产业集群的特征

山东滨州和河南省的粮食产业集群在发展实践中，核心优势可以概括为以规模经济降低成本，以技术创新提升附加值，以开拓市场打造品牌。主要拥有如下三个基本特征：一是资源优化配置。无论是循环经济模式、全产业链模式，还是"三化"模式，都是在集群模式内做出最佳集聚，最合理利用经济资源，并降低交易成本和生产成本。二是专业化分工和柔精化生产。专业化分工形成的社会化分工网络，专注于细节和品质，并成功塑造品牌，形成企业集群发展壮大的良性循环机制。三是产业链各环节的紧密衔接。譬如，专门提供产前、产中、产后服务的服务企业，使得流程可以实现无缝衔接，并将等待成本降为零。

（二）山东滨州、河南粮食产业集群发展的经验

1. 依托当地优势资源，发展特色产品

粮食产业集群发展主要依靠本地区的资源禀赋优势，凸显本地农产品

---

① 陈小平. 以高水平法治护航中原农谷高质量发展，河南日报，2024 年 5 月 31 日。
② 樊华，汪奇文，等. 中原农谷的三个场景，新华社，2024 年 06 月 07 日。

特色，并在此基础上形成粮食种植和生产模式。围绕优势产品和资源特色，吸引营销、物流、仓储、销售等相关企业参与粮食及相关产品的精深加工。依托当地资源优势，山东滨州已经形成了专业化粮食生产带，与当地的自然资源及其特色等因素完全结合起来形成强大的竞争优势。当前，河南新乡拥有区域公共品牌"延津小麦""原阳大米"等，依托这些品牌，吸引鲁花集团、百威啤酒、千味央厨等知名企业进驻。湖北省粮食产业集群发展过程中，应充分挖掘湖北本地丰富的资源优势，结合各地蕴含的具有深厚历史底蕴的特色粮食及其产品，借助政府政策的大力推动，实现跃迁式发展。

2. 粮食产业集群以产业园区为主要形式

这两个地方的粮食产业集群均以建设园区化、市场化的粮食产业集群为特征，充分发挥产业集群所具有的较低生产成本、较强合作能力和较好生产质量等优势。在地方政府的引领下有意识、有计划地建立粮食产业园区，充分利用地方政府出台的税收、土地使用等政策支持，吸引配套企业跟进，逐渐在产业园区内部形成社会化、专业化的分工合作，最终建成紧密依存的产业集群网络。

3. 发展模式相异的粮食产业集群共同推动现代化进程

山东滨州和河南的粮食产业集群都探索出了成功道路，但是因为其地理环境、自然气候、经济环境和政府扶持政策不同，产业集群的发展模式各不相同。主要模式包括，"公司＋科研机构＋农户＋专业合作社＋基地"的河南循环经济模式；集生产、库存、深加工、物流、销售于一体的全产业链模式；以及促进新型工业化、现代化和城镇化发展的"三化融合"模式等。无论采用哪种模式，都是以粮食产业集群的方式共同推动农业现代化的发展，都是服务于粮食产业高质量发展的战略举措。

4. 打造梯次品牌体系，铸造粮油金招牌

粮食产业集群区域品牌的形成可以提高集群的影响力和知名度，助力扩大粮食产品的市场范围和需求水平。区域品牌的形成是粮食产业集群整体优势的综合体现，全面反映了粮食产业集群内的产业规模、集群产品的市场占有率、技术和质量水平，体现了粮食产业集群的整体竞争力。通过围绕本地厚重的历史文化、特殊的生态环境、丰富的资源优势和鲜明的产业特色，讲好粮油品牌故事，全力打造省域公共品牌。截至 2023 年，河南省"1 个省域公共品牌＋N 个区域公共品牌＋N 个企业品牌"品牌体系已基本形成，支持建设一批区域公共品牌，培育一批知名粮油企业品牌，形成河南粮油梯次品牌体系。其中，"河南好粮油"产品 184 个，"中国好粮油"产品 36 个。这些品牌产品增强了河南粮食在全国的地位和作用，推动了国家优质粮食工程，为消费者提供安全、绿色、健康的食品做出了贡献。

四、国外粮食产业集群发展

（一）美国玉米产业集群发展简况

作为全球玉米产量最多的国家，美国玉米播种面积约占世界的四分之一，产量占比超过 30％，共有 47 个州种植玉米，拥有约 30 000 个玉米种植农场。美国玉米产业集群的主要特征是区域化种植和专业化生产。美国玉米产业区位于五大湖的西南部，是世界上最大的产业区，形成于 20 世纪 40 年代，产业区内玉米种植面积超过美国玉米种植面积的 50％（陶怀颖，2010），玉米产量前十大州（艾奥瓦、伊利诺、内布拉斯加、明尼苏达、印第安纳、南达科他、堪萨斯、密苏里、威斯康星、俄亥俄）的合计产量占美国玉米总产量的近 90％。美国玉米种植技术先进，玉米、大豆和牧草合理轮作，科学搭配有机肥料，玉米产量迅速提高，如表 6 - 2 所示，2024—2025 年美国玉米产出是中国的 1.74 倍。同时，大豆和牧草的大量轮作种植，带动了畜牧业的发展。更重要的是，美国玉米加工业发达，产业链条较长，产品附加值高，且品种类别多达4 000 种。

美国玉米产业集群的发达与政府政策支持紧密相关，在政府财政投入政策支持下，美国强化农业教育和科技推广，针对农民组织大力开展玉米产加销的教育和培训，加强对玉米转基因育种的研发投入，研发玉米深加工技术，同时政府引导行业协会发挥积极作用，组织编写并发布玉米年度产业报告[①]，科学引导玉米优产优加优销。

---

① 茂林之家. 国外农业产业集群的别样格调，个人图书馆，网址 http：//www.360doc.com/content/17/0121/00/16534268 _ 624063517. shtml，2022 年 8 月 23 日。

表 6 - 2　2022—2024 年美国、中国、世界玉米种植及生产情况

	面积（百万公顷）			产出（公吨/公顷）			产量（百万公吨）		
	2022—2023	2023—2024	2024—2025*	2022—2023	2023—2024	2024—2025*	2022—2023	2023—2024	2024—2025*
全球	200.72	203.14	201.74	5.78	6.03	6.07	1 159.6	1 225.45	1 224.79
美国	31.85	35.01	33.77	10.89	11.13	11.36	346.74	389.69	383.56
中国	43.07	44.22	44.70	6.44	6.53	6.53	277.20	288.84	292

资料来源：美国农业部 PSD 线上数据，网址：PSD Online（usda.gov），2024 年 7 月 30 日。

注：＊表示截至该年度 7 月份的数据。1 公吨＝907 千克，余同。

（二）美国大豆产业集群发展简况

美国大豆生产区域主要集中在自然条件适宜的中部平原及密西西比河流域附近，该区域气候条件适合种植大豆，属于温带大陆性气候，光热水资源都非常丰富，土壤肥沃，是美国主要的大豆生产基地。由于大豆与玉米轮作，大豆主产区正好与玉米主产区的中南部分重叠，2019 年美国大豆产量前十的州合计贡献了全国约九成的大豆产量，种植面积占总面积的 77.11%，如表 6 - 3 所示。

表 6 - 3　2019 年美国大豆种植面积

单位：千英亩

地区	种植面积	占比（%）
伊利诺伊州	9 860	13.14
艾奥瓦州	9 120	12.16
明尼苏达州	6 770	9.02
北达科他州	5 450	7.26
印第安纳州	5 360	7.14
密苏里州	5 010	6.68
内布拉斯加州	4 840	6.45
堪萨斯州	4 490	5.98
俄亥俄州	4 270	5.69
南达科他州	3 440	4.59

数据来源：金十数据，2022 年 8 月 23 日。

注：1 英亩＝0.004 047 平方千米，余同。

近 20 年以来，美国政府对大豆实施优厚的政策补贴，大规模机械化生产的高效率，以及转基因大豆品种的高产量，是刺激美国大豆种植面积

不断扩张的直接原因。另外，随着地球上愈来愈多的人口实现食物消费升级，世界越来越多的国家和地区对大豆产品的需求量不断增加[①]，并成为驱动美国大豆产量不断扩张的主要原因。2022—2024 年美国大豆生产情况如表 6-4 所示。其中，2024—2025 年，美国大豆面积约为中国的 3.3 倍，大豆产量为中国的 5.8 倍，美国大豆产量优势不仅表现为种植面积优势，也突出体现在产出优势，美国大豆单位面积产量约为中国的 1.78 倍，较高的大豆劳动生产率成为美国大豆的竞争优势所在。

表 6-4　2022—2024 年全球、中国及美国大豆种植及生产情况

	面积（百万公顷）			产出（公吨/公顷）			产量（百万公吨）		
	2022—2023	2023—2024	2024—2025*	2022—2023	2023—2024	2024—2025*	2022—2023	2023—2024	2024—2025*
全球	136.9	139.52	143.35	2.76	2.83	2.94	378.37	395.41	421.85
中国	10.24	10.47	10.5	1.98	1.99	1.97	20.28	20.84	20.7
美国	34.87	33.33	34.5	3.33	3.4	3.5	116.22	113.34	120.7

资料来源：美国农业部 PSD 线上数据，网址：PSD Online（usda.gov），2024 年 7 月 30 日。

注：＊表示截至该年度 7 月份的数据。

（三）美国粮食产业集群发展的成功经验

1. 粮食产业集群的合理布局经历了一个自然渐进的形成过程

美国粮食产业集群功能分区界定清晰，且与区域经济发展优势耦合。根据多变的气候、自然资源禀赋状况来发展相应的粮食产业，以最大限度发挥自然条件对粮食产业带的促进作用。譬如，在温带气候区域布局玉米产业带。

粮食产业集群布局的合理性经历了一个漫长的自然演变过程。它是在种植业发展到一定阶段，在工业化、市场化和城镇化推动下逐步演变发展而成的。粮食产业集群的自然形成是区位、技术、市场、劳动力和自然条件等因素综合作用的结果。美国农业区域划分可溯源至 17—18 世纪，逐步形成中部地区以小麦、玉米等粮食作物为主的区域布局，从 20 世纪 30 年代至今，美国农业区域分工基本沿袭了历史区域布局，因此美国主要粮

---

① 东海期货研究．美国大豆和主要竞争作物种植面积及效益分析，东方财富网．网址：https：//futures.eastmoney.com/a/202203252323473964.html.

食产业区域集群的初步形成大概需要 200 年的时间，当前仍处于持续演进和发展过程（陶怀颖，2010）。

2. 粮食科技服务体系发达完善

发达的粮食科技及其服务体系是美国粮食生产独具的优势。在粮食产业集群中，科研服务机构遍布各区域，农业组织的教育和培训司空见惯，机械化生产高度发达。美国农场的现代机械化操作基本达到 90%，使用现代互联网技术进行远程在线监管的农场占比高达 80%，使用直升机喷洒农药的美国农场大概占 30%，少数美国农场还配备有卫星定位系统[①]。

3. 经营管理的现代化与配套服务体系的完善

美国粮食产业集群发展模式以市场导向型为主。土地流转自由，再加上美国具有得天独厚的丰富的土地资源，为粮食产业集群的发展提供了便利。与粮食产业集群密切相关的企业、科技服务机构、设备生产厂商等配套企业和中间商的进驻，不仅完善了产业集群生态环境，而且提供了可资借鉴的现代化经营管理模式。现代农业流通体系是连接生产与消费的关键桥梁，其完善程度直接关系到整个产业链的运行。

4. 政府的政策支持法律规范发挥了促进协调作用

在粮食产业集群形成过程中，需要政府的科学规划和合理布局等顶层设计，选择与本地气候和资源禀赋耦合的粮食产业，并通过政策支持来促进其可持续发展。粮食产业集群的发展归根结底要经过市场的检验，因此，市场体系的建立健全、市场秩序的稳定和市场规则的建立都需要政府职能的合理发挥。另外，在粮食产业集群发展过程中，政府还要提供基础设施、粮食科研技术及推广、优良种质资源的研发培育、社会化服务体系的配套等。

第三节 袁夫稻田三产融合经典案例分析

一、袁夫稻田三产融合的特征

（一）袁夫稻田三产融合发展简介

袁夫稻田农业发展有限公司（简称袁夫稻田）位于湖北省黄梅县大河

---

① 速规方城，规划数据分析 . 美国农业产业集群发展浅析，网址：http：//www.pku.tech/8106.html，2022 年 8 月 23 日。

镇，拥有独特的自然环境，坐落于大别山脚下，紧邻永安水库。踏进袁夫稻田的一刹那，就会被她的诗情画意所深深吸引。这里有"诗和远方"，有绿皮火车，有"拂晓""落霞"，有纵横交错的田畴和童话般的小木屋，这里可以"朝闻溪水叮咚，暮看落霞夕阳"，这里是田园梦的起点和终点，是浸润着"蕲黄禅宗甲天下，佛家大事问黄梅"禅意的存在。

袁夫稻田成立于 2017 年。其创始人袁勇刚先生是土生土长的大河镇人，大学毕业工作几年后，放弃城市高薪岗位回乡"种田"创业，为实现绿色农业梦想，流转千亩土地建起"袁夫稻田"。经营有方，迅速成为"网红"打卡地，每年游客趋之若鹜，曾创下一个多月 6 万人次"打卡"的纪录。近年来，袁夫稻田先后被评为"湖北省休闲农业示范点""全国农村一二三产业融合先导区"的标杆性项目，每年接待政府和社会各界的考察和参观达 5 000 余人次，行业交流分享和项目咨询受众达 10 余万人。

袁夫稻田以文创农业为长远目标，执着于"永续友善"发展理念，已经发展为三产深度融合，集观光游览、科普教育、产品展销等为一体的产业综合体。2017 年以大米生产为目标的第一产业诞生，采用传统古法种植，零农药零化肥零除草剂，并结合现代稻鸭连作的生物灭虫模式，主打原生态粳稻生产，自然种植条件下的粳稻生长周期在 170 天左右，如此种植出来的稻米不仅安全放心，而且口感绝佳。

从 2019 年开始，袁夫稻田开始把稻米作为一个产业链发展，在与华中农业大学达成战略合作的基础上，先后研发出以大米为原料的"伽马米养生饮品"、米酒、米醋、米布丁以及米面膜等大米衍生产品。在产品售卖方面，除了在袁夫稻田线下购买及淘宝旗舰店线上购买外，2021 年袁夫稻田还投资了 45 万元专用于打造自身品牌的直播间。主打产品是袁夫稻田的安米、胚芽米、糙米以及米酒等精深加工产品。销售最好的主推产品鲜米酪在 2022 年大规模投入市场，产品大卖立刻取得了热烈反馈，2022 年 6 月份销售额就突破了百万元，到 7 月时销量已经突破 10 万杯。

袁夫稻田的第三产业就是包含观光游览、科普教育、产品展销等的文创农业。以文化创意为主导发展田园风光以及有机食物等吸引游客参观体验，年游客量达到 20 多万人次，高峰旅游期可达到每月 5 万人次左右。在旅游景观上，特意开辟出 100 多亩田地用于文化创意，为游客倾心打造稻田文化体验区。丰收时节，稻田流金，春日里，向日葵与油菜花汇成起伏的金色花海，夏夜蛙鸣荡漾池塘，冬日雪满田野别有韵味。除此之外，18 座三角木屋、森林小屋等民宿分散建立，有的建立在稻田间，推开窗门就是一望无际的稻田，有的单独成院给人复古质感。露营烧烤迎合了年轻人喜好，饮食方面主打有机理念，绿色餐厅建在回忆满满的绿皮火车上，旁边的"桌游馆"、清吧和网红咖啡馆吸引了不少年轻群体。在文化创意上，二十四节气民俗、农夫市集、篝火晚会、稻田音乐会等独具特色的农旅活动不间断在稻田上演。将文创、教育与秋收节、插秧节等融合推出的亲子游戏吸引了许多家长带着小朋友前来观光体验。

（二）袁夫稻田三产融合的典型特征

1. 产业链与创新链的深度融合

以黄梅袁夫稻田为载体，专注于有机稻米耕作，在稻米产业链上下游间建立紧密联系，开创三次产业深度融合新局面。将稻米生产延伸至加工、餐饮、认领稻田等二三产业，在延伸产业链的同时，深度挖掘创新元素。主要体现在两个层面，第一层面是技术创新。譬如，基于高新技术的大米衍生品的研发，直接创造出新需求，并凭借稀缺的米产品，在市场中形成了独特的垄断竞争优势，进而赢得定价权。第二层面是文化创新。主要体现在包含稻田美学和创意思想的文创休闲体验空间，诸如，绿皮火车餐厅、森林小屋和三角屋民宿、稻梦空间、西式咖啡厅、木工坊、萌宠岛、儿童乐园等。关键是充分利用稻田资源和创新技术，以产业链上的第一产业为枢纽，外拓稻田文创商业综合体，内部打造差异化高附加值的米产品矩阵，利用乡村振兴战略带来的巨大政策红利和品牌流量带来的市场机遇扩大农旅产业规模，渐续提升衍生产品价值和品牌知名度，有效促进粮食产业与经济效益的融合发展。在整个农旅产业发展过程中，"产业＋创新"始终是稻田发展的主旋律，因此，产业链和创新链不是彼此孤立的，两者间渗透交叉深度融合，进而实现互促互进的螺旋式良性循环发展。

2. 农村农业多元价值的深度挖掘

袁夫稻田三产融合的第二个特征是在传统稻田的基础上拓展农业功能，深入发展"农业＋"，创建出具有当地历史和地域特色的农业综合体，涵盖开发当地特色资源禀赋，挖掘出可以变现的农业文化等。譬如，大河镇拥有丰富的水体资源、山地资源、旷野等绿色生态资源，充分挖掘这些资源是"农业＋"模式的关键。基于"永续友善共创共建"的经营理念，袁夫稻田积极推动创新农业、观光农业、文化教育农业等农业新型功能的发展，扩大休闲农场，充分挖掘农村农业多元价值。根据游客的需求，充分挖掘健康营养放心食品、生态涵养、休闲体验、文化传承等多种功能，培育成功农文旅融合、线上线下结合的新业态新模式，打造集精品大米及米产品生产、科普教育、农耕体验、休闲观光于一体的产业综合体，形成以休闲、观光、研学为方向的全产业链，以及"农旅""农文""农养""农教"等多种业态融合发展、互促互进的三产融合标杆。

3. 流量运营的深度把控

在流量创造价值的新时代，流量增长是品牌和平台等各方普遍追求的目标，获取流量的方式方法在于深度把控流量运营的底层逻辑，即以线上线下方式通过浏览量、阅读量和触达量等流量将稻田相关信息传播给客户，并建立深度沟通联系。在实践中，袁夫稻田采用线上引流与线下口碑转介绍两种方式拓展流量。线上引流以短视频平台为核心，同步打造"老袁"与"袁夫稻田"双 IP，强势聚集流量；同时联合外部媒体持续输出内容，并借力小红书、抖音等平台的客户自发传播，累计产出 10 万＋篇笔记与短视频，外部自媒体相关内容的总点击量突破 3 000 万人次。线下口碑转介绍则是来自用户对袁夫稻田文创农业或者产品认可的一种自发推荐行为，这是需要长期用心经营的一种极低成本获取流量的方式，但此类流量的增加数难以估测，只能通过触达量进行粗略估计。譬如，袁夫稻田年接待政府考察 5 000 人次，行业交流学习分享座谈受众 3 万人等。与此同时，袁夫稻田利用互联网、大数据、云计算等数字技术，利用视频号、抖音号、B 站、头条号、公众号、微博号、小红书和知乎等渠道获取流量，并发展品牌包装、物流运输、线上销售等第三产业，因此得以解决农产品生产和销售精细化等线上销售难题。

二、袁夫稻田三产融合实践

（一）袁夫稻田三产融合的形式

1. 一二产业融合

袁夫稻田的种植业与加工业融合主要表现在稻米从初级农产品转型为精深加工、多元创新、品牌化的发展道路。具体而言，以稻米为基础，通过关联产业深挖稻米原粮潜力，利用技术和创新能力生产高附加值大米产品，如米酒、米醋、米酪以及各种精深加工产品，逐步形成袁夫稻田大米衍生品优质品牌体系。随着产品知名度的扩大，扩张企业稻田规模及产业融合范围，增加粮食产品附加值。产业链的延伸使得袁夫稻田一二产业的联系更加紧密，提高了大米产业的增值及转化空间。其中，优质大米原粮是袁夫稻田品牌提升的基础支撑，与高校科研机构的产企合作推动产品和技术创新，原粮生产与大米加工业协同发展打破了产业结构界限，形成一二产业融合局面。在发挥农业的多功能性方面，袁夫稻田的发展同样具有生态、经济、社会以及文化功能，以多元功能取代粮食生产的单一经济。

2. 一三产业融合

在规模方面，袁夫稻田规模虽小，却以三产融合为抓手，既推动企业成长，又带动农民增收。在核心产业主导方面，袁夫稻田以第三产业为核心，农业旅游为主，参观、住宿作为主要收入来源，带动第一产业发展。在创新发展方面，袁夫稻田较灵活，以稻田文化为中心串联起其他产业，更加突出袁夫稻田的独特性。袁夫稻田以稻田、花卉发展种植业创新出具有观赏性的生态景观，打造袁夫稻田不同的四季风光。每个季节都有不同的景观供人欣赏，春天盛开向日葵、油菜花，夏天的池塘和花卉，秋天稻田一片金黄，冬天的雪盖满田地。袁夫稻田以水稻种植为主，同时发展了农业旅游、文化旅游、特色餐饮、特色产品销售等多元产业。这些产业相互支撑、相互促进，形成了一个完整的产业链条。而且袁夫稻田的产业链条不仅涵盖了农业、旅游、餐饮等传统产业，还将文化、教育等非传统产业融入其中，形成了一条相对完整的一三产业融合链条。同时，产业链条的深度延伸也带来了更多的利润空间。袁夫稻田通过技术创新、管理创新、服务创新等手段，实现了不同产业间的互动融合。例如，在农业旅游中加入农耕体验、田间采摘等活动，吸引游客的同时也增加了农民的收入。

3. 二三产业融合

袁夫稻田通过二三产业融合，已形成集农业生产、精深加工、文旅体验、线上线下运营于一体的农业综合体典范，也充分彰显了数字技术对现代农业的强劲赋能。首先，利用数字技术赋能和流量增加，袁夫稻田扩大了品牌知名度，提高了生产效率和品质，进而吸引更多的游客参观。在二三产业融合方面，袁夫稻田将自身定位为一个融合型农场，将稻田、文化创意相结合，打造自己独特的产品和服务。一方面，袁夫稻田将精深大米产品销售到全国各地，为当地农民提供了更多就业机会和收入来源；另一方面，袁夫稻田的精深加工过程采用透明公开方式供人参观，树立安全、放心、健康的产品形象。其次，袁夫稻田通过建立电商平台，构建立体销售渠道，进一步扩大品牌影响力，使消费者能够便捷购买当地优质稻米产品。最后，袁夫稻田在建设稻田生态园的过程中，充分考虑了环境保护和资源利用等方面，营造出生态友好的自然环境体验氛围。袁夫稻田的二三产业融合模式融入了信息技术、品牌、研发、创新等多种要素，为农业现代化发展提供了新思路。

（二）袁夫稻田三产融合的经验总结

1. 专注于场景体验

袁夫稻田农场的美好田园生活场景打造及体验，持续输出"袁夫稻田＝你心中的诗和远方"，每年吸引上百万人打卡拍照主动宣传，袁夫稻田 70％的客流量都来自粉丝推荐介绍。譬如稻米种植作为旅游体验活动，实现农产品向旅游商品的转变。稻田内部的特色食物是自产自销的大米，降低成本的同时推广了农产品。目前旅游业发展以及消费者需求增长，单一的农业旅游无法满足市场需求，对农旅内部的创新开发至关重要。第二产业的创新体验则主要体现在手工制作与 DIY 活动上，将旅游与手工相结合，让游客深度参与，赋予体验更丰富的内涵。除此之外，袁夫稻田的文创体验独具特色。将孤独咖啡、麦垛、农耕与教育体验深度融合，实现了农业功能的拓展与提升。创意元素随处可见，绿皮火车与稻田相互映衬，营造出轻松惬意的氛围，成为热门的休闲观光打卡地。住宿房间的设计与袁夫稻田的概念相得益彰，森林小屋的三角屋顶以木质为基础，开窗便是一望无际的稻田，时时刻刻透出稻田理念，将"诗与远方"意境泼洒得淋漓尽致。

2. 聚焦于产业功能矩阵

产业功能矩阵可以清晰展现三次产业和多元功能的交叉多变组合。拿第一产业种植业来说，如果种植稻米，向第二产业延伸则可生产有机稻米和大米衍生品，向第三产业延伸可以实现稻田耕作体验功能；如果种植花卉，向第二产业延伸可以制作插花、干花艺术品以及具有美容保健效果的花冠茶等。诸如此类产业链的延伸可以实现种植业产品附加值的倍增效果，产业间的交叉融合可以创造交叉功能，提升客户的体验价值。譬如，首创研发的袁夫鲜米酪一经上市，依靠单品已实现亩产 10 万元的倍增价值，也为袁夫稻田实现产业化的战略布局奠定坚实基础。袁夫稻田的第三产业居于产业核心，其发展定位是建设具有多元属性特征的观光游览、文化教育、休闲娱乐等农业综合体，客户在参观游玩过程中深度体验并认同袁夫稻田经营理念，进而自发推广品牌并介绍给亲朋好友。

3. 清晰于发展理念

以"永续友善共创共建"为发展理念，坚持生态种植，倡导美好的生活方式，打造具有良好情绪价值的乡村美学场域。一是米产品之友善。比如袁夫稻田售卖的晚餐米中含有 γ-氨基丁酸，在生物功能上能够安神降血压等。二是农耕文化之友善。我国自古以来就是农业耕作大国，几千年来对土地的热爱深深埋藏在中国人的骨子里，袁夫稻田的品牌推广致力于将农耕文化、中国人骨子里的友善与和平的理念进行传播，与稻田结合让人更加深入地感受到了土地情怀。三是文创体验之友善。将旅游、教育、文化功能融合，譬如在二十四节气的娱乐活动，以及音乐节、烧烤节、秋收节中植入文化教育功能，在娱乐的同时宣传传统文化。还开创了许多亲子活动，吸引众多家长带小孩参与，向小朋友传递农耕文明。

三、袁夫稻田三产融合的社会经济效应

（一）文化生态效应

2017 年，袁夫稻田荣获大河镇政府颁发的年度纳税突出贡献奖。2018 年，袁夫稻田项目在湖北省优秀农村实用人才资助项目暨创业创新项目创新大赛中获得二等奖。2019 年，袁夫稻田被评为省级休闲农业示范点，进一步彰显了其在农业领域的创新和贡献。在农业领域，袁夫稻田采用了先进的种植技术和管理模式，不仅提高了粮食产量和品质，还推广了生态农业和绿色种植理念，不仅促进了生态环境改善，还为当地农业的可持续发展提供了示范和借鉴。袁夫稻田采用生态种植模式，避免了化肥、农药等化学物质对环境的污染，保护了土壤和水源的健康。袁夫稻田强调生态循环和资源利用，通过种植多种作物和引进稻田鸭等农业生态元素，促进了生态系统的多样性和稳定性，提高了生态环境的质量。袁夫稻

田注重生态修复和保护，积极开展耕地保护、生态绿化等活动，改善了当地的生态环境。最后，袁夫稻田在经营和管理上，注重生态效益和经济效益的平衡，充分发挥生态旅游和生态农业的双重作用，提高了当地环境质量和经济效益。

袁夫稻田坚定支持文化教育的发展。袁夫稻田作为休闲农业示范点，开展了丰富多彩的文化教育活动，包括民俗文化体验、手工制作、文化讲座等，为当地游客和居民提供了解农业文化和传统文化的机会，促进了文化交流和传承。袁夫稻田也注重农村文化建设和传承，通过推广农民文化、农业技术和经验，增强了当地农民的文化自信和文化认同感，促进了农民文化的繁荣和传承。袁夫稻田通过文化教育，推动当地文化传承和文化交流，为当地的经济社会发展做出了积极的贡献。

（二）农民增收效应

袁夫稻田通过租赁农户土地、招聘农民工人等方式与农民产生收益链接。自袁夫稻田创业初期到 2022 年，共与 100 多户农户进行耕地合作，解决了大河镇 300 多人的长期工作问题，其中也包括许多贫困户家庭。袁夫稻田每年能为当地增加 300 万元左右的收入，为农民增收提供有力支撑（占焕军等，2022）。在袁夫稻田工作的农民多数为临时工，农户流动量大，每年用工数量多达 1 万人次。除了种地插秧工作岗位的工资按日结算，其他工作岗位比如打扫卫生、切菜以及稻米加工等，一般按月支付，多数工资在 3 000 元左右，个别可以获得 4 000 元以上工资。农户中的大部分将土地流转给袁夫稻田，每亩租金 500～600 元。据实地调研信息可知，农民工人的性别比例较为均衡，年龄大多数在中年以上，文化水平不太均衡，从小学到高中不等，也有大学学历的在退休后又加入袁夫稻田。袁夫稻田雇佣的农民中，普通农户的比例非常高，他们的主要收入来源是农业种植和打零工。在工作种类上，多数农户从事种植水稻的工作，部分从事服务产业比如打扫民宿和餐饮服务等，少部分农户从事大米加工工作。2020—2022 年，在袁夫稻田工作的当地农民家庭收入明显增加。此外，土地租赁费用和存款利息也成为农户收入的一部分。

（三）品牌溢价效应

袁夫稻田大米增值效应分析是通过对相同品种的不同品牌大米进行比较。参与比较的稻米品牌均为来自知名网络平台且销量高、好评多的品牌。

袁夫稻田大米主要种类包括粳米和籼米，品种主要是玉珍香、美香占以及南粳 46。玉珍香大米适合在稻瘟病风险低的省级地区种植，属于中熟晚籼。株高约 119 厘米，株型适中。叶节和叶尖无色，省级试验结果显示有效穗 28.1 万穗/亩，每穗总粒数 115.8 粒，结实率约为 81.1%，一千粒净重 28 克。

由于美香占大米种植不多、品牌较少，选取与美香占品种相似的金龙鱼及福临门的长粒籼米与其进行比较。相比之下，袁夫稻田美香占大米价格明显高于其他稻米价格。南粳 46 是由江苏省农业科学院谷物研究所培育的一种常规粳型水稻。它的品种株高约为 110 厘米，每穗粒数为 140～150 粒，每千粒重 25～26 克。

袁夫稻田南粳 46 品种稻米从价格上来看依旧远高于其他品牌，与禧珠香和宜皇牌价格相差 8 倍以上。由以上对比分析可知，在相同成本条件下，袁夫稻田稻米溢价明显。在相同的生产成本条件下，袁夫稻田的稻米明显具有溢价效应。这主要是因为袁夫稻田的稻米通过多层次的融合发展，不仅注重了产品的质量和品质，还充分发挥了农业的社会、经济、文化和生态功能，提高了产品的附加值和市场竞争力。袁夫稻田通过多种方式来提高稻米的附加值，例如改进种植技术、优化生产流程、创新产品研发等，不断提升产品的品质和口感。同时，袁夫稻田也在发展多元化的产业链，拓展农产品的销售渠道，为消费者提供更多元化的选择，从而进一步提高产品的附加值和溢价效应。因此，从市场竞争的角度来看，袁夫稻田的稻米通过三产融合实现了显著溢价效应，印证了农业产业链多维度延伸对提升产品附加值和市场竞争力的核心作用。

第七章

湖北省粮食产业创新发展的路径选择

围绕粮食产业融合和产业集群两种产业创新路径，探索两种粮食产业创新发展路径的区别与联系，及其内在作用机制。然后，依据政策目标，提出促进湖北省粮食产业创新发展的具体政策。

第一节　粮食产业创新发展路径对比

（一）产业集群与产业融合的联系

1. 产业创新的属性相同

产业集群和产业融合都属于产业创新，但表现形式不同。产业集群强调某一产业或相关产业在特定地理范围内的集聚，以核心产品或产业链为核心，吸引上下游配套企业、专业化供应商、服务商及相关机构（如科研院所、行业协会等）形成地理集中。通过竞争合作机制，构建起纵向分工与横向协作并存的产业网络体系，最终形成具有协同效应和竞争优势的区域性生产系统。主要特征是：企业在特定地域的集中引起专业化生产、公共基础设施与服务的共享，属于一种网络状的、松散型的企业联盟关系。产业融合则是以某一产业为主业，向其他产业渗透、交叉或重组，形成粮食产业跨界融合、生产要素跨界流动和经济资源跨界集约配置，激发新的市场需求，实现业态创新和商业模式创新。其典型特征是，粮食核心企业是产业融合的重要推手，会深入发掘生态资源和文化资源，推动乡村旅游和休闲农业与粮食产业的融合。

2. 发展模式的内涵相同

农业发展模式可以分为两类，一是招商引资、工业反哺等外源型发展模式，二是内生式发展模式。区域内生发展是在本地范围内进行创新的能力，内生发展是一种转换社会经济系统的能力，以及对外界挑战的反应能力（Carofoli，1992）。有学者认为，内生式发展模式最终目的在于发展本地的技能及资格等方面的能力，它是一种进步的发展模式。内生式发展以农村生态环境保护和农民权益维护为核心目标，强调在充分尊重本地自然资源禀赋、历史文化传统的基础上，构建以村民为主导、多元主体协同共治的参与机制，形成根植于地方特色、融合文化传承与创新，并兼具环境可持续性与经济可行性的完整产业体系，试图从源头上提升居民本地就业能力，促使当地居民收入提高的可持续发展模式（曾光、莫小玉，2017）。

从产业集群和产业融合的内涵看，两者都属于内生式发展模式。产业集群通过企业在特定地域的集聚，以及高度分工、合作、创新，提升了经济效率和产业竞争力，产业集群的根植性、柔性生产、共享和创新等元素与内生式发展模式的内涵一致。产业融合实现了产业结构优化升级，并塑造了新的产业，它基于生态环境的保护和当地资源禀赋进行三次产业的渗透、交叉和重组，以及新产业的塑造，它完全属于内生式发展模式。

（二）产业集群与产业融合的区别

1. 内涵界定不同

产业融合（Industry Convergence）是指不同产业或同一产业不同行业相互渗透、相互交叉，最终融合为一体，逐步形成新产业的动态发展过程。产业融合可分为产业渗透、产业交叉和产业重组三类①。产业融合以关键产业为主导，农业为基础，工业为中介，服务业为核心，并配套以信息产业，是在产业层面通过资源优化配置进而推动产业升级的过程。现代经济体系一般通过产业融合实现产业升级。

波特（1990）从国家竞争力视域将产业集群的概念界定为：集群就是产业或企业间紧密联结，通过产品或信息的流通，使彼此利益互补。集群成员包括生产者、消费者和竞争者，基于地理上的接近性来促进彼此的效率与专业性，并指出，产业集群是国家竞争优势的重要来源。D. Cruz 和

---

① https：//baike. baidu. com/item/%E4%BA%A7%E4%B8%9A%E8%9E%8D%E5%90%88/2384651？fr＝aladdin。

Rugman 强调地理区域的集中性，并认为每个集群中包含一个或少数几个旗舰厂商，通过与其他厂商的合作与网络系统的建立，扮演主导性地位。

从定义可以推断出，产业融合和产业集群存在实质性差异。一是，两者是否产生了新产业。产业融合是指新产业的形成，相当于不同产业间发生了化学变化。而产业集群则是相同产业或相异产业在地理区域的集聚，相当于集聚的产业间发生了物理变化，没有新产业形成。二是，两者是否促进了产业结构优化升级。产业融合是现代经济体系实现产业升级的主要途径之一。通过产业融合，使资源要素流向和配置更为合理，从而促进产业结构合理化和高级化为一体的产业结构优化升级。产业集群则聚焦于集群内企业的合作竞争关系下效率和专业化分工程度的提升，最终体现为产业竞争力的提高，而不是产业转型升级。三是，企业数量的多寡不同。产业集群内可能集聚成百上千家企业[①]，但是产业融合一般以一家企业为主导，串联起与其存在上下游合作关系的若干企业。

2. 关键要素构成不同

（1）产业集群的关键要素

信任、技术创新、知识共享和专业分工是产业集群发展的关键要素。信任减少了企业间的交易成本并提高了集群的创新效率（李宁和朱廷柏，2005），促进了知识共享，营造了愉悦的社会交往氛围，提升组织间的交易速度，塑造了宏观文化环境并有利于协调整合目标的实现（孟韬和史达，2006）。产业集群具有技术创新优势。集聚某一区域的企业，随着知识共享度的提高，技术大量融合，企业能够对多样的技术实施重组，增加新技术产生的机会。不同的技术对于其他技术具有"跨界施肥"的潜能，由此产生新技术、新工艺、新功能和新产品（郑健壮，2009）。产业集群的收益优势主要源于地理邻近性带来的知识外溢效应。具体表现为：劳动者通过"干中学"（Learning by Doing）机制积累经验技能；近距离观察行业标杆企业的生产流程、管理方式，降低模仿创新的试错成本；依托集群内部的信息网络，快速获取技术标准、市场需求等关键资源，形成知识共享的正外部性。专业化分工产生的高效率、产品工序的前后衔接，以及

---

① 按照种群"小生境"理论，从组织生态学视角分析，由于承载能力存在界限，特定资源环境中生存、允许生存的个体组织存在总数上限。

产业的前向和后向联系使产业集群根植于更深层的社会结构中，提供一种强大的内生驱动力量，并形成表面上相互矛盾本质上却彼此竞争、合作的关系（Harrison，1992）。

（2）产业融合的关键要素

资源禀赋、协作、比较优势和内部化等是产业融合发展的关键要素。资源禀赋是产业融合的初级要素，生态环境优越或观光风景宜人或产出的原粮资源独具一格等都是本土资源的天然禀赋，在历史的传承中衍生出当地的主导产业，如旅游观光业、粮食加工业、度假房产业等。随着主导产业的发展演变，在两种驱动机制的作用下，逐步走向产业融合。一方面，对其有业务关系的上下游产业，降低交易成本的要求愈益迫切。为降低交易成本，主导产业会通过内部化手段将企业间交易转变为企业内部交易，从而向相邻产业渗透、交叉或重组，形成优势互补的协作关系。另一方面，在规模报酬递增原理的激励下，主导产业的扩张冲动会合并或联合邻近的、业务相似的企业，或受范围经济诱使向相邻产业渗透，进而形成产业融合。产业融合的目标是把主导产业的比较优势充分挖掘殆尽。因此，从产业融合的作用机理可以看出，资源禀赋、协作、比较优势和内部化是产业融合的关键要素。

（三）组织形式对比分析

1. 产业集群的组织形式

产业集群是融合市场组织和企业组织的优势发展而成的效率更高的产业组织形式，是长期以来地区竞争和产业发展赖以支撑的成功组织模式（王文平，2009）。产业集群内的经济主体不像市场上独立的仅存在市场交易关系的欲望原子，也不像企业那样由严密的自上而下的科层制结构组成，而是一种嵌入性交易关系（embedded ties），这种嵌入性交易关系（Uzzi，1996），除了理性人特征外，交易者之间还存在诸如信任、优粒度信息传递（fine-grained information）等[①]的社会性联系。因此，产业集群的组织方式介于市场与企业之间，它的组织结构呈现出多个维度相互联系而构成的网络型特征。

2. 产业融合的组织形式

产业融合是利用规模经济报酬和范围经济原理而实现的不同产业间交

---

① 优粒度信息指更专业、更隐秘的信息。

叉、渗透、重组的效率较高的企业组织形式。以某一产业为主导而实现产业融合，融合后的产业融合组织会继续在组织内部发展壮大，因此产业间的协作关系非常紧密，可以称之为产业联合体。譬如，袁夫稻田就是一家产业联合体，它以第三产业旅游观光为主导产业，种植业和加工业都是辅助产业。竹溪贡米产业园是典型的产业融合形式，它以贡米加工业为主导产业，观光旅游和种植体验等服务业处于辅助产业地位。因此，从组织形式的本质而言，产业融合不是一种产业组织形式，它更符合企业的典型特征，是一种跨产业的企业组织形式。

（四）产业关联度对比分析

1. 产业集群内企业间的关联度高度紧密，形成协作—竞争关系

产业集群的演化周期一般经历三个阶段，即孕育期、成长期和成熟期。处于不同演化阶段，其内部产业链的协同效应与网络化关联呈现显著结构性差异。在此，主要以成熟期的产业集群为对象进行分析。在成熟期，集群内部企业的横向、纵向协作关系不断建立，企业间的分工也不断优化。产业集群具有网络性的整体优势，集群内单个企业在长期的磨炼和协作中将竞争优势挖掘到极致，呈现高效率社会分工的态势。产业集群内企业彼此的关联度高度紧密，以致可以称其为"社会生产系统"（王发明，2010）。这个整合系统包括多维经济主体，即企业、用户、供应商、中介组织、金融组织、政府及其他准公共机构等，形成错综复杂且有序的协作—竞争关系。

2. 产业融合的不同产业间关联度相对紧密，形成密切的协作关系

产业融合类型较多，主要分为：农业内部产业融合，如玉米产业与畜牧业相融合；主导产业融合，如万年县贡米产业以贡米业为主导，前向与种植农户、农业合作社连接，后向与销售、旅游联合；先进要素技术渗透型，运用数字技术实现在线化、数据化，实现网上在线监控管理，线下交易销售等；产业联盟型，由龙头企业牵头，成立产业联盟或协会，联结农户、生产基地，整合各主体加工能力，形成稳定的利益共享关系。因此，产业融合无论是否具有主导产业，其他产业无论是交叉、重组还是渗透关系，产业关联度都非常紧密。不同产业间以协作关系为主，竞争关系为辅。

第二节 粮食产业创新发展的主要问题及经验总结

湖北省在粮食产业创新方面出台了一系列政策，取得了显著效果，但与江苏、河南、山东等粮食强省相比，粮食产业创新发展主要存在的问题有三个方面。

一、粮食产业创新发展的主要问题

（一）粮食产业综合竞争力不强

1. 从粮食产业加工能力看，专业化、精细化水平不高

一是精深加工能力偏弱。粗放式的初级加工企业居多，缺乏基地、品种、品牌、储藏、加工工艺的统一管控标准，缺乏精细化、专业化、规模化的全产业链管理。二是原料加工转化率不足。三是副产物综合加工利用率不高。在副产物综合利用环节，果渣本可以用来做肥料、饲料，但缺乏下游承接企业对副产物进行分类、加工和储存，大量的果渣基本被废弃。

2. 从创新动力看，粮食产业发展模式和企业经营方式单一落后

粮食产业存在结构性失衡，初级加工企业较多，精深加工粮食企业偏少，大量粮食企业集聚在有限的中低端市场进行激烈同质化竞争，而高端市场少有问津。从产业链环节看，承接副产物的服务性企业及综合加工企业偏少，供给能力不能满足市场需求。譬如，我们调研的一家水果精深加工生物科技公司存在诸多"链问题"，即：供应环节"弱链"，大量原果需从安徽、新疆等外地调入，一旦供应链断裂，原果供给难以有效承续；储存环节"缺链"，缺乏气调冷库专业运营商，水果储存品质缺乏保障；副产物综合利用环节"短链"，缺乏承接副产物的下游企业，果汁加工的副产物被白白浪费掉。从产业链前端的种业来看，良种培育推广滞后、某些重要品种种苗受制于人，致使优质原料供给严重不足。由于产业链条不完善，粮食产业抵御风险能力弱，难以适应新形势、新市场的需求，阻碍了对更简单且价格更便宜的新技术和新市场的开拓。

3. 从规模效益看，规模化竞争能力偏弱，粮食产业化后劲不足

湖北粮食产业化龙头企业亟须抬高"龙头"。当前，湖北粮食产业化龙头企业发展呈现三个突出特征：一是规模偏小实力偏弱。以天门市为

例，年销售收入超 5 亿元的粮食企业仅庄品健公司一家。主营业务收入在 50 亿～100 亿元的龙头企业为 8 家、主营业务收入超过 100 亿元的龙头企业为 3 家。2020 年农业产业化龙头企业 100 强显示，湖北除两户酒企外，仅有绝味食品股份有限公司上榜，且排名落后于河南、安徽、湖南、江西等中部省份。由于缺乏像"陈克明""老干妈"之类的业内大龙头，企业抗风险能力不足。二是，数量偏少且增长缓慢。当前，国家级龙头企业湖北仅占 4.1%，低于全国平均。2020 年市级以上龙头企业数量仅比 2016 年增长 0.35%，省级以上的仅比 2015 年增加 12 家。三是现存的龙头企业发展缓慢，缺乏强劲动力。

湖北省首批入选"国家队"的龙头企业，竞争力亦渐落败。主要原因在于两个致命"痛点"，一是粮食产业融资难、融资贵问题一直没有解决，龙头企业资金满足率不足 30%，再加上政策资金支持力度的减弱，粮食产业"贫血"严重。另一个"痛点"是研发能力普遍较弱。湖北省具有研发能力的粮食企业不到 2%，多数企业的研发机构不具备独立研发能力。大部分企业研发投入占营业收入的比重不足 1%，远低于发达国家 2%～3% 的平均水平；中小粮油企业普遍缺少研发平台和技术人才，工艺装备落后，新产品开发滞后，发展后劲不足，使得我省粮食企业和粮油产品的核心竞争力不足。

（二）品牌化高端发展滞后，粮食产业化增值受限

湖北省原粮品质优良，但普遍存在"一等原料、二等加工、三等价格"状况，全国知名品牌较少。2020 年评选的全国 54 个粮油品牌中，湖北无一入选。究其原因，主要是品牌整合不力，内耗严重。企业缺乏对品牌的敬畏，各自为政，品牌"小而不精，多而不强"。譬如，湖北菜籽油品牌，省级以上龙头企业有 30 多个繁杂品牌，但无一全国知名品牌。湖北双低菜籽油品质上乘，但大多数被中粮、鲁花、金龙鱼等知名品牌企业采购，溢出价值和经济效益全悉被外省加工企业吃干榨尽，呈现"墙里开花墙外香""肥水流入外人田"的格局。另外，缺乏力量统筹协调并精心打造"土字号""乡字号"地域特色品牌。地方优势特色产品，如优质菜籽油市场影响力弱，难敌四川等省份，甚至某些地方特色产品错失大品牌发展良机，被外省企业抢先。在知名品牌缺乏的困局下，优质粮食原料优势难以转化为经济优势，阻碍了粮食产业价值链的提升和经济效益的提高。

（三）专业化、组织化程度不高，粮食产业化机制待健全

一是，专业化组织程度不高。促进专业化水平提升进而提升生产效率的专业合作社、农业专业化协会的数量偏少。虽然农业合作社入社率较高，但普遍存在规模较小、服务能力和实力较弱的不利情况。二是，现有种植规模不利于土地适度规模经营格局。统计数据显示，"十三五"期间湖北省适度规模经营面积增长幅度超过50%，但占耕地面积比例仍未超过20%。家庭承包耕地流转面积增长35%，占耕地面积比例达31%，但耕地地块分散、地权分散，不利于土地规模经营。由于家庭承包经营的耕地面积占比达85%，加上土地承包到期后再延长30年，可能会进一步加大土地流程难度，从而不利农业规模化经营的推进。三是以小农户分散经营为主要形式的乡村，其缺乏专业的农业社会化服务，缺乏农业技术创新意识和产权保护意识，"老""少""缺"现象突出，应对大市场冲击的抵御能力亟需提升。主要原因在于缺乏有效的引导机制、调控机制以及保障机制，导致经营主体组织化水平欠缺。譬如，缺乏土地流转服务及土地纠纷仲裁服务，土地连片不易，适度规模经营受到很大限制，占补平衡制度落实不到位，存在"占多补少、占优补劣、占水补旱"难题，阻碍土地流转。

二、粮食产业创新发展的经验总结

粮食产业是重要的战略性产业，在粮食问题上受制于人如同军事上受制于人一样，会受到敌对国家的控制（杜为公、祁华清等，2009）。粮食产业不仅包括粮食生产、加工，还可以向上溯源至种质产业，向下延伸至副产物综合利用等系列产业链条。粮食产业创新发展对于乡村振兴、农业供给侧结构性改革，以及农业现代化具有非常重要的意义。国内外粮食产业创新发展的经验总结如下。

（一）以资源禀赋为依托，根植本地文化沃土

与其他行业相比，粮食生产产业对资源禀赋高度依赖。土地生产要素对粮食生产极为重要，耕地面积决定了粮食生产方式，丘陵地区的小块耕作面积不适宜实现规模报酬，而千里沃野的规模经济效益显著，可以使用大型机械化生产。气候变化对粮食生产的作用也相当重要，不同国家和地

区气候状况千差万别，因此粮食生产方式和技术的适用性也存在较大差异。经验证明，近几年全球粮食产量的减少与极端天气存在正相关关系。土质、水源、湿度和降雨量等因素导致了粮食作物品质的差异，这种差异普遍存在，在一个国家内部甚至同一地区内部都会存在。譬如，竹溪贡米和万年贡米都具有因气候条件、降雨量、日照等不同而产生的独特性。

从产业视角回顾，本地源远流长的文化是粮食产业创新的宝贵资源。文化是粮食产业的灵魂，粮食产业创新的过程就是为粮食产业铸魂的过程，若脱离了文化沃土，则难以成长为具有影响力并可以为本地粮农带来持续增收能力的粮食产业。譬如，粮食科技文化为粮食产业安全保驾护航，包括优良品种选育、节粮减损、粮食仓储等技术创新。"粮以安为先"的安全文化、"粒粒皆辛苦"的粮食道德文化、"色、香、味、形、养"的粮食审美文化等都是粮食产业创新要考量的重要文化因素（吴成福、吴若旻，2013）。根植于文化沃土上的粮食产业包含了丰富的内涵，它不仅仅是经济学意义上的产业或粮食加工、生产等乏味的概念，还具有人文关怀的、包容性的、持续发展的、国家安全视角下的综合性意蕴，满足人们多样化、多层次需求的丰满意象。据此，粮食产业创新才能通过满足人们的耳、鼻、口、舌、身、意而抵达心灵深处，并坚定人们对粮食产业的认同度和忠诚度，进而提升粮食产业的综合竞争力。

（二）聚焦粮食产品质量创新，满足多样化消费需求

质量创新就是通过技术、管理和文化等多种方法，实现固有特性持续不断地改进和提高，从而更好满足消费者和使用方的需求（程虹，2017）。从宏观层面分析，产品质量创新符合供给侧结构性改革需求、农业现代化的发展要求，以及社会福利水平改善等社会进步的应有之义，并对产品结构优化、贸易结构优化、标准提升等具有强有力的推动作用；从微观层面分析，产品质量创新可以推进企业增利，并促进粮农增收，满足消费者新的粮食产品体验，提升消费者的福利水平，营造良好的消费文化氛围。

我国发展战略已转向国内大循环为主，且在交织世纪疫情，叠加不确定的世界经济环境背景下，区域经济发展更多依靠消费和内需。2021年，最终消费支出对经济增长的贡献率为 65.4%，拉动 GDP 增长 5.3 个百分点。消费需求成为国民经济稳步增长的主要动力。据此，粮食产业通过创新提供新产品和新服务，为消费者带来新的消费体验，且与消费者对高质量粮食产品的需求升级相适应。从经济效果看，不仅优化了经济资源配置，开拓了新的消费市场，还满足了城乡居民对高品质粮食、观光旅游、心理体验等多层次、多样化的消费需求。

在企业层面，依靠粮食产品质量创新，可以支撑企业盈利的可持续性，提升依靠粮食质量取胜的市场竞争能力，进而实现由供给创新带来的需求创造。在乘数效应作用下，需求创造的扩张刺激着市场规模的扩大，同时传递粮食产品的高质量信息，而且高质量粮食产品信号的传递有利于释放出因产品低质量而被抑制的消费需求，进而扩大市场供给，实现从粮食产品质量创新到市场规模扩大的良性循环，进而推进粮食产业创新的可持续发展。

（三）关注成本降低，构建新型竞合关系

粮食产业创新的核心在于效益提升和收益提高，这体现为总产能的持续增长与总成本的优化控制。一是组织成本的降低。从经济组织理论看，高成本组织的持续存在是因为隐藏利得的缘故，在经济理论分析中，从马克思到阿尔奇安等著名经济学家的观点之一是，低成本组织趋向于替代高成本组织，粮食产业创新是一个摒弃高成本组织的过程（思拉恩·艾格特森，2004）。对粮食产业集群形式而言，它可以充分发挥企业优势和产业组织优势，在分工—协作框架内充分降低集群内企业的组织成本。就粮食产业融合而言，则是在主导产业充分发展的基础上，利用产业间的渗透、交叉或重组的较低的组织成本，获得更大的产业融合收益。二是交易成本的降低。粮食产业创新可以有效降低交易成本。由于集聚于同一地域，企业间进行多次博弈，集群组织通过协同机制，系统性降低了交易链条中的各类成本，包括契约协商成本（如条款谈判、合同签订）、履约监督成本（如合规检查、风险监控）、交易执行成本（如资产交换、清算结算）以及信息搜寻成本（如市场数据获取、交易对象筛选）等，形成了显著的成本集约效应。粮食产业创新下协作关系的建立能够有效降低产业链之间或工序间的交易成本，节省了经济资源。三是竞争合作关系的建立提高了企业收益。粮食企业间的竞争将有效地激励管理的、技术的创新或新工艺的发现等，实现广义上的技术进步。这将有利于降低管理成本或生产成本，从而提高生产效率，总体上增加企业收益。因此，粮食产业创新实质上是通过管理创新、文化契入、技术创新或组织创新等方式降低综合性的生产成本，提高资本投资收益的复杂经济行为。

（四）培育绿色大型粮企，出台配套政府政策

粮食产业创新发展依赖于自然禀赋，并反馈于自然环境，是以保护生态环境为前提的，在绿色可持续准则下，总结经验如下：一是，在优质稻米主产区培育大型粮食企业，以品种和技术优化为重点，示范推广地方特色优质粮食品种，加大信息化、智能化技术应用力度，强化水稻生产全程机械化、病虫害统防统治、肥水高效利用等绿色高效保优技术集成与推广，助力粮食品质提升和品牌打造。二是，在政府、企业和地方相关行政管理部门的协作下，组建大型粮食企业集团，推动形成"龙头企业＋新型农业经营主体＋农户"的农业产业化联合体，健全完善订单带动、股份合作、利润返还、金融保险联动等利益联结机制，提高产业链上下游协同合作水平。三是，强化政策保障。出台粮食产业创新发展支持政策。地方财政每年连续安排粮食科技创新和成果转化应用奖补资金，完善创新资金的使用和管理，在社会化服务、粮食产后服务体系、粮食加工转化、粮食产业化联合体、农业产业园、优势特色产业集群及品牌培育方面给予支持。以财政资金为引领，积极引导金融资本、社会资本加大对粮食产业的投入和支持，积极推动粮食全成本保险、农业小微企业贷款贴息等支持政策全覆盖。

第三节　促进粮食产业创新发展的政策建议

一、明确粮食产业创新发展的政策目标

从社会主要矛盾和粮食产业的战略性资源地位看，粮食产业创新发展的政策目标主要从国家层面、产业层面及微观经济主体三个层面解析。

（一）国家层面的政策目标

粮食是国家的战略性物资。政府采取多种政策措施激励粮食生产，稳定粮食价格，保障粮农基本收入。但随着人们粮食消费需求结构升级，出现粮食供需结构错配现象，要实现粮食供求均衡，就必须进行粮食供给侧结构性改革。粮食产业创新发展正是顺应供给侧结构性改革要求的举措，它要求粮食供给质量提高到符合人们的消费需求水平，而且产量能够满足人们的需要。不仅口粮能够实现总量平衡，而且要求实现饲料粮、口粮、

企业加工用粮及种子用粮的结构性平衡。因此，国家对粮食产业发展的政策目标就是确保国家粮食安全，包括粮食数量、质量、结构和生态四个维度，增加粮食产量，提升粮食质量，优化粮食生产结构，概而言之，就是粮食增产提质优结构重安全养生态。

（二）产业层面的政策目标

当前，世界经济不稳定性增强，国际政治不确定性增大，全球贸易保护加剧，粮食安全愈益受各国高度重视。粮食安全除了四维度安全外，还需要从产业层面获得粮食产业发展的竞争力优势。粮食产业竞争具有系统性特点，包括优良的种子、低成本的精深加工能力、现代化的数字粮食物流系统、现代化的粮食机械设备、粮食产业海外投资能力、风险管理能力和粮食海外控制能力等。因此，产业层面的政策目标是提升粮食产业竞争力，并跻身国际一流粮食产业行列。

（三）微观层面的政策目标

粮食产业创新发展的终极目标是为人民服务，使人民获得感、幸福感、安全感更加充实、更有保障、更可持续。在微观层面，粮食企业和粮农成为粮食产业创新发展中最直接的两大经济主体，粮食企业是法人，粮农是原粮供给主体。粮食企业是粮食产业创新发展的基本单位，其利益诉求是通过产业创新发展，不断提高生产率并获得更多利润。粮农的诉求也很简单，就是通过与粮食企业的合作，在品牌价值提升中获得更多收入，或者参与粮食产业创新过程中的生产或服务活动，分享增值收益。因此，粮食产业创新在微观层面的政策目标可以概括为：企业增利，粮农增收。

二、粮食产业创新发展的政策建议

（一）坚持因地制宜，做好粮食产业发展规划和顶层设计

1. 因地制宜，做好区域粮食产业发展规划

由于地理环境和自然条件的天然差异，优势作物存在区域差异性，不同地区适宜播种的粮食品种存在差异。譬如，对于湖北省而言，适合稻米生产的地区主要分布在江汉平原，适合油菜籽种植的地区则分布在黄冈，素来有"中国油菜看湖北，湖北油菜看黄冈"之说。因此，政府要做好区域粮食发展规划。一是打造核心生产基地。重点建设江汉平原、鄂中北、

鄂东优质水稻主产区，以及北纬 31 度优质专用小麦优势区和鄂西山区玉米基地，确保全省优质水稻核心区面积稳定在 1 800 万亩，专用小麦基地 1 000 万亩。荆州、襄阳等产粮大县需加强高标准农田建设，提升基础设施标准。二是推动区域分工协作。依托武汉、荆州、宜昌等地的粮食物流节点，构建长江中游粮食物流产业群，形成"一主（武汉）引领、两翼驱动、全域协同"的粮食流通格局。三是做强龙头企业。通过兼并重组、品牌整合等方式培育跨区域龙头企业，如益海嘉里、洪森集团等，推动粮食精深加工（如谷物蛋白、营养油脂开发）和副产物综合利用，实现资源转化增值。

2. 实施粮食产业特色化发展

集中资源有规模地布局建设粮食产业，在荆州、荆门、襄阳、武汉、天门等地布局稻米产业，大力发展稻米产业集群和稻米产业融合；在襄阳、枣阳等小麦种植区发展小麦产业及产业集群，在黄冈等地大力发展油菜籽产业及产业集群。形成生产加工专业化、配套支持系列化、经营体系社会化、种养加、产供销、农工商、农文旅一体化的、良性发展的现代化经营方式和产业组织形式。把稻米主产区建成中部地区乃至全国的稻米精深加工重地，把油菜籽主产区建设成为"中国油菜谷"。实施高端化和差异化发展战略，建设一套稻米加工、菜籽油产业链科技体系。

3. 推进多维产业融合，最大限度整合乡村资源

做好资源依托文章，推进粮食资源和农村特色资源的综合开发利用，摆正乡村振兴在粮食产业融合中的基础地位。譬如，对于油菜籽主产区而言，充分挖掘油菜多重功能，不断探索一二三产深度融合模式，将其融入当地大健康产业和大别山特色文旅产业，鼓励和支持农业产业化联合体、油脂加工龙头企业、农业新型经营主体依托种植基地，建设一批集种植、加工、休闲体验、文化、科普、健康养生等功能于一体的生态农业产业园。鼓励加工企业不断挖掘、丰富和发展油脂文化，充分发挥"老字号"品牌效应，用文化引领产品开发、品牌培育和技术创新，提升品牌资产价值。多维度产业融合有利于最大范围将乡村要素资源整合起来，使乡村要素资源所有者能够参与粮食产业融合的发展，并以此共享粮食产业发展收益，进一步增强对"农业强、农村美、农民富"的支撑能力。

（二）提升粮食精深加工技术水平，推动优势主产区粮食产业创新

1. 创新融资制度和融资方式，有效降低精深加工的融资成本

一是创办粮食产品精深加工企业金融服务中心，整合并创新各种政策性金融服务和市场化金融服务。建立健全粮食产品精深加工发展专项资金、中小微企业担保基金等，扶持有发展前景的精深加工项目，并为中小企业提供个性化的融资服务，解决资金供求的信息不对称和不衔接困境。二是强化银企对接，扩大企业贷款的担保资产范围，降低抵押和担保要求。推出不同的信贷模式组合，灵活、务实加大信贷资金投入，并简化贷款手续。三是提升融资支持力度，适度贷款贴息。四是创新融资方式和融资产品。引入互联网金融、供应链融资、小贷公司贷款、典当融资、现代租赁等为农产品精深加工解决融资难、融资贵问题。

2. 创新"科技＋"模式，有效提升精深加工的技术能力和文化辐射力

一是，创新"科技＋人才"模式。多渠道、多层次、多方位实施人才兴企战略。加强粮食精深加工企业管理人才、营销人才等的培训，用现代化管理知识武装头脑，以"质量"为核心，规范企业精细加工程序，提高精细加工产品质量，实现高效、高值。加强与科研机构合作，引进行业专家、院士等高级人才，创新精深加工技术，提升应用研究能力。结合产业发展趋势和市场需求，开发深加工新产品，延伸产业链。同时，引进股权激励、剩余索取权等科技人才收益分配机制，留住科技人才。二是，创新"科技＋文化"模式。深入挖掘本地的历史文化等地方特色元素，把当地的文化血脉注入精深加工产品，将文化灵魂赋予精深加工产品，凸显当地特色文化价值，提升产品的文化附加值。三是，创新"科技＋康养"模式。将精深加工与市场康养需求有效融合，满足不同群体对功能性产品、个性化产品的需求，在产品差异化、多样化和个性化上下功夫，提高精细加工能力，顺应新时代健康产业的发展趋势。四是，有效衔接科技创新成果。精深加工投资大、建设周期长、风险高，企业在开展技术创新的同时，必须契合市场需求，深入推进科技创新成果与粮食产品精深加工业衔接，筛选成熟、适用的加工技术、工艺，避免不必要的投入甚至亏损。

3. 创新政策支持方式，有效夯实精深加工的基础平台

一是财税支持高科技投资。地方政府以减免税收、抵税等方式给予先进工艺技术和高科技设备的引进、技术改造、新技术研发等科技投入以财

税支持，按照"谁享用，谁减免；享用比例与减免比例一致"的原则共同进行资助。二是搭建技术共享信息平台。省、市政府定期组织农产品精深加工技术、专利和项目的"线上＋线下"推介会，为企业、科研机构和大专院校搭建合作平台，促进精深加工技术和项目的有效对接。通过网络、地方电视、广播等传播媒介定期组织技术招标会，促进技术市场的竞争合作，消除技术市场壁垒，降低技术使用成本，扩大技术转化效应。三是搭建新产品发布平台。定期组织精深加工新产品发布会和直播带货活动，为新产品市场开拓提供平台支撑。

4. 建立健全配套体制机制，推进新产品顺利"出生"并保护品牌

一是建立配套机制，加快自主研发新产品行业标准的制定，开辟"绿色通道"，助其尽早持有"出生证"。对于精深加工企业自主研发的新产品，应开辟快速通道，促进其尽快产业化，将技术优势转化为经济优势。二是加大品牌保护力度，严厉打击违法侵权案件。制定严格有效、可操作的知名品牌商标授权使用准入和取消资格退出规则，重视规则的精准规范，坚决杜绝鱼目混珠现象，坚决杜绝近似品牌泛滥成灾现象。三是联合做强品牌，共同维护区域品牌。质量是品牌的灵魂，精深加工粮食产品的品牌建设要想做好，必须从基地、水质、原材料等源头把控产品质量。企业应联合起来，共同建立并维护区域品牌和地理标志产品品牌，制定一套统一的标准，包括质量标准、企业联盟标准、推广体系等，并制定准入和退出原则，定期筛选和清退企业，共同做好做强粮食品牌。四是依托省水稻协会、省粮食行业协会等社团组织定期举办"荆楚粮油""江汉大米""湖北菜籽油"等名优产品评选推介活动，支持各地举办名米优米推介活动。

5. 推进粮食产品精深加工企业数字化升级，降低精深加工的交易成本

后疫情时代，线上化、云化和智能化提速，粮食产品精深加工企业应紧跟时代潮流，推进粮食产品运营智能化、服务敏捷化和发展生态化。地方政府应搭建数字化转型平台，开展数字化转型促进中心等公共服务能力建设，降低企业转型升级门槛，降低粮食产品精深加工企业信息收集、传递和交流成本，降低侵权、监督等交易成本，便于快捷、即时对接线上线下的销售平台和消费者，将"最后一公里"的销售成本降至最低。

（三）推动粮食产业绿色发展，促进资源禀赋优良区粮食产业创新

粮食产业高度依赖自然条件和生态环境，优质的土壤、适宜的气候、充足的阳光、清洁的水源等是高质量原粮的生产基础。但统计意义上而言，资源禀赋优良的地区往往交通不便，经济社会发展步伐较慢，是产业兴旺的洼地，亟需提升粮食产业附加值。与乡村生态环境保护理念高度契合的粮食产业绿色发展是各国可持续发展的模式和促进农村经济结构转型的重要突破口，且随着粮食产业发展资源环境约束日趋紧急，绿色发展日益成为粮食产业发展转型的迫切需求。在资源禀赋优良地区实施绿色发展，意味着提高原粮生产的绿色附加值。从优良的生态环境中获取价值增值，践行"绿水青山就是金山银山"的绿色发展理念。

在生态环境保护过程中，由于降低了化肥施用率和农药使用量，原粮品质会随着自然条件的改善而提升，内涵的价值也随着增加，外在的价格就会高出许多，农民会从上涨的价格中分享更多收益。同时，宜人的自然景观和良好的生态环境，使人能够充分释放身心压力，回归自然。因此，在粮食产业绿色发展过程中，不仅能够从粮食质量提升中获得增值收入，而且可以将粮食与生态旅游和康养等项目融合发展，实现粮食产业创新式发展。

（四）重塑创新生态，加强粮食产业集群价值链体系建设

1. 大力推动知名粮食龙头企业的建设

粮食龙头企业是粮食产业集群发展的经济主体和引领者，为经济集聚发展注入雄厚资金，具有先进的技术和管理水平，为促进集群内其他经济主体的协作，发挥着粮食产业集群价值链运作主要推动者的职能。粮食龙头企业的影响力、辐射力会通过"龙头企业＋基地＋农户"的方式并以合理的利益联结对粮食产业集群产生强大的溢出效应和外部经济效应，规范行业标准，促进农户技能升级和现代化意识的形成。一方面，政府应大力扶持规模大、带动能力强的粮食龙头企业，通过提供优质服务助力其提升核心竞争力，促进龙头企业与农户形成利益共享、风险分担的利益共同体，形成可持续发展态势；另一方面，通过参股、控股、联合、兼并、重组等方式扩大粮食龙头企业规模，实现资源集约与资本积累，迅速提升市场竞争力，使之成为区域内粮食产业集群的有效推动者。

2. 加强配套粮食企业的建设，补齐粮食产业链

粮食产业集群是粮食产业高度分工和专业化的产物，依据粮食产业链

条上的粮食育种、生产、加工（包括副产物综合利用）、储藏、配送、运输等各个环节形成前后相续的分工体系，提高劳动生产效率。粮食产业链条越长，越能吸引更多的粮食配套企业进入集群，集群效应就越强。应加大对粮食产业集群价值链体系中配套企业支持力度，引导产业链体系中配套企业发展，与龙头粮食企业形成密切协作关系，促进产业集群不断发展壮大，提升产业集群的竞争力。

3. 聚焦种业创新，建立粮食种业全产业链

聚焦粮食种业创新，重塑创新生态，将分散的科研力量聚集起来，解决"芯片"难题。引进一流创新资源，做优做强种业龙头企业，形成独特竞争优势，全方位提升创新体系整体效能。引入种业科研团队，建立健全种业全产业链。聚焦生物技术中的前沿种业技术，开发育种新模式，关注稻谷、小麦、玉米优势育种。在育种技术上，突破当前育种效率低、周期长、经验依赖性强、育种资源匮乏等难题，攻克一批育种关键核心技术。在产业布局上，建立以种业研发、生产、推广、运用为主体的全产业链。通过粮食科研资源的整合，发挥"武汉种都"科研优势，建成国家级种质资源创新高地。

4. 构建科学、合理、高效的粮食产业集群标准化体系

粮食产业集群标准化体系建设是确保粮食安全、提升粮食产业竞争力的重要方式。主要举措如下：依据国家和地方的相关法律法规，结合粮食产业的特点，制定一系列生产、加工、储存、运输等环节的标准。建立标准化技术支撑体系，包括技术研发、标准制定、质量检测等，确保标准的科学性和实用性。通过培训、示范、宣传等方式，将标准化理念和方法推广到粮食产业的各个环节，提高从业者的标准化意识。建立严格的监督机制，确保标准得到有效执行。对违反标准的行为进行处罚，以维护标准的权威性。标准化是一个动态的过程，需要根据产业发展和技术进步不断更新和完善标准，鼓励公众参与粮食产业标准化建设，通过反馈机制收集公众意见，不断优化标准体系。积极参与国际标准化活动，与国际标准接轨，提升我国粮食产业的国际竞争力。政府应出台相关政策，支持粮食产业集群标准化体系建设，包括资金投入、税收优惠等。利用信息技术，建立粮食产业标准化信息管理系统，实现标准制定、执行、监督的信息化。

（五）完善配套政策支持体系，鼓励粮食产业自主研发

1. 完备的基础设施支持政策

以数字技术为主导的新一轮科技革命必然催生"互联网＋"产业融合或产业集群新业态的发展，新旧基础设施配套齐备有利于推动新型业态新型模式的顺利生长。政府应提供水、电、通讯、网络、道路等软硬件基础设施，如，网络资源实现"村村通"，灌溉设施齐备好用，并制定严格的制度保障农业用水。同时，出台政策支持后续软硬件基础设施的维护，明确维修基金来源渠道，将基础设施的完善落到实处。对于粮食产业集群或产业融合企业，政府应出台专门的优惠政策支持系统，如，低价格提供水、电和网络设施，建立好配套道路，主动帮助粮食企业进行业务节点单位的协调，为粮食企业站台，做好粮食产品的宣传等。

2. 引领优良种质资源的研发培育

当前，世界经济不稳定性增强，国际政治不确定性增大，全球贸易保护加剧的政治经济背景下，粮食种业安全的不稳定性因素逐渐凸显，政府应成立专门的种质资源研发机构，出台政策鼓励种子企业"育繁推一体化"发展，提升种业竞争力。政府应该制定管理办法，支持种子企业通过受让、受赠和并购等多种方式从科研单位或其他企业获取品种权（祁华清，2021），来弥补自主研发资金的不足。素有"中国种都"之称的武汉市，拥有丰厚的种质资源储备，有条件汇聚资金、人才、科研和教育等比较优势，做好种质资源收集、育种繁种及示范推广，做大做强种质资源，为湖北粮食产业高质量发展奠定稳固的基础。

3. 建立和完善财政、信贷等系列政策，破解金融、人才、技术等要素瓶颈

各级政府应每年安排粮食产业发展专项资金，重点支持重点机械化种植、企业技术改造、品牌建设、"农文旅"融合等粮食产业发展，主要向粮食产业化联合体和产业集群倾斜，并且应加大支持力度。将驰名粮食品牌作为重要资产进行管理，借助金融手段，创新金融工具，持续增加品牌投资。构建涉粮贷款风险补偿机制，由财政和银行共同出资设立涉粮贷款风险补偿基金，开发政策性保险新品种，支持地方特色粮食产业融合的保险业务，给予三产融合中的"一产"政策支持，降低自然灾害风险。搭建适应粮食产业融合及集群发展需求的人才服务平台，与高等院校合作共同

培养爱粮食爱农业的农村复合型高级应用人才，为龙头企业开展人才培训提供免费的场所。扶持大学生村官、农业硕士、返乡农民等在农村创业和从事粮食产业融合及集群发展事业。采取措施支持产学研融合建设，将产学研融合项目真正落实好，使粮食产业发展、人才培养与自主研发有效链接，发挥技术带动产业发展的经济效应。

参 考 文 献

艾红霞，刘正军，2021. 我省农田灌溉水有效利用系数提高到 0.528 超额完成"十三五"规划目标［N］. 湖北日报，05－10.

保罗·克鲁格曼，2000. 地理与贸易［M］. 北京：北京大学出版社，中国人民大学出版社.

曹鹏，孙阳，蔡鑫，等，2020. 湖北省"水稻＋"协同推广模式创新与实践［J］. 中国稻米，26（4）：44－46.

曹鹏，张建设，蔡鑫，等，2019. 关于推进湖北水稻产业高质量发展的思考［J］. 中国稻米，25（6）：24－27.

曹鹏，张建设，蔡鑫，等，2020. 湖北省水稻产业高质量发展的调研与思考［J］. 湖北农业科学，59（20）：221－223，228.

陈殿才，李宏久，2017. 加快构建稻米三产融合发展新格局走出稻米产业持续振兴发展新路子［J］. 黑龙江粮食（10）：13－17.

陈定洋，2016. 供给侧改革视域下现代农业产业化联合体研究［J］. 科技进步与对策（13）：78－83.

陈会玲，李宁，何启，2019. 最低收购价政策的粮食安全效应——基于湖北省样本地区数据的分析［J］. 农村经济（9）：19－26.

陈会玲，祁华清，2024. 中印粮食收储制度改革与实践［M］. 北京：科学出版社，五洲传播出版社.

陈惠芬，杨洁，2021. 粮食产业高质量发展的内涵研究［J］. 质量与市场（1）：59－61.

陈可伟，蒋涛，钱伟杰，吴春雷，2019. 关于宜兴市优质稻米产业发展及三产融合发展的思考［J］. 上海农业科技（2）：11－12.

程虹，2017. 质量创新与中国经济发展［M］. 北京：北京大学出版社.

池任勇，於珺，阮鸿鹏，2020. 企业规模、研发投入对创新绩效的影响研究——基于信用环境与知识存量视角［J］. 华东经济管理，34（9）：43－53.

崔素芬，王炜，2021. 打造优质粮食工程升级版推进粮食产业高质量发展［J］. 中国粮食经济（3）：45－46.

崔逾瑜，2021. 让产业在田间地头"拔节"生长［N］. 湖北日报，04－08.

崔逾瑜，2021. 中国饭碗鄂粮添香［N］. 湖北日报，07－01.

邓俊森，李春燕，2021. 河南省粮食产业高质量发展模式及创新研究［J］. 农村经济与科技，32（19）：217-220.

杜为公，祁华清，王正喜，2009. 西方农业经济学研究［M］. 武汉：湖北长江出版集团，湖北人民出版社.

范成方，李玉，王志刚，2022. 粮食产业供给侧结构性改革的思考与对策——以山东省为例［J］. 农业经济问题（11）：42-56.

方海燕，白硕，钱洁，2009. 由"微笑曲线"看我国的加工贸易［J］. 西南农业大学学报（6）：51-53.

高玉华，2021. 山东滨州：以规划引领高质量发展 打造全国粮食产业经济发展新高地［J］. 中国粮食经济（2）：64-65.

郭沛楠，李绍玲，2020. 河南省粮食产业高质量发展的问题和对策研究［J］. 粮食科技与经济，45（12）：35-36.

国家统计局湖北省调查总队，2022. 2021 年全年湖北经济运行情况［R］. 湖北省统计局，1 月 20 日.

韩国高，张倩，2017. 政府补贴、制度环境与企业研发投资——基于面板门槛模型的实证检验［J］. 投资研究，36（10）：19-31.

韩江波，2018. "环—链—层"：农业产业链运作模式及其价值集成治理创新［J］. 经济学家（10）：97-104.

郝爱民，刘育廷，2022. 三产融合对主产区粮食产业高质量发展的外溢效应研究［J］. 农林经济管理学报，21（5）：509-517.

郝雨辰，2021. 金融科技赋能我国农村三产融合的理论逻辑与实现路径［J］. 金融发展研究（6）：89-92.

何彬，范硕，2019. 对外直接投资是否影响企业创新效率？——基于上市公司微观数据的因果检验［J］. 学习与探索，293（12）：148-155.

何静，2016. 现代粮业发展新模式研究——基于广东"亚灿米"的实证分析［J］. 科技创业月刊，29（19）：13-15.

胡红杰，2021. 河南省粮食产业高质量发展的推进路径研究［J］. 市场论坛（3）：11-18.

湖北省统计局，国家统计局湖北调查总队，2021. 2020 年湖北省国民经济和社会发展统计公报［N］. 湖北日报，03-18.

黄彬红，2018. 中国台湾地区稻米产业融合发展模式对大陆乡村振兴的启示——以池上米为例［J］. 四川农业科技（5）：51-54.

黄进，2020. 襄州区农业产业化探索与实践［J］. 新理财（政府理财）（11）：61-63.

黄荣模，2011. 农业和农村第六次产业化的理解和事例：以日本的讨论和全北的事例为中心［R］. 忠南农渔业第 6 次产业化论坛发表资料.

黄晓丽，2020. 中国粮食产业与旅游业融合发展时间演变研究［J］. 粮食科技与经济，45（12）：56-57.

黄哲儒，周正宽，程兆堂，等，2017. 做大做强"射阳大米"品牌，助推粮食供给侧结构性改革［J］. 大麦与谷类科学（5）：62-64.

贾妮莎，韩永辉，雷宏振，2020. 中国企业对外直接投资的创新效应研究［J］. 科研管理，41（5）：122-129.

简新华，杨艳琳，2001. 产业经济学［M］. 武汉：武汉大学出版社.

简兆权，伍卓深，2011. 制造业服务化的内涵与动力机制探讨［J］. 科技管理研究（22）：105-110.

姜长云，2022. 持续推进农村一二三产业融合发展落地见效［J］. 中国发展观察（2）：21-25.

杰弗里·M. 霍奇逊，2005. 制度与演化经济学现代文选：关键性概念［M］. 北京：高等教育出版社.

金泰坤，何朱宁，2011. 农业六次产业化和增值方案［R］. 韩国农村经济研究院.

金泰坤，何朱宁，杨灿英，2013. 农业六次产业化概念设定与创业方法［J］. 韩国农村经济研究院农政焦点：1-29.

克莱顿·克里斯坦森，2010. 创新者的窘境［M］. 北京：中信出版社.

拉吉·帕特尔，2008. 粮食战争——市场、权力和世界体系的隐形战争［M］. 郭国玺，等，译，北京：东方出版社.

李健，卫平，张玲玉，2017. 产权结构变动和区域创新投入——基于中国省际面板数据的实证分析［J］. 研究与发展管理，29（4）：12-20.

李莉，2013. 农业产业集群发展中政府职能分析——以菏泽市牡丹区农业产业集群发展为例［J］. 中国市场（44）：6-8.

李梅，2012. 黑龙江省农业产业集群发展对策研究［D］. 哈尔滨：东北农业大学.

李美云，2005. 国外产业融合研究新进展［J］. 外国经济与管理（12）：12-20，27.

李薇，2013. 武汉城市圈粮食企业产业集群发展研究［D］. 武汉：武汉轻工大学.

李晓敏，丁士军，2006. 对湖北省粮食生产效益的实证分析［J］. 安徽农业科学，34（12）：2906-2908.

李学刚，2020. 滨州市粮食产业发展现状及对策［J］. 现代农业科技（17）：237-238.

刘长全，2010. 中国产业集聚与生产率——理论框架及影响分析［M］. 北京：经济管理出版社.

刘洪，1995. 挑战信息时代的抉择——Acer 电脑集团之"第四种模式"［J］. 电子产品世界（11）：35-36.

刘佳，2009. 金融危机下的倒"微笑曲线"［J］. 当代经济（9）：33-35.

刘嘉怡，2023. 三产融合的经济效应及影响因素研究——以袁夫稻田为例［D］. 武汉：武汉轻工大学.

刘戒骄，刘璐琳，王德华，2016. 产业经济学学科前沿研究报告［M］. 北京：经济管理出版社.

刘胜，汪彤，郭会兵，2021. 让荆楚味道更加香甜［N］. 湖北日报，9 月 23 日第 T03 版.

刘澍森，柯建国，2021. 湖北建设 3 700 万亩高标准农田［N］. 湖北日报，8 月 2 日第 007 版.

刘志彪，2015. 产业经济学［M］，北京：机械工业出版社.

卢馨，汪柳希，鲁成方，2014. 技术导向与市场导向的战略协调研究［J］. 南方经济（10）：30-44.

吕乃基，兰霞，2010. 微笑曲线的知识论释义［J］. 东南大学学报（12）：18-22.

罗昆燕，周扬，李松，2022. 喀斯特山区特色农业产业集群对乡村经济重构与转型的影响研究［J］. 资源开发与市场（5）：561-567.

罗丽丽，2013. 中原经济区建设背景下河南省粮食产业集群研究［D］. 郑州：河南工业大学.

罗正业，2023. 价值共享理念下农业产业集群的发展模式与优化路径［J］. 农业经济（2）：23-25.

骆亚琳，2017. 农业产业集群对县域经济发展的影响分析——以鄢陵花木产业集群为例［J］. 安徽农业科学，45（15）：215-217，221.

马丽，王雨浓，2021. 中国粮食安全产业带建设：现实意义、约束条件与实施对策［J］. 西北农林科技大学学报（社会科学版），21（4）：105-113.

马太山，郭靖，2019. 一二三产业融合背景下河北粮食行业品牌建设研究［J］. 中国粮食经济（2）：67-70.

马歇尔，1991. 经济学原理［M］. 北京：商务印书馆.

迈克尔·波特，2009. 竞争论［M］. 北京：中信出版社.

苗瑞洲，2021. 价值链视角下河南省农业产业集群发展研究［J］. 农业经济（7）：28-29.

农业部农业产业化办公室，农业部农村经济研究中心，2017. 产业融合与主体联动——农业产业化经营新探索［M］. 北京：中国农业出版社.

祁华清，2021. 我国粮食种子安全问题及风险防范［J］. 三农研究（1）：17-19.

乔·S. 贝恩，2012. 新竞争者的壁垒［M］. 徐国兴，等，译. 北京：人民出版社.

阮建青，张雨薇，2024. 包容性视角下农业产业集群提升农民工居留意愿的路径研究［J］. 浙江大学学报（人文社会科学版）（5）：71-86.

邵红宁，高峰，杨洪建，等，2016. 推进"育产加销"融合发展提升苏米市场竞争力［J］. 江苏农村经济（10）：47-49.

邵佳瑞，2021. 基于粮食体验的乡村旅游游客忠诚度研究［J］. 粮食科技与经济，46

（1）：23-25，32.

思拉恩·埃格特森，2014. 经济行为与制度 [M]. 北京：商务印书馆.

孙建军，景丽，张伟，上官彩霞，2021. 基于优势提升路径的河南农业产业集群建设研究 [J]. 农业经济（4）：10-12.

汤旭东，钱萍，2018. 宜兴市稻米产业融合发展实践与探索 [J]. 上海农业科技（5）：13-14.

唐小雪，2018. 基于价值链视角的温江花木产业集聚研究 [D]. 成都：四川省社会科学院.

陶怀颖，2010. 我国农业产业区域集群形成机制与发展战略研究 [M]. 北京：中国经济出版社.

陶玲玲，2013. 湖北省粮食产业现状及发展对策研究 [D]. 武汉：武汉轻工大学.

童馨乐，杨璨，2022. 政府研发补贴与企业创新投入：数量激励抑或质量导向？[J]. 宏观质量研究，10（1）：27-43.

王丹玉，2018. 农村一、二、三产业融合的路径研究——以湖北省潜江市为例 [J]. 企业科技与发展（7）：31-32.

王发明，2010. 基于生态观的产业集群演进研究 [M]. 北京：经济管理出版社.

王缉慈，2001. 创新的空间——企业集群与区域发展 [M]. 北京：北京大学出版社.

王缉慈，2004. 中国地方产业集群及其对发展中国家的意义 [J]. 地域研究与开发（4）.

王景利，2014. 基于产业集聚现象的产业经济效应分析 [J]. 哈尔滨金融学院学报（1）：57-59.

王青林，2017. 价值链视角下河南省农业产业集群优化升级研究——以河南省中牟县大蒜产业为例 [J]. 郑州航空工业管理学院学报，35（1）：50-56.

王同香，2023. 大数据时代粮食统计信息对粮食产业的影响预测与策略探讨 [J]. 粮食与油脂，36（8）：163.

王文平，2009. 产业集群中的知识型企业社会网络：结构演化与复杂性分析 [M]. 北京：科学出版社.

王媛，李秀义，2021. 基于"钻石模型"的山东苹果产业集群竞争力分析 [J]. 东北农业科学，46（5）：122-125，144.

威廉·恩道尔，2016. 粮食危机——利用转基因粮食谋取世界霸权 [M]. 赵刚，等，译，北京：中国民众法制出版社.

卫平，汤雅茜，2020. 高新技术企业创新能力提高及其驱动因素——来自7城市企业微观调查数据的证据 [J]. 改革，37（6）：136-145.

魏伟，2018. 五常市稻米产业发展研究 [D]. 长春：吉林大学.

文娟，张生丛，2009. 价值链各环节市场结构对利润分布的影响——以晶体硅太阳能电池产业价值链为例 [J]. 中国工业经济（5）：24.

文玉春，2017. 我国产业创新的模式与路径选择研究［J］. 经济问题，39（1）：1 - 9.

翁智刚，2015. 产业集群理论模型与实证研究［M］. 成都：西南财经大学出版社.

吴成福，吴若旻，2013. 论中国粮食文化观与国家粮食战略［J］. 农业经济（1）：10 - 11.

吴红梅，2021. 乡村旅游与粮食产业融合发展研究——评《建设粮食产业强国实践与探索》［J］. 粮食与油脂，34（6）.

吴军，周丽瑶，华小龙，2019. "三融合"助力优质稻米产业发展［J］. 江苏农村经济（3）：37 - 38.

夏红军，许宇尘，2018. 杨巷稻米产业一二三产融合发展观察［J］. 江苏农村经济（5）：30 - 31.

夏艳阳，雷书彦，陈杰，2020. "十四五"湖北省农村人居环境整治初探［J］. 湖北农业科学（S1）.

肖卫东，杜志雄，2019. 农村一二三产业融合：内涵要解、发展现状与未来思路［J］. 西北农林科技大学学报（社会科学版），19（6）：121 - 129.

谢洪明，刘常勇，陈春辉，2006. 市场导向与组织绩效的关系：组织学习与创新的影响——珠三角地区企业的实证研究［J］. 管理世界（2）：80 - 94.

熊彼特，1991. 经济发展理论［M］. 北京：商务印书馆.

休·史卓顿，莱昂内尔·奥查德，2000. 公共物品、公共企业和公共选择［M］. 费朝晖，徐济旺，等，译. 北京：经济科学出版社.

闫云凤，2018. 全球价值链的嵌入机制与演进路径研究——基于中美生产链长度的比较［J］. 经济学家（2）：93 - 99.

杨林华，马文杰，2005. 基于主成分分析的湖北省粮食可持续发展能力评价［J］. 黄冈职业技术学院学报（3）：37 - 40.

杨苗苗，于邢香，王凤玲，2015. 山东省粮食产业集群发展模式及对策研究［J］. 粮食科技与经济，40（1）：20 - 22.

杨鹏，张润强，李春艳，2020. 全球价值链理论与中国制造业转型升级——基于微笑曲线趋平的视角［J］. 科技管理研究（13）：189 - 195.

杨阳，李二玲，2021. 绿色农业产业集群形成机理的理论框架及实证分析——以山东寿光蔬菜产业集群为例［J］. 资源科学，43（1）：69 - 81.

叶建亮，朱希伟，等，2019. 企业创新、组织变革与产业高质量发展［J］. 经济研究（12）：198 - 202.

易苏丹，柳冕，陈文，等，2021. 荆州市稻田综合种养现状及可持续发展对策分析［J］. 作物研究，35（5）：479 - 482.

曾光，莫小玉，2017. 农业产业集群动力机制研究——理论探索与实质研究［M］. 武汉：武汉理工大学出版社.

张超，许岑，2022. 产权性质、资本结构与企业创新 ［J］. 经济理论与经济管理，31（3）：38 – 51.

张慧，2017. 促进粮食一二三产业融合发展的实践与思考——以同丰粮油食品有限责任公司为例 ［J］. 中国粮食经济（9）：57 – 59.

张嘉望，彭晖，李博阳，2019. 地方政府行为、融资约束与企业研发投入 ［J］. 财贸经济，40（7）：20 – 33.

张建刚，王新华，段治平，2010. 产业融合理论研究述评 ［J］. 山东科技大学学报（社会科学版），12（1）：73 – 78.

张靖卓，田建民，上官彩霞，等，2024. 财政支持粮食产业发展政策：基于河南实践的分析与改进 ［J］. 农业经济（2）：89 – 91.

张静，赵景峰，2020. 新乡市农业产业集群发展研究 ［J］. 华北水利水电大学学报（社会科学版），36（2）：26 – 30，60.

张士杰，齐啸宇，2021. 粮食产业价值链提升与种业科技创新研究 ［J］. 大麦与谷类科学（12）：24 – 27.

张有志，于邢香，王凤玲，2015. 基于 GEM 模型的山东省粮食产业集群竞争力研究 ［J］. 现代食品（14）：22 – 27.

张月莉，蒋琴儿，2022. 集群社会资本驱动农业集群品牌价值实现吗？——以品牌价值共创为中介 ［J］. 南开管理评论，25（4）：28 – 40.

赵华，2018. 供给侧视角下山东省粮食产业发展存在的问题及对策 ［J］. 乡村科技（28）：44 – 46.

赵予新，2018. 基于粮食生产功能区构建河南现代粮食产业集群的思考 ［J］. 粮食科技与经济，43（5）：21 – 25.

甄霖，王超，成升魁，2017. 1953—2016 年中国粮食补贴政策分析 ［J］. 自然资源学报（6）：904 – 914.

郑洪涛，李二玲，2023. 国内外农业产业集群研究进展——基于 CiteSpace 的文献计量分析 ［J］. 河南大学学报（社会科学版）（4）：20 – 25，152 – 153.

郑健壮，2009. 产业集群、循环经济与可持续发展 ［M］. 上海：上海三联书店.

郑鹏，黄良港，2011. 湖北省粮食综合生产能力的现状、潜力及政策措施 ［J］. 农业现代化研究，32（6）：657 – 659.

钟鸣，2021. 擦亮天门特色文化名片 促进农业产业高质发展 ［R］. 内部报告.

钟昱，2020. "滨州模式" 对中国粮食产业经济发展的借鉴与启示 ［J］. 粮油食品科技，28（4）：32 – 35.

周萍英，陈倩，刘丁维，2020. 湖北 435 家粮油企业承诺不涨价全省现有粮食库存可供消费一年以上 ［N］. 楚天都市报，4 月 12 日.

周珊，2020. 万州区茶产业集群发展研究 ［D］. 重庆：重庆三峡学院.

朱祥宇，2020. 绿色稻米的市场营销策略及精深加工产品研发——以上海自在源农业发展有限公司"蛙稻米"为例 [J]. 现代农业科技 (15)：263，265.

祝婧，2009. 湖北省产业集群发展现状研究 [D]. 武汉：华中农业大学.

庄鸿霖，姜阵剑，2010. 制造业产业升级：勿把微笑曲线做成哑铃结构 [J]. 北方经济 (11)：38 - 39.

Anne Krueger，2011. Comments on "New Structural Economics" by Justin Lin [J]. The World Bank Research Observer，26 (2)：222 - 226.

Arbara Braun，Justyna Brzozowska，2012. Natural conditions for the development of sustainable agriculture in the eastern part of the Łowicko-Błońska plain [J]. Miscellanea Geographica-Regional Studies onDevelopment，16 (1)：129 - 144.

Barbara Braun，Justyna Brzozowska，2012. Natural conditions for the development of sustainable agriculture I nthe eastern part of the Łowicko-Błońska plain [J]. Miscellanea Geographica-Regional Studies onDevelopment，16 (1)：129 - 144.

Berthon，P.，Hulbert，J. A.，and Pitt，L. E.，1999，Brand Management Prognostications [J]. Sloan Management Review，40 (2)：53 - 66.

Bhawsar P，Chattopadhyay U，2018. Evaluation of industry cluster competitiveness：a quantitative approach [J]. Benchmarking：An International Journal，25 (7)：2318 - 2343.

Carol Morris，Michael Winter，1999. Integrated farming systems：the third way for European agriculture? [J] Land Use Policy，16 (4)：193 - 205.

Chesbrough，H，2003. Open Innovation，the New imperative for Creating and Profiting from Technology [M]. Boston：Harvard Business School Press.

De Waal，A.，2006. Fanine that skills：Darfur，Sudan，1984—1985 [M]. Oxford：Oxford University Press.

Deshpandé，R.，Grinstein，A.，and Ofek，E.，2012. Strategic Orientations in a Competitive Context：The Role of Strategic Orientation Differentiation [J]. Marketing Letters，23 (3)：629 - 643.

Dobni C B.，2010. The Relationship between an Innovation Orientation and Competitive Strategy [J]. International Journal of Innovation Management，14 (2)：331 - 357.

Đorđević D，Bogeti ć S，Ćoćkalo D，et al，2012. Cluster development in function of improving competitiveness of SMEs in Serbian food industry [J]. Економика пољопривреде，59 (3)：433 - 445.

Fleischer A，Pizam A，1997. Rural tourism in Israel [J]. Tourism management (6)：367 - 372.

Fujita M, Thisse J F., 1996. Economics of Agglomeration [J]. Journal of Japanese and International Economics, 10 (4): 339 – 378.

Gatignon, H. and Xuereb, J. M., 1997. Strategic Orientation of the Firm and New Product Performance [J]. Journal of Marketing Research, 34 (1): 77 – 90.

Generalov I, Suslov S, Bazhenov R, et al, 2020. Management system of grain production cluster of the region [C] //IOP Conference Series: Earth and Environmental Science. IOP Publishing, 421 (3): 032018.

Hong-bing YOU, Shu-min MA, Da-yan LIN, 2019. Study on the Dynamic Mechanism of Utilizing Industrial Cluster to Improve the Comparative Advantage of Chinese Grain [A]. Advanced Science and Industry Research Center. Proceedings of 2019 International Conference on Social Science, Economics and Management Research (SSEMR 2019) [C]. Advanced Science and Industry Research Center: Science and Engineering Research Center: 6.

Huang C, Wang Y, 2018. Evolution of network relations, enterprise learning, and cluster innovation networks: The case of the Yuyao plastics industry cluster [J]. Technology Analysis & Strategic Management, 30 (2): 158 – 171.

Keller, K. L., 1993. Conceptualizing, Measuring, and Managing Customer-based Brand Equity [J]. The Journal of Marketing, 57 (1): 1 – 22.

Ketels C, Protsiv S, 2021. Cluster presence and economic performance: a new look based on European data [J]. Regional Studies, 55 (2): 208 – 220.

Krugman, P. R., 1985. Increasing Returns and the Theory of International Trade [R]. Cambridge, Mass., National Bureau of Economic Research.

Lansiti M., Levien, R., 2004. The Keystone Advantage: What the New Dynamics of Business Ecosystems Mean for Strategy, Inonovation, and Sustainability [M]. Watertown: Harvard Business School Press, 18.

Lewis, W. Arthur, 1955. Theory of Economics Growth [M]. London: Allen & Unwin.

Liu Y, Wang X, 2022. Promoting competitiveness of green brand of agricultural products based on agricultural industry cluster [J]. Wireless Communications and Mobile Computing.

Najib, M., & Kiminami, A., 2015. Innovation, cooperation and business performance [J]. Journal of Agribusiness in Developing and Emerging Economies, 1 (1): 75 – 96.

Onishchenko S K, 2019. The Concept of a Regional Grain Production Cluster Ensuring Food Security [C] //IOP Conference Series: Earth and Environmental Science. IOP Publishing, 272 (3): 032186.

Porter M. E., 1990. The Competitive Advantage of Nations [M]. New York: Free Press.

Rosenthal，S. and Strange，W.，2003. Evidence on the Nature and sources of Agglomeration Economies，in J. Thisse and V [R]. Henderson，eds，the Handbook of Urban and Regional Economics，NorthHolland.

Taib G，Djalal M，2015. Characteristic of Small Scale Food Industry Cluster in West Sumatera [J]. International Journal on Advanced Science，Engineering and Information Technology，5（2）：131–134.

Trinh T H，2016. The industry cluster approach for tourism development of Central Vietnam [J]. International Journal of Business and Management，11（5）：167–178.

Uzzi B. 1996. The source and consequences of embeddedness for the economic performance of organizations：the network effect [J]. American Sociological Review（61）：674–698.

Weber A.，1929. Theory of the Location of Industries [M]. Chicago：University of Chicago Press.

Yamashita T，2017. The agriculture-food-tourism industry cluster in Japan：Case studies of tourism industry clustering in Okinawa and Aichi [M] //A Multi-Industrial Linkages Approach to Cluster Building in East Asia. Palgrave Macmillan，London：73–90.

Yang H，Jiao Y，Cui C，et al，2022. Research on Innovation Ecosystem of Dairy Industry Cluster Based on Machine Learning and Improved Neural Network [J]. Computational Intelligence and Neuroscience：CIN.

Yu M，Calzadilla J，Lopez J L，et al，2013. Engineering agro-food development：The cluster model in China [J]. Agricultural Sciences，4（9）：33.

Zhao H，2018. Research on the Development Status and Countermeasures of Grain Industry in Shandong Province [C] //Proceedings of the 2018 4th International Conference on Social Science and Higher Education：879–882.